经济所人文库

左大培集

中国社会科学院经济研究所学术委员会 组编

中国社会科学出版社

图书在版编目（CIP）数据

左大培集/中国社会科学院经济研究所学术委员会组编.
—北京：中国社会科学出版社，2021.9
（经济所人文库）
ISBN 978-7-5203-8940-2

Ⅰ.①左… Ⅱ.①中… Ⅲ.①经济学—文集 Ⅳ.①F0-53

中国版本图书馆 CIP 数据核字（2021）第 166932 号

出 版 人	赵剑英
责任编辑	王 曦
责任校对	闫 萃
责任印制	戴 宽

出　　版	中国社会科学出版社
社　　址	北京鼓楼西大街甲 158 号
邮　　编	100720
网　　址	http://www.csspw.cn
发 行 部	010-84083685
门 市 部	010-84029450
经　　销	新华书店及其他书店
印刷装订	北京君升印刷有限公司
版　　次	2021 年 9 月第 1 版
印　　次	2021 年 9 月第 1 次印刷
开　　本	710×1000　1/16
印　　张	23
字　　数	321 千字
定　　价	128.00 元

凡购买中国社会科学出版社图书，如有质量问题请与本社营销中心联系调换
电话：010-84083683
版权所有　侵权必究

中国社会科学院经济研究所
学术委员会

主　任　高培勇

委　员　（按姓氏笔画排序）

　　　　　龙登高　朱　玲　朱恒鹏　刘树成
　　　　　刘霞辉　杨春学　张　平　张晓晶
　　　　　陈彦斌　赵学军　胡乐明　胡家勇
　　　　　徐建生　高培勇　常　欣　裴长洪
　　　　　魏　众

总　序

作为中国近代以来最早成立的国家级经济研究机构，中国社会科学院经济研究所的历史，至少可上溯至1929年于北平组建的社会调查所。1934年，社会调查所与中央研究院社会科学研究所合并，称社会科学研究所，所址分居南京、北平两地。1937年，随着抗战全面爆发，社会科学研究所辗转于广西桂林、四川李庄等地，抗战胜利后返回南京。1950年，社会科学研究所由中国科学院接收，更名为中国科学院社会研究所。1952年，所址迁往北京。1953年，更名为中国科学院经济研究所，简称"经济所"。1977年，作为中国社会科学院成立之初的14家研究单位之一，更名为中国社会科学院经济研究所，仍沿用"经济所"简称。

从1929年算起，迄今经济所已经走过了90年的风雨历程，先后跨越了中央研究院、中国科学院、中国社会科学院三个发展时期。经过90年的探索和实践，今天的经济所，已经发展成为以重大经济理论和现实问题为主攻方向、以"两学—两史"（理论经济学、应用经济学和经济史、经济思想史）为主要研究领域的综合性经济学研究机构。

90年来，我们一直最为看重并引为自豪的一点是，几代经济所人孜孜以求、薪火相传，在为国家经济建设和经济理论发展作出了杰出贡献的同时，也涌现出一大批富有重要影响力的著名学者。他们始终坚持为人民做学问的坚定立场，始终坚持求真务实、脚踏实地的优良学风，始终坚持慎独自励、言必有据的学术品格。他们是经济所人的突出代表，他们的学术成就和治学经验是经济所最宝贵的财富。

抚今怀昔，述往思来，在经济所迎来建所90周年之际，我们编选出版《经济所人文库》（以下简称《文库》），既是对历代经济所人的纪念和致敬，也是对当代经济所人的鞭策和勉励。

《文库》的编选，由中国社会科学院经济研究所学术委员会负总责，在多方征求意见、反复讨论的基础上，最终确定入选作者和编选方案。

《文库》第一辑凡40种，所选作者包括历史上的中央研究院院士、中华人民共和国成立后的中国科学院学部委员、中国社会科学院学部委员、中国社会科学院荣誉学部委员、历任经济所所长以及其他学界公认的学术泰斗和资深学者。

《文库》第二辑共25种，在延续第一辑入选条件的基础上，第二辑所选作者包括经济所学术泰斗和资深学者，中国社会科学院二级研究员，经济所学术委员会认定的学术带头人。

在坚持学术标准的前提下，同时考虑的是入选作者与经济所的关联。他们中的绝大部分，都在经济所度过了其学术生涯最重要的阶段。

《文库》所选文章，皆为入选作者最具代表性的论著。选文以论文为主，适当兼顾个人专著中的重要篇章。选文尽量侧重作者在经济所工作期间发表的学术成果，对于少数在中华人民共和国成立之前已成名的学者，以及调离经济所后又有大量论著发表的学者，选择范围适度放宽。为好中选优，每部文集控制在30万字以内。此外，考虑到编选体例的统一和阅读的便利，所选文章皆为中文著述，未收入以外文发表的作品。

《文库》每部文集的编选者，大部分为经济所各学科领域的中青年学者，其中很多都是作者的学生或再传弟子，也有部分系作者本人。这样的安排，有助于确保所选文章更准确地体现作者的理论贡献和学术观点。对编选者而言，这既是一次重温经济所所史、领略前辈学人风范的宝贵机会，也是激励自己踵武先贤、在学术研究道路上砥砺前行的强大动力。

《文库》选文涉及多个历史时期,时间跨度较大,因而立意、观点、视野等难免具有时代烙印和历史局限性。以现在的眼光来看,某些文章的理论观点或许已经过时,研究范式和研究方法或许已经陈旧,但为尊重作者、尊重历史起见,选入《文库》时仍保持原貌而未加改动。

《文库》的编选工作还将继续。随着时间的推移,我们还会将更多经济所人的优秀成果呈现给读者。

尽管我们为《文库》的编选付出了巨大努力,但由于时间紧迫,工作量浩繁,加之编选者个人的学术旨趣、偏好各不相同,《文库》在选文取舍上难免存在不妥之处,敬祈读者见谅。

入选《文库》的作者,有不少都曾出版过个人文集、选集甚至全集,这为我们此次编选提供了重要的选文来源和参考资料。《文库》能够顺利出版,离不开中国社会科学出版社领导和编辑人员的鼎力襄助。在此一并致谢!

一部经济所史,就是一部经济所人以自己的研究成果报效祖国和人民的历史,也是一部中国经济学人和中国经济学成长与发展历史的缩影。《文库》标示着经济所90年来曾经达到的学术高度。站在巨人的肩膀上,才能看得更远,走得更稳。借此机会,希望每一位经济所人在感受经济所90年荣光的同时,将《文库》作为继续前行的新起点和铺路石,为新时代的中国经济建设和中国经济学发展作出新的更大的贡献!

是为序。

于 2019 年 5 月

编者说明

《经济所人文库》所选文章时间跨度较大，其间，由于我国的语言文字发展变化较大，致使不同历史时期作者发表的文章，在语言文字规范方面存在较大差异。为了尽可能地保持作者个人的语言习惯、尊重历史，因此有必要声明以下几点编辑原则：

一、除对明显的错别字加以改正外，异形字、通假字等尽量保持原貌。

二、引文与原文不完全相符者，保持作者引文原貌。

三、原文引用的参考文献版本、年份等不详者，除能够明确考证的版本、年份予以补全外，其他文献保持原貌。

四、对外文译名与今译名不同者，保持原文用法。

五、对原文中数据可能有误的，除明显的错误且能够考证或重新计算者予以改正外，一律保持原貌。

六、对个别文字因原书刊印刷原因，无法辨认者，以方围号□表示。

作者小传

左大培，男，1952 年 8 月出生于辽宁省大连市，1982 年考入中国社会科学院研究生院经济系做研究生，1988 年正式进入中国社会科学院经济研究所工作。

1969 年 3 月之前，左大培一直居住在辽宁省大连市。1966 年他在大连四中读初中一年级时爆发了"文化大革命"，正规的学校学习由此中断。1969 年 3 月左大培随大连四中学生下乡到辽宁省盘锦市曙光农场八间大队做知识青年，1970 年年底参军入伍在中国人民解放军黑龙江省军区独立二师服役，其间于 1975 年加入中国共产党；1976 年复员后到铁道部沈阳机车车辆厂当工人，1977 年年底参加恢复高考后的首次大学招生考试，考入辽宁大学经济系政治经济学专业。

左大培自幼就有很强的求知欲并勤于思考。虽然在 1966—1978 年中断了正规的学校学习，但是他从 1968 年冬天起就发奋自学，在农村插队、当兵服役和在工厂当工人期间都从未中断过系统的自学。到 1978 年考入辽宁大学时，他已经自学完初中和高中的数学、物理、化学课程，通读了当时可以见到的毛泽东全部著作以及中文版《马克思恩格斯选集》、《列宁选集》、斯大林的主要著作、三卷本《资本论》，还阅读了一些中国哲学史和思想史上的著名文献。他当时这样坚持自学，是因为深感很早中断了正规的学校学习的害处。1975 年之后，他执意寻求能够有稳定的收入来从事专业的经济研究的机会，因此在大学毕业后报考了中国社会科学院的研究生并在毕业后留在经济研究所工作。但是，他从不抱怨从 1966 年开始的那十几年正规学校学习的中断。在他看来，那十几年中他所经历的"文化大革命"、在农村和工厂的劳动以及做军人的经历,对一个社会科学的研究者,特别是一个研究经济的人来说,都是难能可贵的亲身体验社会的机会。

左大培考入大学后,自1978年年初到1981年年底一直在辽宁大学经济系学习。他不仅按学校要求修完了大学本科全部课程,还在必修的英语课程之外努力自学德语。报考中国社会科学院研究生院时,他通过的外语考试就考的是德语。从1979年开始,他几乎用了十年的时间刻苦地系统学习德语,而主要的学习方式是自学。这使得他在读研究生时能够主要通过阅读德文原著来研究经济学中的德国弗赖堡学派,并且在与德国学者交流时没有语言障碍。

左大培1982年毕业于辽宁大学经济系,获学士学位;同年考入中国社会科学院研究生院,1985年和1988年分别于中国社会科学院研究生院获经济学硕士学位和博士学位,硕士学位论文和博士学位论文研究的都是德国弗赖堡学派。1988年之后,左大培一直在中国社会科学院经济研究所从事经济理论研究工作,1990—1991年和1994—1995年两度受联邦德国洪堡基金会资助赴德国从事博士后访问研究。1997—2012年左大培在中国社会科学院经济研究所任研究员,2012年退休。其间,左大培曾经短期担任过该所经济思想研究室副主任,后来因为不愿参与行政管理、想集中精力从事学术研究而辞去了这个行政职务。

左大培在经济理论上的研究兴趣相当广泛。他原本的研究方向为西方经济思想史和当代西方经济学,以后结合对当代西方经济理论的研究,研究过各种经济体制的形成和运行、中国的宏观经济问题、国有企业改革、对外经济关系、经济增长理论、企业理论、微观定价机制等。

到目前为止,左大培独自完成并出版的著作有七本:

1. 《弗赖堡经济学派研究》
2. 德文著作:*Anreizmechanismen in Alternativen Wirtschaftssyste-men—Eine Mikro-makrooekonomische Analyse.* 该书名的中译文为《不同经济

体制下的激励机制——一个微观—宏观分析》

3. 《混乱的经济学——经济学到底教给了我们什么?》
4. 《内生稳态增长模型的生产结构》
5. 《不许再卖——揭穿企业"改制"的神话》
6. 《弗赖堡学派的启示》
7. 《解释资本雇佣劳动——突破企业理论的前沿》

此外,左大培还与裴小革合著并出版了两本书:《现代市场经济的不同类型——结合历史与文化的全方位探讨》和《世界市场经济概论》,还与杨春学共同主笔编写完成了中国社会科学院"新经济增长理论的发展和比较研究"课题组集体撰写的著作《经济增长理论模型的内生化历程》。

左大培在报纸杂志上发表的文章有160多篇,此外还有上百篇有关经济问题的文章发表在互联网上。

左大培曾长期兼任中国社会科学院研究生院教授,并曾兼任该校的经济学博士生导师。自1996年以后,左大培在中国社会科学院研究生院为在校生主讲西方经济学课程,1998—2013年为该校在校生主讲高级宏观经济学和高级微观经济学课程;此后还曾在中国社会科学院研究生院为该院研究生讲授西方经济思想史,在中国社会科学院大学为大学本科生讲授西方经济思想史。所著《内生稳态增长模型的生产结构》一书,获2006年度孙冶方经济科学奖著作奖。

目　录

最基本的经济理论问题

重新理解劳动价值论 …………………………………… 3
意识到需求不确定下的超短期定价行为 ………………… 31
一般均衡分析中的个体预算约束 ………………………… 45

评西方的主流经济学

美国次贷危机标志新自由主义的破产
　　——访中国社会科学院经济学所左大培研究员 ……… 59
关于新自由主义经济学的几个问题 ……………………… 75
瓦尔特·欧肯的经济政策学说 …………………………… 87
主流微观经济理论的缺陷
　　——写在《混乱的经济学》之后 ………………………… 95
为什么法国和美国经济学专业的学生是正确的？ ……… 111

论摆脱传统计划经济的转轨措施

对"大爆炸"改革战略的评论 ……………………………… 117

企业理论

有关"霍尔姆斯特罗姆定理"的问题 ……………………… 131
企业的惠顾者所有论研究述评 …………………………… 147

市场经济中的公有制企业

不能靠白送公有企业来培养资本家 …………………………… 161
论公有财产代管人制度 …………………………………………… 166
建立国有资产运营公司的思考 …………………………………… 205

对外经济关系

波动的全球化与全球化的波动 …………………………………… 217
当代的全球化与利益格局 ………………………………………… 221
外向型经济刍议 …………………………………………………… 224
外资企业税收优惠的非效率性 …………………………………… 233
数量化模型分析视野下的李斯特命题 …………………………… 252
竞争和保护并用,培植和发展造船工业 ………………………… 276

经济区位研究

近现代市场经济中的沿海优势 …………………………………… 283

对经济波动的分析

对马克思经济周期理论的看法 …………………………………… 293
货币数量论与近年我国物价问题 ………………………………… 310
中国的经济增长与通货膨胀 ……………………………………… 325
附加预期的动态调整刚性名义工资模型 ………………………… 338

编选者手记 ………………………………………………………… 346

最基本的经济理论问题

重新理解劳动价值论[*]

马克思的《资本论》出版至今已经近 140 年了。在这期间,世界的经济和经济学都发生了巨大的变化。我们必须站在当今世界经济和经济学的高度上来讨论马克思的经济理论,真正科学地和正确地理解马克思的劳动价值论。

本文论述的是,如何在当代经济学发展的最新高度上理解马克思劳动价值论的科学含义。这里所说的"理解",是我们应当如何说明马克思劳动价值论的真正用意。马克思本人可能没有这样明确地说明过他的这些用意,但是熟知马克思全部思想的人将会承认,我们的解释阐发了马克思经济理论的核心。

为了便于读者把握本文的主要论点,首先将简要地说明,我们应当如何从当代社会科学的角度阐释马克思劳动价值论的含义。这也就是我们对马克思劳动价值论的理解。然后再转而讨论需要详细论述的理论问题:这种理解是否合乎马克思本人的原意,它对当代社会的现实意义。

一 价值的含义与创造价值的劳动

劳动价值论认为只有劳动才创造用于交换的商品中所包含的价值。在围绕劳动价值论所发生的争论中,有两个关键性的问题。第一个问题是,劳动所创造的是什么样的"价值","价值"概念在这里的含义是

---

[*] 本文的写作受到了辽宁大学比较经济体制研究中心的资助。

什么；第二个问题是，什么样的劳动、哪些劳动创造这样的"价值"。

亚当·斯密最早系统地论述了劳动价值论。他在《国富论》中基本上把"价值"这个概念当作与"交换价值""自然价格"一样的概念来使用。他用这些概念表示商品价格背后的本质，表示在竞争性市场经济中商品价格围绕其波动的中心。这就把劳动价值论当成了一个经验科学上的命题。

马克思在《资本论》等一系列著作中的大量论述给人留下了一个极其强烈的印象，似乎他的劳动价值论中所说的"价值"也有着与亚当·斯密一样的含义。后来对马克思劳动价值论的转述也都是这样解释马克思所说的"价值"概念：价值是商品经济中价格围绕其波动的中心。

而本文所强调的最主要论点是：价值概念的上述含义在马克思的经济学体系中并不重要。我们在本文的下一部分将专门详细论述这个问题。这里需要的只是指出，马克思的经济学说赋予价值概念以更深刻得多的含义。在马克思的经济学中，价值是从社会角度对单个商品生产者所作的评价，是单个商品生产者对社会所作的贡献。

由这样的价值概念出发我们就可以看到，马克思的劳动价值论是他的唯物主义历史观在经济学上的具体体现。马克思的劳动价值论的基本精神在于，以商品生产社会中的价值决定问题为特例，强调劳动是人类及其社会存在和发展的决定因素，认为个别生产者对社会的真正贡献只能是他的劳动。劳动价值论本质上是一个为人类发展而设置的评价体系，它在评价个人对社会的作用上将劳动看作唯一的标准，认为个别生产者对社会的真正贡献只能是他所投入的劳动。

马克思的劳动价值论并不否认其他因素对人类社会的决定作用，但是它强调，劳动之外的其他因素只是参与了使用价值即财富的生产。马克思指出："劳动不是一切财富的源泉。自然界同劳动一样也是使用价值（而物质财富本来就是由使用价值构成的！）的源泉。"[①]

---

① 《哥达纲领批判》，人民出版社 1992 年版，第 5 页。

但是在马克思看来,劳动之外的其他因素不创造价值,因为他把价值看作人类社会生产关系的体现,看作个人对社会的贡献的评价指标,而自然界等因素当然与个人对社会的贡献无关。从这种观点出发,那些不是靠自己的劳动而获得的收入,包括单纯由非劳动的生产要素的所有权而来的收入,就都是对他人劳动的"剥削"。这样定义了劳动所创造的价值,我们就必须回答第二个问题:什么样的劳动、哪些劳动创造这样定义的价值?

亚当·斯密在《国富论》中不但系统地论述了劳动价值论,也在此基础上区分了创造价值的劳动和不创造价值的劳动。后者就是斯密著名的有关"生产劳动和非生产劳动"的学说。

斯密从增进"国民财富"的目的出发,把生产物质产品的劳动看作"生产劳动",而将不生产物质产品的劳动看作"非生产劳动"。在区分"生产的"和"非生产的"劳动时,斯密使用了法国重农学派的标准,根据能否产生净收益(剩余)来判定一种活动是否具有生产性。但是他不同意重农学派把生产性劳动只限于农业劳动的观点,而强调所有生产物质产品的劳动都是"生产的"。尽管如此,斯密仍然坚持说一切不产生物质产品的劳动都是"非生产的"。

斯密对他划分生产劳动和非生产劳动的理由所作的论证虽然并不严谨,但是却能使人清楚地看清他的真实动机。他之所以把不生产物质产品的劳动看作"非生产劳动",主要目的在于想尽量减少家仆这类劳动者在整个经济中的比例。家仆所做的劳动,如打扫卫生、端饭倒水,可以说是一种直接对个人产生效用的"纯服务"。斯密认为,这种劳动越多,"国民财富"就越少,因而将它视为"非生产劳动"[①]。

从一般人的消费行为中我们可以推知,如果每个人都必须为所享受到的"纯服务"付出等量的劳动,那就只有当每个人平均消费

[①] [英]亚当·斯密:《国民财富的性质和原因的研究》,中译本,商务印书馆1979年版。

的物质产品达到很高的数量之后，社会上才可以消费较多的"纯服务"。在有史以来的人类社会中，"纯服务"劳动者的数量比按这个标准推出的数量要大得多，这是由于社会中的收入分配极不平等，富人可以用自己极少部分的收入雇用许多不得不做"纯服务"的穷人，而这些富人为得到他们所支出的这部分收入，只需付出极少的"劳动"，甚至根本不需付出任何劳动。这样，从事"纯服务"的劳动者多，只是标志着整个国家中的穷人多，标志着整个国家的贫穷。由于意识到了这样的相互关系，斯密才把所有不生产物质产品的劳动都与"纯服务"的劳动一样看成"非生产劳动"。在论证这种相互关系的过程中，斯密还提出了一个划分"生产劳动"和"非生产劳动"的标准：生产劳动是能产生利润并使资本增值的劳动。①

马克思的经济学剖析的是社会的生产关系，它当然要进一步发展亚当·斯密从生产方式上对生产劳动和非生产劳动的划分。正因为如此，马克思把生产劳动定义为带来剩余价值的劳动。由于沿袭了亚当·斯密的一些说法，马克思给人们留下了一个印象，似乎他也认为只有直接生产物质产品的劳动才是"生产劳动"。这就在马克思主义者中引起了无休止的关于生产劳动和非生产劳动的辩论。

可是另一方面，人们往往忽略了马克思的生产劳动学说中同样重要的另一个部分：所谓"非生产的必要劳动"。在讨论商业流通费用时，马克思说，商业的劳动者"执行一种必要的职能"，"不过他的劳动的内容既不创造价值，也不创造产品。他本身属于生产上的非生产费用"②。这种"非生产的必要劳动"，性质类似于当代西方经济理论中所说的"交易费用"，它在我们认识社会经济活动的特征时有着十分重要的意义。

其实，无论马克思当初关于创造价值的劳动、关于生产和非生产劳动是怎样说的，我们现在都没有任何理由再拘泥于亚当·斯密

---

① ［英］亚当·斯密：《国民财富的性质和原因的研究》，中译本，商务印书馆1979年版。
② 《资本论》第二卷，人民出版社1975年版，第149页。

对生产劳动和非生产劳动的划分。其原因不仅在于时代变了,划分生产劳动和非生产劳动的社会环境变了,而且在于经济学的认识已经大大向前推进了:首先是经济学的分析已经告诉我们,只要存在着资源的稀缺性和信息传递的成本,个人之间就会有利益冲突,也需要专门的活动来组织社会的生产过程。这必定要耗费额外的"协调费用"(交易费用),其中包括用于协调不同个人活动的"劳动"或"努力"。我们可以把这种劳动看作"非生产的必要劳动"。

另外,社会的发展已经使"按是否生产物质产品来划分生产劳动"变得没有意义。马克思可以一方面坚持按是否由资本雇佣来划分生产劳动和非生产劳动;另一方面又支持斯密的说法,把"纯服务"业的从业者都看成是非生产劳动者。在他和斯密那个时代,这样做不会造成任何自相矛盾,因为那时从事服务劳动的人(如家仆)几乎都不是雇佣劳动者。但是在资本主义雇佣劳动方式高度发达的今天,服务业的市场化经营已经产生了大量的使用雇佣员工的企业,它们以资本主义生产方式从事经营活动,指挥其员工向其顾客提供各种人身的服务。当代著名的酒店集团,如"希尔顿饭店""假日饭店"等就是典型的例子。这种以资本主义生产方式经营的服务业也会提供剩余价值或利润。在这种情况下,按照是否带来利润来划分生产劳动和非生产劳动的标准,势必会与按是否生产物质产品划分生产劳动的标准相冲突。

在今日的西方国家,不直接从事物质产品生产的劳动者中有很大一部分从事着科学研究和教育事业。在斯密那个时代,西方国家的科学和教育事业都很不发达,教育事业几乎只限于教富人特别是贵族子弟读书,科学研究对技术进步的推动作用也很不明显。在那样一种时代背景下,斯密把从事科学和教育事业的人也都算作"非生产劳动者"并不是很大的错误,因为他鼓励"生产劳动"是为了增进"国民财富",而当时的教育和科学事业对增进"国民财富"的意义并不明显。可是在今天,教育和科学事业在提高劳动者素质、加速技术进步上的作用已经十分显著,就是在增进物质产品的生产上，它们也已经成了决定性的促进因素之一。在这样的时代，再将从事这种劳动的人排斥在"生产劳动"之外，就会违反亚当·斯密划分生产劳动和非生产劳动的最初动机。

考虑到上述种种因素，本文下面将简要地讨论某些社会经济活动和行为的性质。这些经济活动和行为的性质，过去一直就是争论的热点，而本文对它们的讨论，首先基于本文对马克思的劳动价值论的解释。这一讨论的另一个视角，是这些经济活动与行为的社会功能。我们将会坦率地承认，从有利于社会和经济发展的角度看，某些现象具有一定程度的合理性；承认这些现象合理性的理论，并不完全合乎马克思的劳动价值论。本文还将指出，论证这样一些经济现象合理性的学说，至多可以在多大限度内嵌入马克思的劳动价值论的框架之内。

在界定所有这些经济活动和经济行为的性质时，把科学技术上的劳动算作生产劳动应当是最合乎马克思的劳动价值论的。即使按照马克思本人的论述，直接与物质产品生产有关的技术工作也是"生产劳动"。马克思在论述资本主义企业中的生产关系时，把工场手工业或机器大工业下的工人称作"结合总体工人"。这种"结合总体工人"由许多工人结合而成，把他们有机结合起来的是企业在物质产品生产过程中实行的分工。马克思在说明这种分工时谈到了一些"不属于工厂工人的范围"的"高级的工人"，他们包括"工程师、机械师"等。① 就是把生产物质产品作为生产性劳动的标准，参与物质产品生产的那些技术工作显然也属于"生产劳动"。但是在现代的科学研究中，研究工作的大多数成果又往往是为这些技术工作提供理论基础的。从这个意义上说，现代的科学技术工作是生产活动的一部分，因而是生产性的劳动。

在当代，"纯服务"已经不是少数社会上层人物的专门享用品，发达国家的普通劳动者也可以享受大量的"纯服务"；更重要的是如

---

① 《资本论》第一卷，人民出版社1975年版，第461页。

本文前面所指出的，资本主义生产方式已经在"纯服务"领域占据了很大的地盘。在这种环境下，连马克思主义者也没有理由再将"纯服务"之类的非物质产品生产排除在生产劳动领域之外。我们应当接受现代的经济学在最近一百多年中发展起来的概念，将生产劳动定义为能够给社会带来有益的使用价值的劳动。按照这样一种定义，其劳动成果为非物质产品的绝大多数领域中的劳动都应当是生产劳动。

不过，我们应当将这个生产劳动的定义与经济发展的政策区分开来。尽管我们应当承认从事"纯服务"之类的非物质产品生产的劳动也是生产劳动，但是对我们中国这样的发展中国家来说，亚当·斯密在《国富论》中的论述仍然具有现实意义，物质产品生产的发展特别是制造业的发展，仍然是我们致富的主要途径。

马克思在《资本论》第三卷中采取了非常现代的分析态度：他将资本主义私有制企业的所有者的职能与它的经营者的职能区别开来。在他看来，企业的经营者从事着"监督劳动和指挥劳动"。即使在资本主义私有制企业中，这种劳动也不仅是"非生产的必要劳动"，而且同时具有"生产劳动"的性质：一方面，它"是每一种结合的生产方式中必须进行的劳动"，"表现在各种与局部劳动无关而与工场全部活动有关的职能上"，就这方面来说，它"是一种生产劳动"；而另一方面，"凡是建立在作为直接生产者的劳动者和生产资料所有者之间的对立上的生产方式中，都必然会产生这种监督劳动"，"它在资本主义生产方式下也是不可缺少的"[①]。

我们需要做的唯一修改是承认：在任何一种"结合的生产方式"下，只要生产者还没有把按社会需要进行劳动看成自己"生活的第一需要"，就会存在直接生产的劳动者与产品的使用者之间的利益冲突。这种冲突加上信息传递的成本，都要求由企业领导者专门地指挥劳动和监督劳动来协调不同个人的活动。考虑到这一点，我们就

[①] 《资本论》第三卷，人民出版社1975年版，第431—432页。

可以使用当代经济学的术语，将马克思的论点表述为：企业经营者的劳动，就它直接参与使用价值的生产（如决定如何生产某种产品）这一点来说，它是一种生产劳动；而就它协调了不同人的活动这一点来说，它是一种"非生产的必要劳动"，在这个意义上，它构成社会的协调成本的一部分。

不过我们必须强调，按照马克思的劳动价值论，在资本主义的私有制企业中，企业经营者的监督劳动和指挥劳动在履行必要的生产功能和协调功能的同时，也履行着为资本的私人所有者榨取剩余价值的剥削功能，它的协调活动同时就是一种剥削活动。进行这种劳动的企业经营者会得到其劳动报酬，而且这种报酬往往比普通劳动者高得多。这不仅是因为他们进行了生产劳动和"非生产的必要劳动"，而且是因为他们履行了剥削的功能。

按照马克思的劳动价值论，非劳动生产要素的私人所有者由这些生产要素所得到的收入，都是对他人劳动的剥削。但是，现代的经济理论和企业理论却证明了生产要素的私人所有者可能履行两种对社会有益的功能：一方面，在任何由分工和协作组织起来的"结合的生产方式"下，都需要对劳动者进行监督以防止偷懒。而生产资料的私人所有者为了保证自己的个人收入，有着最强的动力去监督使用自己的生产要素的劳动者。这是生产要素私人所有者的"监督防偷懒功能"；另一方面，要达到有效率的资源配置，首先应当达到所谓的"帕累托效率"。而在企业自主决策的情况下，要实现帕累托效率，生产要素的使用者就应当为其使用的所有生产要素支付足够高的代价。这些生产要素不仅包括劳动，而且应当包括资本和土地等各种自然资源。而生产要素的私人所有者为自己的利益，也有着最强的动力去向使用自己的生产要素的人索要尽可能高的代价，这在一定程度上有利于资源的有效配置，因而是一种"资源配置功能"。

从这个角度看，连生产要素私人所有者的剥削行为也会对社会作出贡献。

不过，这里出现了一个悖论：生产要素的私人所有者之所以能够履行这两种有益的功能，是因为他们进行了相应的"劳动"（或努力）。显然，不计算和比较收益、不同使用自己所有的生产要素的人进行讨价还价，任何私人所有者都不可能从使用自己生产要素的人那里索取足够高的使用代价；而如果不付出哪怕最少的一点点监督的努力，要素的所有者也不可能防止使用要素的劳动者偷懒。而这些比较和计算、讨价还价以至监督的努力，都是在进行"劳动"或付出努力。这样，生产资料的私人所有者要能够进行剥削，就必须进行"劳动"（不过这是进行剥削这种特定的"劳动"）；剥削收入的产生倒需要用劳动价值论来解释。

用马克思式的术语来说，非劳动生产要素的私人所有者所进行的上述"劳动"，至少是一种"非生产的必要劳动"，甚至可能是一种生产劳动：在它参与使用价值生产的限度内，它可以是生产劳动；而在它协调不同人的活动的限度内，它是"非生产的必要劳动"。不过，私人所有者的这些"劳动"又都总是与他们利用对要素的所有权而进行的剥削有机地结合在一起。按照马克思的劳动价值论，要素的私人所有者由非劳动的生产要素所获得的收入是一种剥削，因为他们获得的这种收入不是来源于他们自己的劳动对社会所作的贡献；但是他们为了获得这种收入，也必须或多或少地做出某种努力，付出某些"劳动"，不过这些"劳动"仅仅是进行剥削的努力，其直接形式主要是将非劳动生产要素对使用价值生产所作的贡献据为己有。

当然，除了那些只有很少的非劳动生产要素的小私有者之外，非劳动生产要素的大私人所有者从其所有的要素中所获得的收入，主要是与归他们所有的非劳动生产要素成比例，而与他们为这种收入所付出的努力不成比例。他们为此所付出的每单位"劳动"的收入绝对大大高于一般的劳动报酬，这二者的差额就正好度量了非劳动生产要素所有者的剥削程度。

其实，在各种社会经济现象中，对马克思的劳动价值论形成最大挑战的是私人的储蓄。我们这里所说的是当代经济学意义上的私人储蓄，它是私人家庭收入中没有用于自己消费的部分。在现代社会中，私人储蓄最终可以用于增加整个社会的生产资料，特别是机器设备等劳动资料。而这种"实物资本"的增加可以增加社会的使用价值即财富的生产。用现代西方经济理论的话说，这是因为资本有"生产力"；而用马克思的术语来说，这是因为所有的生产资料都参加使用价值的生产，而生产资料的状况决定了劳动生产率的高低。从这个意义上说，私人的储蓄有助于增加整个社会的使用价值即财富，因而是个人在其劳动之外对社会提供的另一种"贡献"。但是这样一来，个人对社会所作的贡献就不仅仅是他的劳动。即使按照我们前边所说的对马克思的劳动价值论的理解，私人储蓄对社会的贡献也是与劳动价值论相冲突的。

在现代工业化社会形成的历史中，确实可以看到私人储蓄对社会经济发展的重大贡献。私人储蓄的这种作用，是促使许多人反对劳动价值论的主要原因。本文的最后部分，将进一步讨论我们对私人储蓄的态度。

以下本文将详细论证我们对马克思劳动价值论的理解。

要正确理解马克思的劳动价值论，首先要消除对它的种种误解。在看待马克思的劳动价值论时，我们必须避开两大误区。避开了这两个误区，我们就可以正确地理解马克思的劳动价值论。

二 不是经验科学的命题，而是科学的社会观

我们应当避开的第一个误区是将马克思的劳动价值论看作一个经验科学上的命题，认为它正确地解释了某种经验上的事实。这个误区导致人们力图从经验事实上去论证劳动价值论的正确性，并且宣称劳动价值论说明了市场经济中的商品价格围绕着什么中心而波动。

实际上，这个理论误区本身就是对马克思经济学说的误解。马

克思以自己的劳动价值论来说明资本主义经济如何运行，而正是马克思本人明确地指出了，当"资本主义的发展达到一定的高度"之后，劳动决定的价值就会转化为生产价格，这种生产价格"是一个中心，日常的市场价格就是围绕着这个中心来变动，并且在一定时期内围绕这个中心来拉平的"①。这就是说，马克思自己承认，实际的经验事实是资本主义经济中的市场价格围绕着生产价格而波动，而不是直接围绕着劳动决定的价值而波动。

简单的数学公式就足以说明，在绝大多数情况下，两种商品之间按生产价格计算的相对比价不会等于按它们的价值（生产中平均耗费的劳动）计算的相对比价。令 p_i 表示第 i 种商品的生产价格，A_i 表示生产第 i 种商品所耗费的社会必要劳动（第 i 种商品的价值），x_{ij} 表示生产 1 单位第 i 种商品所耗费的第 j 种商品的数量，L_i 表示生产第 i 种商品所直接耗费的社会必要的活劳动，K_i 表示平均每 1 单位第 i 种产品的生产所使用的资本数量，b_k 表示再生产 1 单位劳动力所必需的第 k 种生活资料的数量，w_p 表示按生活资料的生产价格计算的再生产 1 单位劳动的费用（单位劳动的工资），w_a 表示按生活资料的价值计算的再生产 1 单位劳动的费用（单位劳动的工资），π 表示平均的利润率，v 表示剩余价值率，我们有第 i 种商品的生产价格，即：

$$p_i = (1+\pi) \cdot (\sum p_j \cdot x_{ij} + w_p \cdot L_i) \quad w_p = \sum p_k \cdot b_k \quad (1)$$

或

$$p_i = \sum p_j \cdot x_{ij} + w_p \cdot L_i + \pi \cdot K_i \quad w_p = \sum p_k \cdot b_k \quad (1.1)$$

而第 i 种商品的价值（生产它所耗费的社会必要劳动时间）则为

$$A_i = \sum A_j \cdot x_{ij} + L_i \quad (2)$$

或

$$A_i = \sum A_j \cdot x_{ij} + \left(\frac{w_a}{w_a + v \cdot w_a} + \frac{v \cdot w_a}{w_a + v \cdot w_a} \right) \cdot L_i$$

---

① 《资本论》第三卷，人民出版社 1975 年版，第 198、200 页。

$$w_a = \sum A_k \cdot b_k \tag{2.1}$$

比较式（1）和式（2），或者比较式（1.1）和式（2.1）都可以看到，按生产价格计算的两种商品之间的相对比价只在偶然的情况下才会等于按它们的价值（生产中平均耗费的劳动）计算的相对比价，这两种相对比价在通常情况下是不会相等的。

马克思本人坚持说生产价格只是价值的转化形式，"一切不同生产部门的利润的总和，必然等于剩余价值的总和；社会总产品的生产价格的总和，必然等于它的价值的总和"[①]。这就是著名的"总计二命题"。为了搞清楚这两个命题能否同时成立，劳动价值论的反对者和拥护者后来进行了有关"转型问题"的旷日持久的争论。对国际经济学界围绕着马克思的价值转化为生产价格问题所展开的讨论，朱绍文先生在《价值向生产价格的"转型"问题》一文中作了系统的总结。

但是实际上，这个关于转型问题的争论并不涉及劳动价值论的经验科学性中的关键之点。即使像马克思所相信的那样，这两个命题真的能够同时成立，马克思本人也承认，现实经验上观察到的单个商品的市场价格毕竟是围绕着生产价格而不是劳动决定的价值波动的。而我们前边所列的公式已经足以表明，在大多数情况下，单个商品的生产价格不会等于其由劳动决定的价值。这也就是说，由劳动决定的价值不是现实的竞争性资本主义经济中价格围绕其波动的中心，劳动价值论并不是用来解释经验现象中价格变动的规律性的。

《资本论》出版后西方主流经济理论的发展进一步淡化了马克思的劳动价值论在经验科学方面的意义。

在《资本论》第一卷第一章中，马克思用一个简单的推理，来论证生产商品的劳动决定了商品的价值：作为不同商品之间相互交换的比例，"各种商品的交换价值""要化成一种共同的东西，各自

---

① 《资本论》第三卷，人民出版社1975年版，第193页。

代表这种共同的东西的多量或少量",商品的价值就是这种共同的东西。"这种共同东西不可能是商品的几何的、物理的、化学的或其他的天然属性。"商品的物体属性只是"使商品成为使用价值",而"商品交换关系的明显特点,正在于抽去商品的使用价值"。这是因为"作为使用价值,商品首先有质的差别"。而"如果把商品体的使用价值撇开,商品体就只剩下一个属性,即劳动产品这个属性"[①]。这也就是说,具有不同使用价值的不同商品所包含的共同的东西,就是它们都是劳动的产品,因此商品的价值只能来源于生产商品所耗费的劳动。

马克思的这个推理是从商品交换的经验事实出发的,也可以把它看作对经验事实的一个解释。这一推理所使用的主要前提是,不同商品的使用价值有着质上的不同,而使它们可以相互交换的价值,对不同的商品应当是同质的。在这方面,马克思从逻辑上进一步发展了亚当·斯密在《国富论》第1篇第4章中阐发的使用价值与交换价值的悖论:使用价值大的东西往往交换价值小,而使用价值小的东西往往交换价值大。

但是,在《资本论》第一卷出版以后不久,主流经济学内部就发生了著名的"边际革命",主流经济学家们转而信奉了边际效用价值论。边际效用价值论强调商品的价值取决于它的边际效用,而效用不过是个人对商品的主观评价,边际效用受商品的稀少性影响。边际效用价值论也承认价值是不同商品都具有的共同的东西,但是它认为这种共同的东西就是:不同的商品都具有主观上的效用。它实际上是把商品的价值归结为它的使用价值,但是通过把使用价值主观化为效用,它又把质上不同的使用价值化成一种共同的东西。再通过强调主观评价受商品稀少性影响,边际效用价值论就彻底消除了斯密所说的使用价值与价值的悖论。

边际效用价值论的分析表明,通过把使用价值主观化,也可以

[①] 《资本论》第一卷,人民出版社1975年版,第50页。

消除使用价值与价值之间的悖论，说明价格决定的经验现象，从而不需要使用劳动价值论来解释价格决定上的经验事实。

当代西方的主流经济学经历了"边际革命"之后经济学100多年的发展，已经基本放弃了对抽象的价值概念的讨论。它完全用供求关系来解释商品的价格如何决定，把注意力集中在供求相等时的均衡价格上。它以主观效用论来说明商品需求与价格的关系，而以生产费用来解释商品供给与价格的关系。它沿袭马歇尔奠定的传统，认为商品的价格在短期中取决于它的边际效用，而在长期中则取决于它的生产成本。按其说法，商品的长期均衡价格等于其生产成本，但是这个生产成本是"机会成本"，它包含了企业经营的"正常利润"。这种长期均衡价格使等量劳动得到等量工资，等量资本得到等量利润，因而实际上就是马克思所说的"生产价格"。

马克思所说的生产价格构成了当代西方经济学所说的"竞争经济中的长期均衡价格"，这个价格是现实当中市场价格围绕其波动的中心。以这个命题为中心所展开的一系列分析，构成了一个"实证的经济学体系"，它的作用在于说明竞争性的资本主义经济中的经验事实。不仅当代西方的主流经济学属于这样的经济学体系，就是斯拉法在《用商品生产商品》中建立的经济学体系，也属于这一类经济学体系。当代的这些经济理论分析都说明，不使用劳动价值论，也足以说明市场经济中的价格是如何决定的。

除此之外，当代西方的主流经济学还论证了另一类经济学体系，它们是所谓"资源有效配置的经济学体系"（规范的经济学）。这些经济学体系考察达到稀缺资源有效配置的条件。按照这一类经济学体系的分析，要达到有效率的资源配置，首先应当达到所谓的"帕累托效率"。而在企业自主决策的情况下，要实现帕累托效率，企业就应当为其使用的所有生产要素支付足够高的代价。这些生产要素不仅包括劳动，而且应当包括资本和土地等各种自然资源。在企业之间相互竞争的市场经济条件下，合乎这样一些要求的产品价格就应当是马克思所说的那种生产价格。

与这两种经济学体系相对照，马克思的劳动价值论构成了第三种经济学体系，它为我们提供了一种以历史唯物主义为基础的评价体系，我们应当依据它来评价单个的生产者、每个人对社会的贡献。根据这种经济学体系，人类社会利用已有的自然资源和资本品来生产满足自己需要的物品（使用价值），在这种生产中，自然资源、人的劳动和资本品（工具、机器和原料等）都是不可或缺的。对于这种生产，单个的生产者、个人所真正能够作出的贡献，只能是他的劳动，是他付出的社会必要劳动。在社会的生产过程中，其他的生产资料——土地、资本品等，都只是人们利用的对象，而不是任何人对社会生产的贡献。在生产资料私有制下，土地和资本品的所有者能决定其财产如何投入生产过程，靠的是社会的所有制制度，这不是他们个人真正的贡献。任何人如果不劳动就获得了收入，他就是靠别人的劳动而过活；如果这种人能劳动而不劳动，他就是在"剥削"别人。

　　马克思用他的这个经济学体系来表达一种科学的社会观，提供一种对社会进行批判分析的认识方法，而绝不是要论证一个价格围绕哪个中心波动这样的经验科学命题。对马克思劳动价值论的这样一种理解，是完全合乎马克思本人的原意的。

　　马克思的劳动价值论是从亚当·斯密和李嘉图的古典经济学发展而来的。斯密在创立政治经济学的理论体系时，系统地阐发了劳动价值论。斯密的理论体系关注的是如何才能增加"国民财富"，而这种财富主要指的是物质产品。出于对增加物质产品生产的关心，也出于在当时先进的知识分子中流行的对下层劳动者的同情，斯密把劳动看成一国国民消费的一切产品的源泉。由这种立场出发，斯密自然要把不劳而获者看成社会的蛀虫，甚至连不从事物质产品生产的劳动者（如家仆）也都成了"非生产劳动者"。斯密的这种观点，引起了后世对"生产劳动"问题的长期争论。在《国富论》第2篇第3章中，斯密把他的生产性劳动观阐发得淋漓尽致。而我们在这里所要强调的则是，斯密的学说表明，劳动价值论从其产生那天起，就是一种世界观和社会哲学的体现，这种世界观和社会哲学认定劳动是人类社会繁荣昌盛的唯一源泉。

马克思之所以继承并进一步发展斯密的劳动价值论，正是因为他接受并进一步推进了亚当·斯密的这种世界观和社会哲学，只不过他更进一步地完全站在没有任何财产的劳动者一边。马克思在思想上的出发点，是把劳动看成人类及其社会存在和发展的决定因素，以劳动为标准来衡量个人对社会的真正贡献，把不劳而获的人看成是剥削者。他是基于这种观点而在经济学上接受和运用劳动价值论的。马克思本人的思想发展过程和经济理论体系都证明了这一点。

马克思本人在其思想发展过程中，先形成了他关于劳动与人类社会关系的学说，然后才在经济学上接受并发展了劳动价值论。在这个过程中，他对劳动价值论本身的态度也发生过变化，最初他甚至在某种程度上是否定劳动价值论的。青年时代的马克思在其思想形成的过程中，写下了著名的《1844年经济学哲学手稿》。在那里他已经系统地阐明了他有关劳动与人类社会关系的学说，通过对"异化劳动"问题的分析揭示了资本支配劳动的资本主义生产关系，而在这个时期马克思尚未全面接受劳动价值论，在这之前甚至还对劳动价值论明确表示过否定的意见。①

值得注意的是，早年马克思否定古典经济学的劳动价值论，其主要原因之一是，他认为，劳动价值论与现实当中对劳动的剥削和统治无法相容。他当时把古典经济学的劳动价值论的含义理解为：从理论上说劳动的全部产品本来都属于工人；他因而指责古典经济学家，说他们一方面在理论上承认劳动的全部产品本来都属于工人，另一方面他们又自相矛盾地说，工人实际上得到的只是产品中为工人的生存所必要的那一部分。马克思还指责古典经济学家，他们一方面说"劳动是人用来增大自然产品的价值的唯一东西"，另一方面又让

---

① 马健行、郭继严：《〈资本论〉创作史》，山东人民出版社1983年版，第18、35—43页。

"土地所有者和资本家……处处对工人占上风,并对他发号施令"①。恰恰是早年对劳动价值论的这一批评,表露了马克思最深层的思想:他认为当时社会的根本问题在于不劳而获者对劳动的剥削和统治。

而在这个时期,马克思已经形成了他有关劳动对人类的意义的学说。他把劳动看作人在社会中的真正财富,说"劳动是我真正的、活动的财产"②。从此以后,马克思就把劳动看作人对社会的真正个人贡献。

与此相联系的是,早年的马克思借用费尔巴哈的哲学术语,用"类生活""类存在物"来表示人类及其生活的本质。他在《1844年经济学哲学手稿》中强调:"人是类存在物",而"正是在改造对象世界中,人才真正地证明自己是类存在物。这种生产是人的能动的类生活"。"在社会主义的人看来,整个所谓世界历史不外是人通过人的劳动而诞生的过程,是自然界对人说来的生成过程。"③ 这一思想奠定了马克思主义的最基本观点——劳动是人类及其社会存在和发展的决定因素。基于这种认识,马克思才能够在《1844年经济学哲学手稿》中阐明"异化劳动"问题,批判非劳动者对劳动者的剥削和统治。

马克思本人的思想发展历程表明,在马克思本人的思想中,关于劳动是人类及其社会存在和发展的决定因素、非劳动者依赖劳动者而生存的观点是最基本的思想,劳动价值论只是这一思想在经济理论上的体现。正是基于这一基本思想,马克思才必须把自己的经济学体系建立在劳动价值论的基础上。

在经济学说史上,马克思第一个完全清楚地指明了由劳动决定的价值在概念上与生产价格如何不同,而亚当·斯密和李嘉图都在某种程度上混淆了这两个不同的概念。马克思在《资本论》第一卷出版之前就已经写出了第三卷的手稿,在那里他已经清楚地指出,

---

① 《马克思恩格斯全集》第42卷,人民出版社1979年版,第54—55页。
② 《马克思恩格斯全集》第42卷,人民出版社1979年版,第38页。
③ 《马克思恩格斯全集》第42卷,人民出版社1979年版,第95、97、131页。

价格围绕其波动的中心是生产价格而不是由劳动决定的价值。按理说，马克思完全可以把自己的经济学理论建立在生产价格论的基础上。斯拉法在近100年后就建立了这样一个以生产价格为基础的经济学体系。可是，马克思在《资本论》中却坚持以劳动价值论为基础来构建自己的理论体系，特别是坚持把生产价格仅仅视为劳动创造的价值的转化形式。从说明价格如何决定的经验事实这个角度看，这是在理论上不必要地兜圈子。20世纪70年代萨缪尔森就是这样指责和否定马克思关于价值转化为生产价格的理论的。① 但是，一旦我们知道了马克思的社会观和早年的思想历程之后，我们就会对马克思在《资本论》中坚持从劳动价值论出发、坚持将生产价格看成价值的转化形式做出一个合理的解释：马克思要在《资本论》中论证的，不是各个商品的价格如何决定这样的经验科学中的规律，而是一个科学的社会观。他要建立的是一个对社会经济活动进行评价的经济学体系，它以产品中所包含的社会必要劳动来评价单个生产者对社会的贡献，由此出发来说明社会的生产关系。

三 生产要素的所有制决定产品和收入的分配

在有关马克思劳动价值论的讨论中，我们必须避开的第二大理论误区是：把马克思的劳动价值论看作社会主义实行"按劳分配"的理论基础，为了给"按要素分配"的主张找理论根据，为个人获得非劳动收入辩护，而极力宣扬"资本、土地也参加生产、也创造价值"。这里说的"按要素分配"是社会产品和收入的一种分配制度，它使每个人都依据归其所有的生产要素，包括资本和土地等非劳动生产要素得到个人收入。

其实，马克思的劳动价值论并不是他主张在社会主义条件下实行"按劳分配"的理论基础。把劳动价值论当成实行"按劳分配"

---

① 朱绍文：《经典经济学与现代经济学》，北京大学出版社2000年版，第314—315、404—405页。

的理论基础，这是对马克思经济思想的误解，是把马克思当成了一个浅薄的"李嘉图派社会主义者"。马克思的经济学说强调生产要素的所有制决定产品和收入的分配，连主张非劳动收入合理性的萨伊等人实际上也不能否认这一观点。

马克思《资本论》的理论体系本身就说明，他的劳动价值论根本就没有否认资本主义所有制下"按生产要素分配收入"的现实。相反，整部《资本论》恰恰是以劳动价值论为基础来说明资本主义生产方式下个人如何能获得利润和地租这样的非劳动收入。在《资本论》最后的部分里，马克思明确地指出，劳动力、资本、土地的所有者分别得到工资、利润和地租这三种收入。① 这是极鲜明的一幅"按要素分配"的图景。也只有在资本所有者必须得到利润这种非劳动的个人收入的条件下，而且是在等量资本得到等量利润的条件下，才会形成生产价格。生产价格本身就体现了"按要素分配收入，资本家得到利润"的原则。马克思的劳动价值论与主张"按要素分配"的人的最大不同在于，它把个人的非劳动收入都定性为"剥削"。

在马克思看来，社会中之所以会有"按要素分配"，个人之所以会得到资本的利润、土地的地租等非劳动收入，是因为有这些非劳动生产要素的私人所有制。马克思指出，在"资本主义生产"中，生产资料"首先表现为资本家的私有财产。这些资本家是资产阶级社会的受托人，但是他们会把从这种委托中得到的全部果实装进私囊"。这样就产生了利润收入。而地租收入之所以产生，是因为"土地所有权""把已经生产出来的剩余价值的一部分，从资本的口袋里转移到它自己的口袋里"②。

马克思在《哥达纲领批判》中系统地说明了他主张的"共产主义"最初阶段的分配方式。他在那里清楚地说明，他主张的"按劳分配"只是这个时期在个人之间分配个人消费品的原则。社会总产

---

① 《资本论》第三卷，人民出版社 1975 年版，第 1000—1001 页。
② 《资本论》第三卷，人民出版社 1975 年版，第 296、928 页。

品在个人之间分配之前，必须先扣除"补偿消费掉的生产资料的部分"和"扩大再生产的部分"，这当然是因为实行生产资料公有制，"除了个人的消费资料，没有任何东西可以成为个人的财产"①。而这个时期之所以没有非劳动的个人收入，也只能是因为实行生产资料公有制，非劳动的生产要素都归公共所有，个人没有什么可以据以获取收入的非劳动生产要素。

从上述两个方面都可以看出，是实行"按劳分配"还是"个人由非劳动要素得到收入"，取决于是否实行生产资料私有制。这里的关键在于所有制。《资本论》的全部分析都是为了说明，即使全部价值都是由劳动创造的，由于资本和土地由少数人私人所有，就使资本家和地主得到了利润和地租这样的非劳动收入。所谓的"按要素分配，个人由非劳动要素得到收入"，不过是证明了马克思的著名论断：由于劳动受劳动对象和劳动资料的制约，"一个除自己的劳动力外没有任何其他财产的人，在任何社会的和文化的状态中，都不得不为占有劳动的物质条件的他人做奴隶。他只有得到他人的允许才能劳动，因而只有得到他人的允许才能生存"②。

尽管马克思的劳动价值论与私有制下"按要素分配"的现实完全可以并存，近20年来，中国经济理论界的那些主张"按要素分配"的人，却一直致力于以"3种不同的生产要素都创造价值"之说取代（或"发展"）劳动价值论，好像这样就可以为他们"按要素分配"的政策主张提供什么坚固不拔的理论基础。他们采取这样一种奇怪的论证方式，只是因为马克思的劳动价值论把一切非劳动的收入都判定为"剥削"，这使享受非劳动收入的人感到极不舒服。于是就产生了这样一种理论上的努力，想通过否定劳动价值论来说明非劳动收入的合理性。

这种论证其实是西方主流经济学一个半世纪中已经用惯了的理论说法。自萨伊以来，西方主流经济学就在宣传："劳动、土地、资

---

① 《哥达纲领批判》，人民出版社1992年版，第11页。
② 《哥达纲领批判》，人民出版社1992年版，第5—6页。

本都是生产上必不可缺的三要素","3 种要素都是生产的、都创造价值,因而都应当得到报酬"。现代西方的主流经济学还进一步论证了,每一种生产要素所有者所得到的报酬,取决于该种要素的边际生产力。我们可以把这一套理论观点概括为"要素创造价值论"或"要素报酬论"。

可是实际上,一切以非劳动要素的生产性来论证个人非劳动收入的合理性的学说,在逻辑推论上都存在根本的缺陷。把它们与马克思的劳动价值论对比一下就可以认清这一点。

马克思的劳动价值论不但承认各种不同的生产要素都参与使用价值的创造,而且实际上也承认非劳动的生产要素可以增加单个生产者(包括单个资本家的企业)所生产的价值:尽管它强调在不同的商品之间,决定它们的价值的只是其生产上所耗费的社会必要劳动,但是它也承认,不同的生产者所生产的每一单位同种商品都有相同的价值(在《资本论》中还把这种价值具体化为"社会价值"或"市场价值")。但是如果我们假设不同的商品生产者有同样的生产函数,则在以同样的劳动生产同种商品的不同生产者中间,使用更多的资本和土地等非劳动生产要素的生产者会生产更多的该种商品,从而创造更多的价值,因为每一单位同种商品具有相同的价值。

在马克思自己的论述中,上述情况被说成是劳动生产率更高的企业产品的"个别价值"低于其"社会价值"或"市场价值"①。尽管讨论的角度不同,实际情况却很清楚:生产同种产品的企业中,有更多人均资本和人均土地的企业每人平均创造更多的"社会价值"(也就是价值)。近年国内有一些学者力图据此来论证在劳动价值论的基础上非劳动生产要素也创造价值。但是他们不能否认,这种情况之所以出现,不过是因为马克思的劳动价值论承认每一单位同种商品必定有同样的价值,承认非劳动的生产要素参与决定商品产量;而且即使在这种情况下,每一单位商品的价值仍然仅仅取决于该部

---

① 《资本论》第一卷,人民出版社 1975 年版,第 352—353、199—202 页。

门平均的劳动耗费。

我们这里所关心的是事情的另一方面：即使按照马克思的劳动价值论，非劳动生产要素也会影响价值量的大小。情况越是如此，我们越有理由发问：既然如此，为什么马克思还那样固执地否认非劳动收入的合理性？仔细的思考会告诉我们，如果不承认非劳动生产要素归私人所有的合理性，光靠非劳动生产要素的生产性，哪怕是承认非劳动生产要素也创造价值，也无法论证非劳动收入的合理性。

"要素报酬论"坚持非劳动生产要素的私人所有者应当由这一类要素获得收入，其理由是这些要素也生产财富。在这样推论的过程中，它最喜爱使用的论点就是"谁生产的就应当归谁所有"。用这样一个论点来论证自己的主张，这是"要素报酬论"得到很多人支持的主要原因。

可是实际上，"要素报酬论"在这里玩弄了一个逻辑上的花招。即使非劳动的生产要素也创造价值，创造财富或价值的也是非人的、物的生产要素本身。按照"谁生产的就应当归谁所有"的原则，与此相应的产品和收入应当归物的要素本身——土地创造的财富归土地，资本品创造的财富归资本品。当然，这样一种分配方式不仅不可行，也绝不是拥护"要素报酬论"的人所主张的。他们所主张的，是由要素的私人所有者获取物的生产要素所创造的财富（或价值）。可是这样一来，他们就将"谁生产的就应当归谁所有"的原则，偷偷地换成了"谁的财产生产的就应当归谁所有"的原则。这是地地道道的偷换概念。恰恰是对于非劳动的生产要素来说，这两个原则是绝对无法混为一谈的。

对于非劳动的生产要素来说，创造财富的生产要素是物，而不是人。它的所有者作为人，并没有创造财富，更没有创造价值。一块肥沃的土地可能对农业的生产作出了极大的贡献，而它的主人——地主却可能不做任何事情，从而对财富的创造没有任何贡献。如果这些非劳动生产要素的所有者也去创造财富，他们也只是作为劳动者而对生产过程投入了劳动这种生产要素。当他们把非劳动的生产要素对生产的贡献化作非劳动收入收归己有时，他们本人对生产自己所获得的东西并没有作出贡献。他们之所以能获得这些非劳动收入，原因并不在于他们自己生产了与此相应的财富，而是在于他们所有的财产对财富的生产作出了相应的贡献，而他们自己是这些财产（生产要素）的所有者。

由此看来，非劳动生产要素的私人所有者将这类要素创造的财富收归己有，靠的是自己的所有者权利，靠的是社会的法律和财产制度，而不仅仅是这类生产要素能够创造财富。亚当·斯密就是这样看待地主从其私有的土地上得到的地租："一国土地，一旦完全成为私有财产，有土地的地主，像一切其他人一样，都想不劳而获，甚至对土地的自然生产物，也要求地租。"[①] 青年时代的马克思赞赏地引用了斯密的这类有关地租的论述，说它"证明了国民经济学把土地肥力变成土地所有者的属性的这种概念的颠倒"[②]。

有关马克思的劳动价值论和剥削理论的争论，曾经长期纠缠在劳动和非劳动的生产要素究竟谁剥削了谁上。有人甚至论证说，由于科学技术在生产中的作用越来越大，现在的问题是工人在"剥削"机器人。明白了收入分配问题的根源并不在于非劳动要素的生产性之后，我们就可以看到，这样的争论是多么可笑。在收入分配和马克思主义的价值理论上，问题根本就不在于劳动和非劳动的生产要素谁剥削了谁，而在于由谁、由哪些人来"剥削"非劳动的生产要素。无论实行什么样的所有制，非劳动生产要素所创造的财富反正是要被人类拿去享用的。其实从有人类那天起，人类就在"剥削"一切非人的生产要素：人类总是把一切物的生产要素对生产的贡献作为社会的产品和收入收归己有。没有这种"剥削"，人类社会就一天也存在不下去。真正的分歧在于，人类所"剥削"的这些非劳动的生产要素所创造的财富，是应当由这些生产要素的私人所有者独

---

① 前引《国民财富的性质和原因的研究》第一篇第六章，第 44 页。
② 《马克思恩格斯全集》第 47 卷，人民出版社 1979 年版，第 76 页。

享，还是应当作为整个社会的公共财产而由全体人民共同享受。

实际上，如果非劳动的生产要素真有什么与人的行为无关的"生产力"的话，实行生产资料公有制必定是最公平合理的制度，因为那样就可以使全体人民公平地分享这些要素创造的财富，而这些财富并不是由任何人创造的，却无论如何都要归某一部分人享用。正是出于这样一种考虑，马克思才主张实行生产资料公有制。但是在这样一种社会制度下，任何个人都不可能靠对非劳动生产要素的私有权获得收入，也不可能有与按劳分配不一致的"按要素分配"。

其实，那些高水平的"要素报酬论"者早已认识到，非劳动生产要素的私人所有者由这一类要素获得收入，首先靠的是这一类生产要素的私人所有制。要论证非劳动收入的合理性，就必须先证明非劳动生产要素归私人所有的合理性。最早系统论述"要素报酬论"的萨伊就指出："处理收入的专有权利乃是生产手段专有权利或生产手段所有权的结果"；之所以要有这种生产要素私有权，是因为"安稳地享有自己的土地、资本和劳动的果实，乃是诱使人们把这些生产要素投于生产用途的最有力动机"，因此"（私有）财产不可侵犯是极其有益的制度"[①]。

萨伊的论述清楚地表明，"私有财产神圣不可侵犯"的原则才是"个人由非劳动要素得到收入（要素分配论）"的制度基础和思想理论基础。要说明"按要素分配"是合理的，首先必须说明非劳动要素的私人所有制是合理的。

四 对不劳而获者的历史判决

尽管马克思在《共产党宣言》等经典文献中高度评价了私有制的资本主义生产方式对推动社会经济发展的历史作用，传统的马克思主义理论并没有说清非劳动生产要素的私有制对社会和经济的积

[①] 萨伊：《政治经济学概念》，中译本，商务印书馆1982年版，第二篇第二章，第一篇第十四章。

极功能。但是，即使实事求是地充分考虑了私有制的积极作用，我们仍然可以说，马克思的劳动价值论对当代的人类社会有着巨大的意义，它的意义恰恰在于它对不劳而获者做出了历史的判决。

马克思的劳动价值论认为，非劳动收入是剥削，因为获得这种收入的人分享了社会的总产品，自己本人却没有对社会作出与这种收入相对应的贡献。与此相对应的是，要说明非劳动收入的合理性，就必须说明对非劳动生产要素的私人所有制的合理性，说明它对社会有什么积极功能。

依据现代的经济理论，我们可以确定非劳动生产要素的私人所有制可以起到两方面的积极功能：一方面是这些要素的私人所有者本身可以发挥的积极作用；另一方面是人们在争取成为这种所有者时可能起到的积极作用。

本文的第一部分已经指出，非劳动生产要素的私人所有者本身有最强的动力去发挥两方面的有益功能："监督防偷懒功能"和"资源配置功能"。这就是他们可以发挥的积极作用。但是光有强烈的动力而没有足够的能力，也不足以保证他们很好地发挥这两种功能。不仅如此，这些要素的私人所有者要想履行这两种有益的功能，还必须付出相应的"劳动"（或努力），而这些"劳动"又都总是与他们凭借对要素的所有权而进行的剥削有机地结合在一起、为了这种剥削而进行的。这样，非劳动生产要素私人所有者本身之所以能发挥积极作用，完全是因为他们付出了努力或"劳动"，只不过这种劳动是为他们的剥削目的服务的。这些要素的私人所有者对社会的积极作用，并没有超出我们理解的劳动价值论的判断。

我们所处的时代向我们提出了一项伟大的任务：设计有效的机制来把本来由要素的私人所有者们履行的两项积极功能与他们的剥削功能分离开来。现代公司中所有权与经营权的分离为我们达到这一目标指出了道路。要达到我们的目标，就需要有某种范围、某种程度的生产资料公有制，但是它又不同于传统的生产资料公有制而有着适当的激励机制。

这方面的一个突出例证是对土地的所有权及其收益。我们的分析说明，如果能够在非劳动生产要素不归私人所有的条件下解决好监督防偷懒问题和资源有效配置问题，对这种要素的私有制就并不是必不可缺的。这一点特别适用于土地和自然资源，因为它们相对易于管理。正因为如此，当代西方的发达国家也普遍征收高额的地产税，或者将拍卖土地的收入收归国有。这等于将地租收入公有化，在相当大的程度上取消了土地的私有权。我们应当在这方面走在前头，原则上不允许土地私有，防止地租收入为个别人所垄断。不过，应当在土地制度上采取措施，尽可能在全体农民之间平均分配农村土地的收益，以作为对贫困的农民的生活补贴。

人们在争取成为非劳动生产要素的所有者时所可能起到的积极作用，主要通过他们将收入的一部分储蓄起来而发生。其他成为私有者的途径，如盗窃、掠夺、欺诈，对社会多半起着破坏的作用。本文的第一部分指出，私人储蓄可以增加整个社会的生产资料，由此增加财富的生产，从而成为个人在其劳动之外对社会提供的另一种"贡献"。为了鼓励人们作出这种贡献，就需要储蓄者得到储蓄形成的资本的边际产品，由社会的产品中得到相当于资本利息的收入。但是这样一来就证明了利息收入的正当性，从而与马克思的劳动价值论相冲突。

为了实事求是地承认个人储蓄对社会的积极作用和某些利息收入的合理性，我们似乎应当对马克思的劳动价值论作出重大的修改。一个可行的办法是把个人储蓄看作为社会生产所"必要"的，把利息性的收入看作"非生产的必要费用"。

但是我们要严防由承认私人储蓄合理性而滑向放弃劳动价值论。我们很难将私人的储蓄称作一种经济上的"活动"或"行为"，因为储蓄只是对个人收入的不消费，宁可说它是一种"不活动"或"不行为"。正是由于私人储蓄的这种难于描绘的性质，19世纪的英国经济学家西尼耳才将储蓄所形成的资本称作"节欲"，用以表示资本所有者为储蓄所作出的"牺牲"。而这种"节欲论"遭到了马克思的辛辣批判。如果我们说，通过储蓄而形成资本需要资本所有者作出牺牲，为鼓励他们作出牺牲而应当给他们利润或利息式的报酬，那我们应当清楚，这样论证利息收入合理性的理论基础，是马克思所批判的"节欲论"，而不是马克思的劳动价值论。

现代社会的一系列特点，使我们不应当夸大私人储蓄利息收入的合理性而贬低劳动价值论的意义。这些特点包括：

——有许多私人储蓄下来的收入并不来源于劳动，这样的储蓄来源中有许多甚至是极不正当的收入。

——储蓄最多的人往往是富人，他们的消费通常远远多于储蓄很少甚至没有储蓄的穷人。就这一点来说，储蓄多的人常常并不比储蓄少的人更"节欲"，没有储蓄的人通常比有储蓄的人更"节欲"得多。

——当代的实际经济生活和宏观经济理论都证明，市场经济中有可能出现储蓄过度，由此降低整个社会的福利；过高的储蓄倾向还会造成宏观总需求不足，从而减少社会生产的财富。在这种情况下，需要的是降低利息，刺激消费和投资，私人储蓄的利息收入则成了对社会利益的危害。

国内的经济学界目前有一种倾向，把靠非劳动收入致富和"私有财产神圣不可侵犯"说成是现代的时髦。其实，20世纪西方发达国家，特别是美国的社会思潮恰恰表明，现代社会的人并不认同私有财产的神圣不可侵犯性，更不赞赏不劳而获的非劳动收入。崇尚勤奋劳动、崇尚靠个人自己的奋斗来生存和发展，才是现代人的时髦。正是基于这种意识，发达国家才大都实行高额的地产税，由国家拍卖土地并获取其收入，从而实际上在很大程度上消灭了私人的地租收入和土地私有权。也正是基于这种意识，美国才实行高额的遗产税。这不仅会大大减少私人的非劳动收入，而且在很大程度上堵死了非劳动收入的来源，是对"神圣"的私有财产的侵犯。而当2001年美国总统布什提出要取消遗产税时，出来反对的正是比尔·盖茨等"美国首富"，他们反对的理由恰恰就是那个现代的时髦观念：自己不劳动而靠祖上的遗产过活不是什么好事情。

凯恩斯曾以赞赏的口吻谈到，实行他的扩张总需求的宏观经济政策，降低利息率，会使坐收利息这个阶级（rentiers）"慢慢自然死亡"，"我认为，资本主义体系中之有坐收利息阶级，乃是一种过渡时期现象，其任务完毕时即将消灭"①。凯恩斯表述的才是现代西方人的主流思潮：要让不劳而获靠财产收入过活的社会集团消亡。

18世纪和19世纪的中国之所以在经济发展上大大落后于西方，原因之一就是不劳而获的地主和高利贷食利者消费了过多的社会产品，妨碍了资本的积累。从这个意义上说，斯密和马克思系统表述的劳动价值论揭示的恰恰是现代西方社会兴起的秘密。尽管当代的西方人不接受劳动价值论，他们的社会思潮却清楚地表明，他们实际上认同劳动价值论对不劳而获者的历史判决。

马克思劳动价值论的核心思想看起来像是一句宣传口号：劳动光荣，不劳而获可耻。它以社会性的劳动来衡量个人对社会的价值，强调尊重劳动，尊重劳动者，公开主张站在最下层的劳动者一边，将劳动捧上决定人类命运的宝座。但是在这个简单思想的后边隐藏着深刻的历史判决：我们之所以有今天的人类和人类社会，都是因为有了社会性的劳动。

（原载《社会科学战线》2002年第6期、2003年第1期，发表时有删减）

---

① ［英］凯恩斯：《就业利息和货币通论》，中译本，商务印书馆1977年版，第24章。

意识到需求不确定下的超短期定价行为*

一 需求的不确定性给经济学带来的问题

稍有经济生活常识的人都知道，几乎没有任何厂商能够完全正确地预料市场上对自己产品的需求。即使一个厂商具有某种垄断地位，从而它的产品有着一条向右下倾斜的需求曲线，它通常也无法十分准确地断定，下一个时期在某一个特定的价格上它能够销售出多少产品？这也就是说，它自己产品的需求曲线对它来说是不确定的，它对这条需求曲线的位置和形状并不是十分有把握的。厂商对于自己产品的需求状况的这种没有把握的状态，即产品的未来需求对厂商的这种不确定性，就是我们所说的"需求的不确定性"。

令人惊奇的是，正统西方经济学的微观经济理论却一直力图忽略需求的这种不确定性。正统的微观经济理论总是假定，厂商能够完全正确地预料到市场上对自己产品的需求：一个完全竞争的厂商是价格的接受者，可以在现行的市场价格下销售任意多的自己的产品，它当然不需要知道对自己产品的需求状况；但是正统的微观经济理论实际上仍然假定，完全竞争的厂商事前就知道了自己产品的市场价格，因为只有如此它才能精确地确定自己的利润最大化产量。而在对不完全竞争市场的理论分析中，正统微观经济理论暗中持有的最重要的假定前提之一，就是厂商十分精确地知道自己产品的需

---

* 合作者：金和辉。本文的观点和数学论证完成于1988—1989年，距今已有10年之遥。基本的观点和思路是由左大培提出的，数学论证则是由金和辉做出的。由于种种原因，本文迟至今日才发表。此次发表的文本完全是由左大培写成的。

求函数，也就是说，它十分精确地知道自己所面对的需求曲线。在这样一种假设前提下，才能论证市场供求均衡的存在，特别是不完全竞争市场供求均衡的存在。这种不存在需求的不确定性的假设，是构成正统微观经济理论的均衡分析的最重要前提之一。如果放弃这一不现实的假设，合乎实际地假定对厂商产品的需求的不确定性，市场供求均衡在大多数情况下就很难存在。

这里我们举一个最简单的例子，以说明需求的不确定性对能否达到市场供求均衡的决定性作用。我们以一个不完全竞争厂商的定价行为为例。假定某厂商在自己的产品市场上具有某种垄断地位，因而其产品有着一条向右下方倾斜的需求曲线。我们讨论的时期是"超短期"，这种时期的长度是马歇尔所说的那种只有"暂时均衡"的时期，这种时期"很短"，短到"供给局限于现有的存货"（马歇尔，1981）。假定在这个超短期的开始，该厂商有一笔给定数量的存货，其数量为 S，它也就是在这个超短期中该厂商产品的市场上的给定供给量。图 1 中的垂直线 S 表示的就是市场上的这个给定的供给量。该厂商所要做的就是订立一个适当的价格以使自己销售这些产品的总收益最大化，这在供给量已经给定时也就是使它的利润最大化。

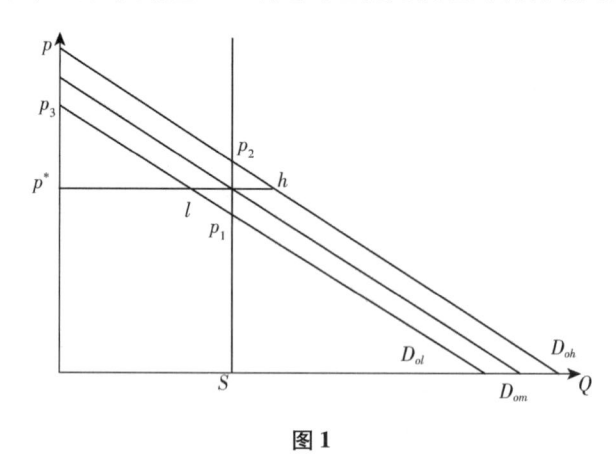

图 1

假定该厂商自信地认为，它所面对的需求曲线是图 1 中的 D_{om}，在这条需求曲线处于垂直的供给曲线 S 左边的部分中，各点上的需求弹性都大于1。在这种情况下,可以使该厂商的总收益和利润最大化的价格是图1中的价格 p^*,它是由需求曲线 D_{om} 和垂直的供给曲线 S 的交点决定的。该厂商将把自己产品的销售价格定为 p^*。如果需求曲线真的为 D_{om} 的话,这个价格将使市场上的供求达到均衡。但是,该厂商完全可能错误地估计了对自己产品的需求。它可能低估了对自己产品的需求,实际上的需求曲线可能是图1中的 D_{oh},在价格 p^* 之下,由这一需求曲线所决定的需求将是 h。由于 h 大于给定的供给量 S,在价格 p^* 之下会出现供不应求的短缺。在这种需求状况下,使供求均衡的价格只能是由实际的需求曲线 D_{oh} 和垂直的供给曲线 S 的交点决定的价格 p_2,这也是真正能使该厂商的利润最大化的价格。厂商也可能对自己产品的需求估计过高。实际上的需求曲线可能是图1中的 D_{ol},在价格 p^* 之下,由这一需求曲线所决定的需求将是 l。由于 l 小于给定的供给量 S,在价格 p^* 之下将会出现供大于求的过剩。在这种需求状况下,使供求均衡的价格只能是由实际的需求曲线 D_{ol} 和垂直的供给曲线 S 的交点决定的价格 p_1,这也是真正使该厂商的利润最大化的价格。

上述例子绝非凭空编造。任何有实际营业经验的人都会承认,在现实生活中,厂商通常都是或多或少像上述例子所说的那样,并不能事先精确地知道对自己产品的需求曲线是什么样子的,从而也无法精确地知道多高的价格能正好使需求等于自己产品的供给。这样,我们就可以从前边的分析中得出两点重要的结论。

(1) 由于现实中的需求或多或少总是有着某种程度的不确定性,市场上的需求恰好等于供给的均衡状态就是偶然的,在现实中是罕见的,出现的概率很小。在现实中占压倒优势的是供求的不均衡:在绝大多数情况下,市场上的需求是不等于供给的,不是存在过剩的产品就是出现了短缺,其原因就在于企业并不精确地知道它的产品的需求曲线。

(2) 在认识一国经济的特点时,最重要的首先是搞清它的市场不均衡的方向:是供不应求的短缺占优势,还是供过于求的过剩占优势；也就是说，是短缺在市场上出现的概率大，还是过剩在市场上出现的概率大。如果在一个国家中，短缺出现的概率大于过剩出现的概率，则这个国家将是科尔奈所说的那种"短缺经济"；如果在一个国家中，过剩出现的概率大于短缺出现的概率，则这个国家将是一个生产过剩的经济。在这种分析的基础上，研究不均衡的程度才有意义。

乍一想来，由于人们对需求的预期错误具有随机性，似乎市场不均衡的方向应该服从正态分布，即过剩和短缺应该各有一半出现的概率。但是市场经济的现实告诉我们，在进入流通的大多数商品的市场上，短缺出现的概率其实很小。理论分析应该对此作出说明，并且能够证明：即使厂商对需求的预期错误具有完全的随机性，由于它们在意识到需求不确定的情况下决定产量和价格时遵循某些特殊的规则，就使市场上出现短缺和过剩的概率并不是完全相等的。

其实自20世纪50年代以来，理论经济学界对这个问题也曾经进行过多次讨论。Arrow 和 Blinder 等人对企业的最优存货政策的分析（Arrow, K., Harris, T. B. and Marschak, J., 1951; Blinder, A. S., 1982; Maccini, L., 1987），以及 Mills 和 Zabel 等人对企业在需求不确定情况下制订价格的行为的理论分析（Mills, E., 1959; Nevins, A., 1966; Zabel, 1972），实际上讨论的都是这个问题。但是本文不能简单地照搬和阐发他们的理论分析，其原因有二：一个原因是他们关心的问题与我们不同。Mills 等人讨论的是在需求不确定时企业制定的价格会高于还是低于需求确定时的价格，Arrow 和 Blinder 等人讨论的则是企业如何确定和改变其最优存货量，而我们关心的是企业的行为所造成的短缺和过剩出现的概率。另一个原因是他们都同时分析了企业的生产（或采购）和销售行为，同时考虑了销售收益和生产（采购）成本这两方面的因素，而我们则想首先说明销售及其收益这方面的问题，以便使人们对需求不确定所造成的特殊问题有一个明确的了解。

二 需求不确定性下的超短期定价行为：理论模型

　　这里我们继续前边的思路，讨论一个具有垄断地位的厂商在需求不确定的情况下如何制订销售价格。这个厂商独自具有一个自己的产品市场。但是该厂商意识到，对它的产品的需求具有不确定性；这也就是说，它面对的不是一条向右下倾斜的需求曲线，而是一条向右下倾斜的"需求带"，这条"需求带"是由无数条平行的、向右下倾斜的需求曲线组合成的。每一条这样的需求曲线都有一定的、但是很微小的出现的概率。这意味着，在一定的范围内，在任何一个价格下对它的产品都可能出现许多个不同的需求量；就像图 1 所示的那样，在价格 p^* 下从 l 到 h 之间的任何一个需求量都可能出现。该厂商不能肯定，在产品的各个价格上需求量分别是多少，但是它清楚产品需求的概率分布；它也知道，随着自己产品价格的上升，需求量的期望值将会减少。由于不确定的需求的这种性质，在给定数量的供给（存货）下，厂商所定的销售价格越高，出现求小于供的过剩的可能性越大，而出现短缺的可能性就越小。

　　我们讨论的时期是"超短期"，该时期中的供给局限于该厂商现有的给定数量的存货 S。还假定厂商是风险中性的，其唯一的目标是使自己的预期利润（即利润的期望值）最大化；在本期中没有卖掉的产品将完全丧失其销售的可能性，不能在下一期中继续拿到市场上出售。这样，短缺和过剩就都会给该厂商带来机会成本意义上的损失：如果发生过剩，卖不出去的那部分产品就不会给厂商带来任何销售收入；如果发生短缺，没有得到满足的那部分需求也不会为它带来任何销售收入，但是如果价格定得高一些，需求也可能不会少于给定的供给量，那样厂商的利润将会更多一些。

　　在这种情况下，该厂商所要做的，就是确定一个自己产品的销售价格，它能够使自己从销售给定数量的存货 S 中所得到的总收益的期望值最大化。这在这种情况下也就是使它自己期望的利润值最大化。

我们进一步假定该厂商所面临的是线性的需求曲线，但是在任何一个价格下，各种可能的需求量都均匀地分布在一定的范围内。将每一个价格下的最低需求量连接起来的曲线是"最低需求曲线"，如图 1 中的曲线 D_{ol}，它所代表的是"最低需求函数"

$$D_l = D_{ol} - \alpha \cdot p \tag{1}$$

而将每一个价格下的最高需求量连接起来的曲线是"最高需求曲线"，如图 1 中的曲线 D_{oh}，它所代表的是"最高需求函数"

$$D_h = D_{oh} - \alpha \cdot p \tag{2}$$

在任何一个价格下，需求量都是一个随机变量，它在由最高需求函数决定的最高需求量与由最低需求函数决定的最低需求量之间均匀分布。因此它的分布区间为 $(D_{ol} - \alpha \cdot p, D_{oh} - \alpha \cdot p)$，在这个区间的概率密度为 $\dfrac{1}{(D_{oh} - \alpha \cdot p) - (D_{ol} - \alpha \cdot p)} = \dfrac{1}{D_{oh} - D_{ol}}$。

我们定义能够使按最低需求函数计算的最低需求量等于 0 的价格为 p_3，根据式（1）可知

$$p_3 = \frac{D_{ol}}{\alpha} \tag{3}$$

当价格低于 p_3 时，在任何价格水平上的预期需求量（需求量的期望值）都是

$$\begin{aligned} E(D) &= \int_{(D_{ol}-\alpha \cdot p)}^{(D_{oh}-\alpha \cdot p)} D \cdot \frac{1}{D_{oh} - D_{ol}} dD \\ &= \frac{D_{oh} + D_{ol}}{2} - \alpha \cdot p \end{aligned} \tag{4}$$

根据式（4）可得"预期需求曲线"，如图 1 中的曲线 D_{om}，它代表的"预期需求函数"为

$$D_m = E(D) = \frac{D_{oh} + D_{ol}}{2} - \alpha \cdot p = D_{om} - \alpha \cdot p \tag{5}$$

其中

$$D_{om} = \frac{D_{oh} + D_{ol}}{2} \tag{6}$$

它是价格为 0 时的预期需求量（需求量的期望值）。

但是式（4）中的预期需求量不一定等于预期销售量，因为需求量不一定等于销售量：如果需求量大于给定的供给量 S，销售量只能等于 S；只有当需求量小于或等于给定的供给量 S 时，销售量才会等于需求量。尽管如此，式（5）中所示的预期需求量仍然有极重大的意义：在厂商所定的销售价格上，如果预期需求量大于给定的供给量 S，则短缺出现的概率将大于过剩出现的概率；如果预期需求量小于给定的供给量 S，则短缺出现的概率将小于过剩出现的概率。要使短缺出现的概率与过剩出现的概率相等，厂商所定的价格就必须使预期需求量等于给定的供给量 S。这是一种"预期的均衡价格"。根据式（4）可知，预期的均衡价格：

$$p^* = \frac{1}{\alpha} \cdot \left(\frac{D_{oh} + D_{ol}}{2} - S \right) \tag{7}$$

如图 1 所示，预期的均衡价格 p^* 的高度是由预期需求曲线 D_{om} 与垂直的供给曲线的交点 S 决定的。图 1 和式（4）都告诉我们，如果价格低于预期的均衡价格，预期需求量就会大于给定的供给量 S，短缺出现的概率将大于过剩出现的概率；如果价格高于预期的均衡价格，预期需求量就会小于给定的供给量 S，短缺出现的概率将小于过剩出现的概率。从这个意义上可以说，短缺经济的直接原因是价格太低，过剩经济的直接原因则是价格太高。

在这种情况下，厂商所要做的，就是确定一个自己产品的销售价格，以便使自己的预期总收益（总收益的期望值）最大化。预期的销售总收益是价格 p 与预期的销售量 $E(Q)$ 之积：

$$E(R) = p \cdot E(Q) \tag{8}$$

但是正如上所述，预期的销售量不一定等于预期的需求量，因为当需求量大于给定的供给量 S 时，销售量只能等于 S。这样，根据前边所述的需求函数的特点，在不同的价格下，预期的销售量是由不同的因素决定的。我们将垂直的供给曲线 S 与最低需求曲线 D_{ol} 交点决定的价格定义为 p_1，它是能使由最低需求函数决定的需求量等于给定的供给量 S 的价格。根据式（1）得：

$$p_1 = \frac{D_{ol} - S}{\alpha} \tag{9}$$

如果价格低于 p_1，需求量就不可能小于给定的供给量 S。这时预期的销售量只能等于给定的供给量 S：

$$E(Q) = S \qquad p \leqslant p_1 \tag{10}$$

我们将垂直的供给曲线 S 与最高需求曲线 D_{oh} 交点决定的价格定义为 p_2，它是能使由最高需求函数决定的需求量等于给定的供给量 S 的价格。根据式（2）得：

$$p_2 = \frac{D_{oh} - S}{\alpha} \tag{11}$$

如果价格高于 p_2，需求量就不可能大于给定的供给量 S。这时的销售量必定会小于给定的供给量而等于需求量，从而预期的销售量只能等于预期的需求量：

$$E(Q) = E(D) = \frac{D_{oh} + D_{ol}}{2} - \alpha \cdot p \qquad p > p_2 \tag{12}$$

如果价格高于 p_1 而低于 p_2，则在任何一个价格上，需求量都既可能小于，也可能大于给定的供给量 S，也就是说，既可能出现短缺，也可能出现过剩。当需求量小于给定的供给量时，销售量将等于需求量；而当需求量大于给定的供给量时，销售量只能等于给定的供给量 S。这样，这种情况下的预期销售量就是需求量小于给定供给量时的预期需求量与需求量大于给定供给量时的预期销售量之和：

$$E(Q) = \frac{1}{D_{oh} - D_{ol}} \cdot \left(\int_{(D_{ol} - \alpha \cdot p)}^{S} D dD + \int_{S}^{(D_{oh} - \alpha \cdot p)} S dD \right) =$$

$$\frac{1}{2(D_{oh} - D_{ol})} \cdot (-S^2 - D_{ol}^2 + 2D_{ol}\alpha p - \alpha^2 p^2 + 2SD_{oh} - 2S\alpha p)$$

$$p_2 > p > p_1 \tag{13}$$

三 预期总收益最大化的价格

厂商将根据上节各式所规定的条件，来确定使它的预期总收益最大化的销售价格。根据式（8）、式（10）、式（12）和式（13）

我们可以得出该厂商的预期总收益函数，将这些预期总收益函数对价格 p 求一阶导数，我们就可以得出使预期总收益最大化的价格所必须满足的条件。

金和辉已经证明，根据上述这样的预期总收益函数，能够使预期总收益最大化的价格必定是唯一的；在这个使预期总收益最大化的价格上，预期总收益函数对价格的一阶导数等于0。当然这样一个使预期总收益最大化的价格不是处于价格低于 p_1 的区间，就是处于 p_1 与 p_2 之间，再不就是处于价格高于 p_2 的区间。以下本文将扼要地解释这一论证所包含的基本思想，目的是要说明：这个使预期总收益最大化的价格不可能低于 p_1，在正常情况下一般也不会高于 p_2，因而它通常是处于 p_1 与 p_2 之间。

根据式（8）和式（10）可知，若价格低于 p_1，预期总收益函数对价格的一阶导数

$$\frac{dE(R)}{dp} = S > 0 \tag{14}$$

在这种情况下，提高价格总是会增加厂商的预期总收益。因此厂商绝不会使自己的销售价格低于 p_1，而总是会将自己的产品销售价格提到高于 p_1 的水平。这意味着，厂商规定的销售价格通常不会低到保证能在本期中销售掉全部供给的产品，而是会适当地高，以至于有出现一部分产品卖不掉的过剩的可能性。

只要给定的供给量 S 充分大，使预期总收益最大化的价格就完全可能高于 p_2。但是，如果我们把眼界放宽到供给量 S 可变的短期来考虑厂商的产量决策，我们就可以看到，实际上厂商通常不会把供给量扩大到这种程度。这样，使预期总收益最大化的价格通常也就不可能高于 p_2。

根据式（8）和式（12）可知，若价格高于 p_2，预期总收益函数对价格的一阶导数

$$\frac{dE(R)}{dp} = \frac{D_{oh} + D_{ol}}{2} - 2\alpha \cdot p \tag{15}$$

其他条件不变，这个函数是否大于0，取决于价格 p 的高低。从

这个公式还可以直接推知，预期总收益函数对价格的二阶导数必定小于0。这意味着，在价格高于p_2的条件下，价格越高，预期总收益函数对价格的一阶导数就越小。显然，如果使预期总收益最大化的价格高于p_2的话，这个价格就必须使式（15）所表达的预期总收益函数对价格的一阶导数等于0。令式（15）所表达的这个一阶导数等于0，可知如果要使预期总收益最大化的价格高于p_2，这个价格就必定会满足条件

$$p_g = \frac{D_{oh} + D_{ol}}{4\alpha} \tag{16}$$

式（16）表明，如果使预期总收益最大化的价格高于p_2的话，那么这个价格本身与给定的供给量S无关。它仅仅取决于由式（5）所决定的预期需求函数：根据式（5）和式（6）可以推知，依据预期需求函数，在这个价格下所决定的那个预期需求量$D_{mm} = \frac{D_{ol} + D_{oh}}{4}$。在这一预期需求量上，依据预期需求函数所得出的预期边际收益等于0。但是，这个价格仍然在下述意义上受给定的供给量S制约：这个价格至少不低于p_2，而根据式（11），在价格p_2下最高的需求量也不会大于给定的供给量S。这意味着如果使预期总收益最大化的价格高于p_2的话，那么在这样一个价格〔式（16）中的价格p_g〕之下，给定的供给量S至少不能小于该价格下的最高需求量。这就是说，根据式（2）和式（16）可知，要想使预期总收益最大化的价格高于p_2，给定的供给量S就必须大于$\frac{1}{4} \cdot (3D_{oh} - D_{ol})$。显然这样一个给定的供给量大于$D_{mm} = \frac{D_{ol} + D_{oh}}{4}$，因为$D_{oh} > D_{ol}$。

但是，如果我们把眼光放得更长一些，考虑企业可以改变其供给量S的短期情况的话，那么我们就会发现：现实生活中的企业，哪怕是垄断企业，也几乎不会满足使预期总收益最大化的价格高于p_2的那个条件——使给定的供给量S大于$\frac{1}{4} \cdot (3D_{oh} - D_{ol})$。这是因

为：正如前边所指出的，在预期需求量 $D_{mm} = \dfrac{D_{ol} + D_{oh}}{4}$ 上，依据预期需求函数所得出的预期边际收益等于 0。如果给定的供给量 S 大于 $\dfrac{1}{4}$·$(3D_{oh} - D_{ol})$ 的话，给定的供给量 S 还必定大于这个预期需求量 D_{mm}。由于依据预期需求函数所得出的预期边际收益随着预期需求量的增加而递减，在那种大于 D_{mm} 的给定供给量 S 下，预期边际收益将必定小于 0。但是，在超短期中作为给定条件的供给量 S，在现实生活中也是企业生产出来的。而企业在做生产决策时，也就是在决定供给量 S 时，不可能不把成本因素与预期销售收益放到一起来考虑。如果我们将分析的眼界放宽到给定的供给量 S 可以改变的短期的情况，我们就会发现，在正常情况下，企业在做短期的产量决策时，绝不会使供给量 S 大于 $D_{mm} = \dfrac{D_{ol} + D_{oh}}{4}$，更不会使它大于 $\dfrac{1}{4}$·$(3D_{oh} - D_{ol})$。这是因为在这样的预期需求量下，预期边际收益不会大于 0；而企业又总是依据边际成本等于边际收益的原则来确定自己的产量，正常情况下的边际成本又绝不会小于 0，这就决定了正常情况下企业在短期中决定的产量 S 会明显小于上述的数量 D_{mm}，以便保证销售产品时的预期边际收益不低于大于 0 的边际成本。这也就是说，如果考虑到企业在短期中所做的产量决策的话，给定的供给量 S 通常就不会大到使价格 p_2 不高于 p_g 的程度。

式（12）和图 1 都可以非常直观地告诉我们，给定需求的状况，价格 p_2 的高度是取决于给定的供给量 S 的：当给定的供给量 S 减少、从而垂直的供给曲线 S 向左移动以后，界限价格 p_2 会提高。根据式（2）、式（11）和式（16）可知，只有当给定的供给量 S 等于 $\dfrac{1}{4}$·$(3D_{oh} - D_{ol}) > D_{mm} = \dfrac{D_{ol} + D_{oh}}{4}$ 时，才会有 p_2 等于 p_g。如果在这一基础上减少给定的供给量 S，p_2 就会随着 S 的减少而上升，从而高于 p_g。依据式（15），若价格高于 p_2，价格上升就会减少预期总收益对价格的一阶导数。而当 p_2 等于 p_g 时，预期总收益对价格的一阶导数等于0。就是在这一基础上提高价格，也会使该价格上预期总收益函数对价格的一阶导数小于0。而在这一基础上由于S的减少而提高界限价格p_2，更会导致在高于p_2的价格上预期总收益函数对价格的一阶导数小于0。而在这种情况下，降低价格又总是会增加预期的总收益；结果是使预期总收益最大化的价格不会高于p_2，而是处于p_1与p_2之间。

上述的分析说明，如果本期没有售出的产品不能留到下期再销售，那么除非需求发生了在生产时不能预料到的急剧萎缩，否则在一般情况下厂商都绝不会将其产量扩大到那一程度，以致在超短期中给定的供给量S会大于D_{mm}并保证使预期总收益最大化的价格高于p_2。这就是说，一般来说，如果本期没有售出的产品不能留到下期再销售，厂商就不会规定一个高于p_2的价格；也就是说，它规定的价格不会高到完全排除短缺的可能性并使过剩一定出现。

这样，厂商规定的价格通常会处于p_1和p_2之间。根据式（8）和式（13）可以推知，在这种情况下能使预期总收益最大化的价格

$$p_m = \frac{2(D_{ol}-S) + (D_{ol}^2 + 6D_{oh}S - 8D_{ol}S + S^2)^{\frac{1}{2}}}{3\alpha} \qquad (17)$$

在这样一个使预期总收益最大化的"最优价格"下，既可能出现过剩，也可能出现短缺。至于二者之中哪一个出现的可能性更大一些，这就取决于上述的"最优价格"p_m与式（7）所示的"预期均衡价格"p^*哪一个更高：如果"最优价格"高于"预期均衡价格"，过剩出现的概率就会大于短缺出现的概率；如果"最优价格"低于"预期均衡价格"，过剩出现的概率就会小于短缺出现的概率。但是将式（17）与式（7）比较一下就可以发现，我们无法先验地断定是否"最优价格"会高于还是会低于"预期均衡价格"。深入仔细的分析会证明，在我们的模型中，"最优价格"是否高于"预期均衡价格"，取决于给定的供给量S与D_{oh}和D_{ol}的数量关系；但是这种关系过于复杂，以至于很难得出什么确定的规律。这里的分析使我们能够得出的唯一肯定的结论是：一般来说，如果本期没有售出的产品不能留到下期再销售，厂商为了使自己的预期利润最大化，

将会规定这样一个产品销售价格，在这个价格下，既可能出现供不应求的短缺，也可能出现部分产品卖不出去的过剩。

本文分析的假设前提很有局限性，因此结论也必定有很大的局限性。本文分析的模型中没有考虑生产成本因素，因此模型本身不能说明给定的供给量 S 是怎样在更长的时期中决定的。进一步的分析必须考虑到生产成本因素并且因而将供给量 S 内生化。实际上，本文的分析构成了这一更广泛的分析的一部分。还有，本文的分析始终假设本期没有售出的产品不能留到下期再销售；如果放弃这一假设，我们会得到有关过剩的更为肯定得多的结论。尽管如此，本文的分析在理论研究上仍然有很大的意义。它是分析需求不确定在经济上的作用的必要的第一步。即使在像前边所说的那样考虑了其他许多因素而做更广泛的分析之后，本文的分析所得出的大多数结论仍然会成立。

就是在解释实际经济生活的现象上本文也是有用的。本期没有售出的产品不能留到下期再销售，这是本文分析时的一个基本前提。现代航空公司的班机座位就是这样一种"产品"。对于绝大多数航空公司来说，航班一旦确定，在一定时期中可以运送的旅客人数就是固定的，这个固定的人数就是这个航空公司的"给定的供给量 S"。即使乘坐飞机的旅客人数少于 S，航空公司也不可能把这个空位留到下一次飞行时再卖出去。如果需求状况是十分确定的，航空公司当然可以规定一个适当的机票价格，使它的机票既不过剩，也没有短缺。但是现实当中的需求是不确定的。我们的分析已经证明，在这样的不确定的需求下，规定一个保证不会出现过剩的价格并不会使航空公司的预期利润最大化，因为在这样的价格下，短缺的出现倒成了必然的，这样的短缺通常会降低航空公司的预期利润。在能够使航空公司的预期利润最大化的机票价格下，应当是既可能出现飞机上有空座的"过剩"，也可能出现买不到机票的"短缺"。按照这样一种机票价格经营，事后的统计上就会显示出一个正的"空座率"。但是这种正的"空座率"并不一定意味着平均来说该航空公司的供给已经过剩：这种正的"空座率"可能只是表明某些班次飞行中有空座，但是另一些班次飞行中可能还会有买不到该航班机票的"短缺"，这种短缺的概率既可能小于，也可能大于过剩的概率，只不过这种短缺不会在空座率的统计中反映出来而已。

参考文献

［英］马歇尔：《经济学原理》，中译本，商务印书馆1981年版。

《新帕尔格雷夫经济学大辞典》，中译本，经济科学出版社1992年版。

Arrow, K., Harris, T. B. and Marschak, J., Optimal Inventory Policy, *Econometrica*, 19, 1951 (7): 250 – 272.

Blinder, Alan S., Inventories and Sticky Prices: More on the Microfoundations of Macroeconomics, *American Economic Review*, 1982, Vol. 72, No. 3, pp. 334 – 348.

Harris, Milton and Raviv, Arthur, A Theory of Monopoly Pricing Schemes with Demand Uncertainty, *American Economic Review*, Vol. 71, June 1981, No. 3, pp. 347 – 365.

Mills, Edwin S., Uncertainty and Price Theory, *Quarterly Journal of Economics*, 1959, 73: 116 – 130.

Nevins, A., Some Effects of Uncertainty: Simulation of a Model of Price, *QuarterlyJournal of Economics*, 1966, 80: 73 – 87.

Zabel, Edward, Multiperiod Monopoly under Uncertainty, *Journal of Economic Theory*, December, 1972 (5): 524 – 536.

（原载《经济研究》1998 年第 7 期）

一般均衡分析中的个体预算约束

主流微观经济学的几乎所有理论原理都援引一般均衡状态作论据,因此对一般均衡存在的信念成了主流微观经济理论的一个主要支柱。但是一般均衡的存在以整个经济服从某种"瓦尔拉斯法则"为必要前提,而主流微观经济理论则一直是以个体必须承受的预算约束来论证"瓦尔拉斯法则"(Walras's Law)[①]必定成立。而在实际上,由个体所必须承受的那种预算约束本身所推导出来的那种一般的"瓦尔拉斯法则",并不能保证一般均衡的存在。本文说明作为一般均衡必要前提的"瓦尔拉斯法则"入手,以简单的数学公式来说明个体必须承受的预算约束与这种特定的"瓦尔拉斯法则"的关系,由此说明个体预算约束对一般均衡分析以及整个微观经济理论的重要性。

一 一般均衡分析中的瓦尔拉斯法则和个体预算约束

一般均衡意味着有一种价格体系使任何"经济物品"的供给都等于其需求。在一般均衡状态下,每一种"经济物品"都有一个正的"均衡价格",在这样的均衡价格体系下每一种"经济物品"的供给都等于其需求。一般均衡的存在同时就意味着均衡价格体系的存在。而在主流微观经济学界对一般均衡存在性的形式化论证中,"瓦尔拉斯法则"历来就是一个必不可少的前提条件。不仅如此,"瓦尔拉斯法则"

[①] 许多著作的中文译本将"Walras's Law"译作"瓦尔拉斯定律"。

成立甚至是一般均衡存在的必要条件。

"瓦尔拉斯法则"是一个由奥斯卡·兰格命名的概念（Patinkin，1992），强调一个市场经济体系中以货币价格计的对所有各种物品的超额需求的名义总值一定为 0。依据唐·帕廷金的一般化表述（Patinkin，1992），在一个有 n 种物品进行交换的完全竞争的经济体系中，以 p_i 表示第 i 种物品的价格，所有个体对第 i 种物品的需求之总和 X_i 和它们对同种物品的供给之总和 Y_i 都是这 n 种物品的 $n-1$ 个相对价格的函数，第 i 种物品的需求总和与其供给总和之差 $[X_i(p_1, \cdots, p_{n-1}) - Y_i(p_1, \cdots, p_{n-1})]$ 就是该物品的超额需求。而"瓦尔拉斯法则"的公式化一般性陈述则是，对任何的 p_i 恒成立等式

$$\sum_{i=1}^{n} p_i \cdot [X_i(p_1, \cdots, p_{n-1}) - Y_i(p_1, \cdots, p_{n-1})] = 0 \quad (1)$$

当代标准的主流微观经济学教科书往往以 z_i 来表示对第 i 种物品的超额需求，这样就可以将"瓦尔拉斯法则"更简练地表述为（Mas-Colell et al.，17.B；Varian，17.4，18.4；Allingham，1992）：在任何物品价格向量下都恒有

$$\sum_{i=1}^{n} p_i \cdot z_i = 0 \quad (1.1)$$

主流微观经济理论之所以将"瓦尔拉斯法则"称为一个"法则"，是因为它一直是以个体预算约束的加总来论证"瓦尔拉斯法则"必定成立。这里所说的"个体"，既包括了社会最基本的消费单位——"家户"甚至个人，也包括了社会最基本的生产单位——企业或"厂商"。按照主流微观经济理论的说法，消费者无论如何总是必须至少遵守某种最低限度的预算约束。在主流微观经济分析中，这种必须遵守的个体预算约束就是：每个消费者所需求的各种物品以货币价格计的名义购买总额，必定等于他想出售的各种物品以货币价格计的名义供给总额。这等于说，即使每个消费者都在这种预算约束的基础上选择了自己最偏好的消费向量，每个消费者个体以货币价格计的对所有各种物品的超额需求的名义总值也一定

为0。而将每个个体都必须遵守的这种预算约束加总，就可以得出"瓦尔拉斯法则"：整个经济体系中以货币价格计的对所有各种物品的超额需求的名义总值一定为0（Varian，17.2，17.3；Allingham，1992）。

当然，对"瓦尔拉斯法则"的这种证明似乎忽略了进行生产的厂商这种"个体"，它似乎只适用于没有生产的"纯交换"下的一般均衡分析。厂商的利润是其出售产品的销售收入大于购买投入所造成的成本的差额，它使厂商的名义购买总额不是恰好等于其名义供给总额。这就使厂商的购买行为系统性地突破了主流微观经济理论为消费者所设定的那种个体预算约束。

当代主流经济学对一般均衡的论证使用了拐弯抹角的方式，以保证在有厂商进行生产的经济体系中仍然能保证所有的个体都遵守它认定的那种预算约束：任何个体的名义购买总额之和都必定正好等于名义供给总额之和。主流的一般均衡分析假定任何厂商都归消费者个人所有，厂商的全部利润都按固定的比例完全分配给各个消费者，而每个消费者又都将其分到的厂商利润完全用于购买其消费的物品。在这样的一套利润分配和购买机制下，"瓦尔拉斯法则"仍然必定成立（Mas-Colell et al.，17.B；Varian，18.3，18.4）。主流一般均衡分析所假定的这种利润分配和购买机制，实际上保证了消费者可以反向地正好弥合厂商的名义购买总额与名义供给总额之间的缺口，就像每个个体都使其名义购买总额都正好等于其名义供给总额一样。

"瓦尔拉斯法则"之所以用瓦尔拉斯来命名，是因为瓦尔拉斯在其开创一般均衡分析的那部代表作中，确实一贯地信守着"瓦尔拉斯法则"所表述的那种基本观念。瓦尔拉斯的一般均衡分析从每两种物品之间的实物交换出发，将货币交换物品的价格抽象为相对价格的倒数——物品之间的交换比率（Walras，第44、104、105小节）。在这样仅仅以实物交换实物的市场交易中，每个人以货币金额度量的名义购买总额当然只能恰好等于他的名义供给总额。不仅如此，瓦尔拉斯的某些论述还隐含地表述了"瓦尔拉斯法则"的思想，他还以前边所述的分析方式，得出了使用"瓦尔拉斯法则"所必然可以推导出的各市场均衡之间的相互关系（Walras，第126、116、206、250小节）。

本文以下讨论的对象，就是名义购买总额正好等于其名义供给总额这样一种个体预算约束。

二 实物瓦尔拉斯法则：一般均衡存在的必要前提

唐·帕廷金在阐释"瓦尔拉斯法则"时，定义他所说的那 n 种物品中不仅包括实物，也包括"金融资产"。他还特意注明，这些"金融资产"是"证券和货币"（Patinkin，1992）。而用这样的定义来拓展"瓦尔拉斯法则"的适用范围，不仅会导致错误地认识个体的预算约束在实现均衡上的作用，而且会导致错误地估计一般均衡在现实中存在的可能性。

前边已经指出，主流的一般均衡分析是以加总个体的预算约束来论证瓦尔拉斯法则必定成立。按照这样的逻辑，应当通过加总个体的包括金融资产在内的预算约束来论证包括金融资产在内的瓦尔拉斯法则成立。但是，瓦尔拉斯法则成立不仅是一般均衡存在的必要前提，而且与它相对应的个体预算约束还是造成超额需求与价格向量的函数关系的必要前提。以下的分析将说明，没有适当的个体预算约束，就不能保证形成消费者的需求对物品价格的函数关系，而没有消费者需求对物品价格的这种函数关系，超额需求对价格向量的函数关系就根本不可能存在。而如果不存在超额需求对价格向量的函数关系，一般均衡是不可能存在的。

这就意味着，为了使一般均衡能够存在，个体的预算约束必须仅仅是针对"实物"而不包括非实物的金融资产，与其相对应的瓦尔拉斯法则也应当只适用于"实物"而不包括非实物的金融资产。这样一种只适用于"实物"而不包括非实物的金融资产的瓦尔拉斯法则，就是"实物瓦尔拉斯法则"。

我们这里所说的"实物"，是用主流微观经济理论的术语来定义的："实物"是指对个人真正有"效用"的物品，这些物品中不仅包括了对个人有效用的物质物品，而且包括了对个人有效用的"服务"。对个人有效用的物质物品中，不仅包括了最终产品，也包括了中间产品，中间产品的效用在于其对生产最终产品的作用。显然，这样定义的实物中也包括了闲暇和劳动这样的"物品"。

我们在这里将"实物"与非实物的金融资产严格区分开来，是因为恰恰是按照主流微观经济理论的看法，人们买入实物本身会直接增加个人的效用，而"买入"非实物的金融资产（包括"买入"货币即增加其持有的货币）本身并不能直接增加个人的效用，人们只能通过"卖出"非实物的金融资产并将其换为实物来间接地增加其个人效用。基于这样的基本区别，有必要特别突出地强调"实物瓦尔拉斯法则"的重要性。

在以下分析的经济中，总共有 m 种实物。我们以 Q_i^s 表示对第 i 种"实物"物品的供给数量，Q_i^d 表示对第 i 种"实物"物品的需求数量，以 P_i 表示第 i 种"实物"的货币价格。"实物瓦尔拉斯法则"的定义表达式为，对任何价格 P_i 都恒成立等式

$$\sum_{i=1}^{m} P_i \cdot Q_i^s \equiv \sum_{i=1}^{m} P_i \cdot Q_i^d \qquad (2)$$

这种形式的"实物瓦尔拉斯法则"是一般均衡存在的必要前提，其证明出奇的简单：第 i 种作为"经济物品"的"实物"市场上的均衡意味着 $Q_i^s = Q_i^d$，而如果这样的等式对这 m 种实物都成立，式（2）中表述的"实物瓦尔拉斯法则"就必定成立。这就是说，任何一种实物都达到供求均衡是"实物瓦尔拉斯法则"成立的充分条件。据此所作的最简单的数学推论都能够证明，"实物瓦尔拉斯法则"成立反过来就是任何一种具有正的价格的实物都达到供求均衡的必要条件。这意味着，如果"实物瓦尔拉斯法则"不成立、式（2）中的等式不成立，就至少会有一种实物在大于 0 的价格下供给不等于其需求。而按照一般均衡的定义，只要有一种实物在大于 0 的价格

下的供给不等于其需求,一般均衡就不可能存在。

主流的一般均衡分析以个体预算约束来论证瓦尔拉斯法则的成立。将这样的论证套用到"实物瓦尔拉斯法则"的论证上,将整个经济中的经济"个体"数目记为 N,我们可以使用两种"实物的个体预算约束"。

第一种实物个体预算约束类似于在没有生产的纯交换经济中的消费者预算约束。以 q_{in}^s 表示第 n 个人对第 i 种"实物"的供给数量,q_{in}^d 表示其对第 i 种"实物"的需求数量,则第 n 个人的"实物的个体预算约束"就为

$$\sum_{i=1}^{m} P_i \cdot q_{in}^s \equiv \sum_{i=1}^{m} P_i \cdot q_{in}^d \tag{3}$$

由于按定义必定会有

$$\sum_{n=1}^{N} q_{in}^s = Q_i^s$$

和

$$\sum_{n=1}^{N} q_{in}^d = Q_i^d \tag{4}$$

所以就必定会有

$$\sum_{n=1}^{N} \sum_{i=1}^{m} P_i \cdot q_{in}^s \equiv \sum_{i=1}^{m} P_i \cdot Q_i^s$$

和

$$\sum_{n=1}^{N} \sum_{i=1}^{m} P_i \cdot q_{in}^d \equiv \sum_{i=1}^{m} P_i \cdot Q_i^d \tag{5}$$

而如果为 N 个经济个体中的每一个都列出恒等式(3)那样的个体预算约束,再将这 N 个恒等式的左边和右边都分别加总到一起,就可以得出恒等式

$$\sum_{n=1}^{N} \sum_{i=1}^{m} P_i \cdot q_{in}^s \equiv \sum_{n=1}^{N} \sum_{i=1}^{m} P_i \cdot q_{in}^d \tag{6}$$

根据式(5),式(6)中的恒等式其实就是"实物瓦尔拉斯法则"

$$\sum_{i=1}^{m} P_i \cdot Q_i^s \equiv \sum_{i=1}^{m} P_i \cdot Q_i^d$$

套用主流的一般均衡分析所使用的第二种实物个体预算约束,

类似于在包括生产的市场经济中的个体预算约束。在包括生产的市场经济中，消费者和厂商的实物名义购买总额都可以不等于他的实物名义供给总额，但是，对任何消费者来说，其实物名义购买总额与实物名义供给总额之间的差额都不是由他自己的消费决策本身决定的，而是由厂商获取最大化的利润、利润的分配与将分得的利润全部用于消费等这样一些外在的规则决定的。我们可以将第 n 个个体的实物名义购买总额小于其实物名义供给总额的差额记为 c_n，c_n 既可以大于 0，也可以小于 0。在这种情况下，"实物的个体预算约束"就变为

$$\sum_{i=1}^{m} P_i \cdot q_{in}^d + c_n \equiv \sum_{i=1}^{m} P_i \cdot q_{in}^s \quad (7)$$

主流的一般均衡分析所规定的利润分配的规则与将分得的利润全部用于消费的原则，决定了必定有

$$\sum_{n=1}^{N} c_n = 0 \quad (8)$$

在这样的情况下，将 N 个经济个体以式（7）那种形式表示的实物个体预算约束都加总到一起，也必定会得出式（2）当中的那种"实物瓦尔拉斯法则"。

在这样两类实物个体预算约束下，单个的消费者可以用于购买并消费实物的总金额被外生于其消费决策的因素（可以出售的禀赋和分配到的利润）所严格规定，这使得消费者对任何实物都在正的价格下只想消费一个有限的数量，从而建立起实物需求与其价格之间的一种有意义的、基本上是反向变动的函数关系（Allingham，1992）。主流微观经济理论在谈论"瓦尔拉斯法则"成立的基础时，所指的其实应当是这样的"实物个体预算约束"。由于这种实物个体预算约束对瓦尔拉斯法则和消费者需求函数二者的基础意义，权威的主流微观经济理论教科书才说，包括瓦尔拉斯法则在内的一些总超额需求函数的性质"都是需求函数的定义以及平行性质的直接结果"（Mas-Colell et al.，17. B，命题 17. B. 2 的证明）。

三　现实的个体预算约束：无法保证实物瓦尔拉斯法则成立

式（3）和式（7）、式（8）所描述的那种"实物的个体预算约束"，并不是现实当中的经济个体所必须遵守的那种预算约束。确实，现实当中的消费者无论如何总是必须至少遵守某种最低限度的预算约束，哪怕是实力最强的企业也无论如何总是必须至少遵守某种最低限度的预算约束。但是，这种现实当中的经济个体所必须遵守的预算约束，既不必是式（3）那个样子，也不必是式（7）与式（8）合起来的那个样子。

在现实的市场经济中，任何经济个体不仅可以用其出售实物的货币收入购买实物，还可以靠减少其手持的货币现金购买实物。当然他也可以让购买实物的支出小于出售实物的货币收入，以此来增加其手持的现金。不仅如此，他还可以靠出售非货币的"金融资产"（其作用相当于借债）来获取货币以购买实物，也可以用出售实物的货币收入购买非货币的"金融资产"（相当于将钱借给他人）。现实当中的经济个体真正必须遵守的那种预算约束，必须将上述的所有各种经济行为的后果都包括在内。

我们这里所说的"货币"，是纸币那样的没有效用的符号式交易媒介，它并不是一种"实物"。我们将非货币的金融资产称为"金融产品"，将整个经济中的"金融产品"数目记为 K，以 P_k 表示第 k 种"金融产品"的货币价格。对第 n 个经济个体，以 d_{kn}^s 表示其供给第 k 种"金融产品"的数量，实际上这表示的是他借债或索回过去已借资金，d_{kn}^d 表示其需求第 k 种"金融产品"的数量，实际上这表示的是他借给他人钱或者还债（"赎回金融资产"）；以 M_n^s 表示他的"货币供给"，即其持有的货币额的减少额，而以 M_n^d 表示他的"货币需求"，即其持有的货币额的增加额。这样，现实当中的经济个体无论如何都必须遵守的那种最一般的预算约束就可以表示为

$$\sum_{i=1}^{m} P_i \cdot q_{in}^s + \sum_{k=1}^{K} P_{kn} \cdot d_{kn}^s + M_n^s \equiv$$
$$\sum_{i=1}^{m} P_i \cdot q_{in}^d + \sum_{k=1}^{K} P_{kn} \cdot d_{kn}^d + M_n^d \tag{9}$$

这是现实当中最一般的普遍适用的个体预算约束。但是，根据这样的预算约束我们只能推知

$$\sum_{i=1}^{m} P_i \cdot q_{in}^d - \sum_{i=1}^{m} P_i \cdot q_{in}^s \equiv$$
$$\sum_{k=1}^{K} P_{kn} \cdot d_{kn}^s + M_n^s - \sum_{k=1}^{K} P_{kn} \cdot d_{kn}^d - M_n^d$$

仅仅根据这样的个体预算约束，不可能得出任何有意义的需求函数：给定 P_i 和个体的禀赋，可以将 $\sum_{i=1}^{m} P_i \cdot q_{in}^s$ 看成是给定的。就是在这种情况下，$\sum_{i=1}^{m} P_i \cdot q_{in}^d$ 也可以随着由出售"金融产品"而获得的货币收入 $\sum_{k=1}^{K} P_{kn} \cdot d_{kn}^s$ 无限度地增加。在给定的 P_i 下，这意味着消费者打算购买的实物数量 q_{in}^d 无限度地增加。在主流微观经济理论通常所假设的那些偏好下，这意味着最优的消费需求是无穷大的，或者说需求函数没有有限数字解。

我们可以很合理地断定，消费者打算购买的实物数量 q_{in}^d 增加必定导致实际消费的数量 q_{in} 增加。主流微观经济理论通常假定效用是消费数量 q_{in} 的函数 $U_n = U_n(q_{1n}, \cdots, q_{mn})$ 且 $\frac{\partial U_n}{\partial q_{in}} > 0$。这相当于假定消费者的偏好是强单调性的。在这样的偏好下，如果消费者必须遵守的仅仅是式（9）那样的个体预算约束，那他的最优化行为就必定是通过无限增加 $\sum_{k=1}^{K} P_{kn} \cdot d_{kn}^s$ 来无限增加 $\sum_{i=1}^{m} P_i \cdot q_{in}^d$，由此来无限地增加每一个 q_{in}^d，因此而使需求函数没有有限数字解。

即使我们不是坚持偏好具有强单调性这样极端的性质，主流微观经济理论也坚持认为偏好至少要具有局部非饱和性。就是在这样的偏好下，在任何消费向量下也都可以通过增加某种实物的消费而

增大个人的效用。在这种情况下，单个的消费者仍然可以通过无限增加 $\sum_{k=1}^{K} P_{kn} \cdot d_{kn}^{s}$ 来无限增加 $\sum_{i=1}^{m} P_i \cdot q_{in}^{d}$，由此而无限地增大个人的效用，使至少某些实物的消费需求不再是其价格的函数。

这样简单的分析就足以证明，如果消费者必须遵守的仅仅是式（9）那样的现实当中最一般的普遍适用的个体预算约束，则消费需求就不再是实物价格的函数，一般均衡不仅不会存在，甚至连最起码的一般均衡分析都不再可能进行。

不仅如此，由式（9）还可以推出一个泛化瓦尔拉斯法则的公式，根据这个公式可以更清楚地说明一般均衡的不存在。

我们为整个经济中"事前"意愿的交易数量设立下述记号：以 D_k^s 表示供给第 k 种"金融产品"的数量，D_k^d 表示需求第 k 种"金融产品"的数量，M^s 表示人们想减少持有的货币数额，而 M^d 则表示人们想增加持有的货币数额。按定义可知 $\sum_{n=1}^{N} d_{kn}^s = D_k^s$，$\sum_{n=1}^{N} d_{kn}^d = D_k^s$，$\sum_{n=1}^{N} M_n^s = M^s$ 和 $\sum_{n=1}^{N} M_n^d = M^d$。根据这些定义将 N 个经济个体以式（9）那种形式表示的普遍适用的个体预算约束都加总到一起，就可以得到适用于整个经济的事前交易意愿的泛化的瓦尔拉斯法则

$$\sum_{i=1}^{m} P_i \cdot Q_i^s + \sum_{k=1}^{K} P_k \cdot D_k^s + M^s \equiv$$
$$\sum_{i=1}^{m} P_i \cdot Q_i^d + \sum_{k=1}^{K} P_k \cdot D_k^d + M^d \quad (10)$$

前边已经指出，如果消费者必须遵守的仅仅是式（9）那样的个体预算约束，那他的最优化行为就必定是通过无限增加 $\sum_{k=1}^{K} P_{kn} \cdot d_{kn}^{s}$ 来无限增加 $\sum_{i=1}^{m} P_i \cdot q_{in}^{d}$，这在式（10）中必定会造成 $\sum_{i=1}^{m} P_i \cdot Q_i^d$ 总是随着 $\sum_{k=1}^{K} P_k \cdot D_k^s$ 的无限增加而无限增加，从而必定会有 $\sum_{i=1}^{m} P_i \cdot Q_i^d$ 大于 $\sum_{i=1}^{m} P_i \cdot Q_i^s$。在这种情况下"实物瓦尔拉斯法则"不会成立，一般均衡不可能存在。

其实，通过无限增加 $\sum_{k=1}^{K} P_{kn} \cdot d_{kn}^{s}$ 来无限增加 $\sum_{i=1}^{m} P_{i} \cdot q_{in}^{d}$，只不过意味着通过无限地借债而无限地增加消费。之所以会出现这样的不均衡后果，是因为式（9）中的那种最一般的普遍适用的个体预算约束不仅根本就没有要求对实物的货币支出总额一定等于其出售实物而获得的货币收入的总额，甚至没有用任何外在强加的固定数额或任何外生于消费决策的因素来限制实物的货币支出总额。这就说明，要保证一般均衡存在，或者哪怕只是保证消费者的消费需求与实物价格有正常的函数关系，就至少必须有某些外生于消费决策的因素，甚至是有一些外在强加的固定数额来限制消费者购买实物的货币支出总额。根据式（9），这些外生于消费决策的因素或外在强加的固定数额应当决定一个数额 c_n，它满足下列要求：

$$c_n \equiv \sum_{k=1}^{K} P_{kn} \cdot d_{kn}^{d} + M_n^d - \sum_{k=1}^{K} P_{kn} \cdot d_{kn}^{s} - M_n^s$$

且

$$\sum_{n=1}^{N} c_n = 0 \qquad (11)$$

我们只能依靠各种各样有关货币、借贷和金融的惯例和制度来满足这样的要求。但是，进一步深入的理论思考和所有的经验事实都告诉我们，还没有哪一种现实当中的惯例与制度的组合能够恰好满足这一要求。

参考文献

［美］安德鲁·马斯—科莱尔、迈科尔·D. 温斯顿、杰里·R. 格林（Mas-Colell, Andreu, Whinston, Michael D. and Green, Jerry R.）：《微观经济学》，中译本，中国社会科学出版社 2001 年版。

［美］哈尔·瓦里安（Varian, Hal, R.）：《微观经济学（高级教程）第三版》，中译本，经济科学出版社 1997 年版。

［法］莱昂·瓦尔拉斯（Walras, L.）：《纯粹经济学要义或社会财富理论》，中译本，商务印书馆 1989 年版。

［英］迈克尔·阿林厄姆（Allingham, Michael）：《过度需求与供给》，载《新帕

尔格雷夫经济学大辞典》,经济科学出版社1992年版。

[美]唐·帕廷金(Patinkin, Don.):《瓦尔拉斯定律》,载《新帕尔格雷夫经济学大辞典》,经济科学出版社1992年版。

(原载《云南财经大学学报》2011年第3期)

评西方的主流经济学

美国次贷危机标志新自由主义的破产

——访中国社会科学院经济学所左大培研究员

张飞岸：2008年7月，美国最大的两家住房抵押贷款融资机构房利美和房地美被曝出巨额亏损，使美国的次贷危机再度引起世人的关注，您能不能给我们解释一下美国爆发次贷危机的深层次原因？

左大培：首先我想指出，从现在开始，美国的次贷危机就不能叫次贷危机而应该叫金融危机，房地美和房利美不是发放次贷的，它们发的都是优贷。房地美和房利美出现危机说明次贷危机已经波及整个金融领域，下一个可能就会爆发信用卡危机、银行危机等。次贷危机的深层次原因与新自由主义政策密切相关，新自由主义一个非常重要的措施就是解除金融管制。我们知道，20世纪经济大萧条对美国的教训非常深刻，1929年美国股票市场因疯狂投机，导致价格飙升之后崩盘，由于许多银行持有产业公司股票并向个人提供股票贷款，因而股票大跌导致爆发金融危机。罗斯福政府看到了金融投机对哄抬股价的作用，因而加强了金融管制，其最大的举措是将产业资本与金融资本分开。1933年通过 *Glass-steagall Act* 将投资银行和商业银行分开，因为投资银行经营新股票上市的发行及其他股票和证券的业务，所以风险较大，将商业银行与投资银行分开，可以保障商业银行存款的安全，同时也可以阻止金融资本与产业资本的勾结。为了防止像经济大萧条时许多人因为害怕银行破产而发生挤兑，该立法还设立了国家存款保险来保证银行存款的安全。总之，大萧条之后，政府对金融实行了严格的管制，甚至利息率都是政府规定的。然而，20世纪80年代的新自由主义改革又逐步把这些管制解除了，致使资金大量流入投机领域，导致金融危机在世界各地频繁爆发。新自由主义的另一个后果就是加大了贫富差距，20世纪80年代以来美国大多数人的实际收入并没有提高，在收入没有提高的情况下又想扩大需求只能靠借贷消费，因而美国的借贷消费是受到政府各项政策的鼓励的，这次次贷危机爆发的直接原因实际上是从格林斯潘时期开始的。2001年美国经历了进入21世纪之后的第一次衰退，为了应对2001年那次衰退，格林斯潘大胆地、坚决地、不断地降息。大概不到一年，美国的利息率——联邦基金利率不断下降，美联储一连17次降低利息率。降息确实起到了作用，经济衰退一个季度就过去了，但是却留了一个非常大的问题。因为利息率降低了，很多人觉得借钱买房子合适，于是美国出现了大量的次级抵押贷款公司，美国的住房市场瞬间大繁荣。美国那么快从萧条中走出来，很大程度上是靠美国此后长期的住房市场繁荣，而繁荣的源头就在贷款上。房地产业高度繁荣，解决了总需求问题。然而繁荣的结果就是出现了资产泡沫及通货膨胀。为了抑制通货膨胀，美国又开始提高利息率，利息率提高了，很多人因为还不起贷款就出现断供，断供多了，房价就下跌，房价下跌引发更多断供，贷款人不还钱给次级抵押贷款公司，次级抵押贷款公司就不能还钱给银行，银行就会牵扯到金融机构，牵扯到对冲基金，就像传染病一样传过去，这一传传到全世界，因为在金融全球化的时代，金融衍生品遍布世界，那些大量购买美国次级贷债券的国家也成了美国次贷危机的受害者。

张飞岸：我们都知道，目前美国在世界经济中的地位相当程度上依赖于美元的霸权地位，这次次贷危机会不会影响人们对美元的信心，威胁美元霸权？人们对美元信心的动摇会对全球经济造成哪些影响？

左大培：当然会，这次次贷危机使美国的信用受到了极大的打击，很多人在重新审视美国的金融机构，包括美国的银行信用。20世纪80年代后，世界经济很大程度上是靠美国借贷消费维持的，大家之所以愿意借钱给美国，是相信美国的金融信用，相信借钱给美国不会亏损。次贷危机告诉大家，在美国的投资并不可靠，美国要想维持美元世界货币的地位必须要挽救美元的信用，这也是美国政府愿意注资挽救房地美和房利美的原因，因为美元的世界货币地位对美国太重要了，美国从中可通过铸币税获得无穷的好处，美国可以通过借债维持消费和繁荣就是靠美元的世界货币地位。第二次世界大战后，美元与黄金挂钩、各国货币与美元挂钩的固定汇率制，使美国不能长期维持贸易逆差，否则会受到各国用美元挤兑黄金的威胁。"二战"后初期，由于美国能够长期维持贸易顺差，因而以美元为基础的固定汇率制尚能维持。随着西欧和日本制造业的逐渐复兴，美国从20世纪50年代末开始出现贸易逆差，大量美元流出美国，导致经常发生国外美元挤兑黄金的危机，到1971年，美元已经不可能维持三十五美元兑换一盎司黄金的固定价格。1971年8月，美国总统尼克松宣布美元停止与黄金的兑换。美国这种完全出于自身利益的单方面决定，使所有国家中央银行的外汇储备和所有私人手中所持的美元都变成了不可兑换和价值不定的纸钞。1973年，国际货币基金组织正式宣布固定汇率解体。固定汇率的解体也是金汇兑本位制的终止和资本主义金融自由化的开始。从70年代中期以后，美国的经常项目逆差变为持续性的，美国通过不断输出美元来应对贸易赤字，美国贸易入超意味着亚洲、欧洲等地的出超。因此，美国的贸易逆差和外债问题不只是美国的问题，实际上是世界资本主义的问题，世界各国的经济增长严重依赖美国的需求，近年来"经济全球化"所取得的进展，在很大程度上是由巨额的美国贸易逆差造成的。这种贸易逆差表现为外国资金持续不断地大量流入美国，但是这种流入完全是以美国投资回报率高的预期为基础的，而近年美国投资回报率高在很大程度上是美国宏观经济过热造成的。一旦美国盈利率高的神话消失、全球资金流入美国的速度放慢，世界经济就会进入一个艰难的调整时期，世界经济会由于美国这次次贷危机的影响而更加萧条。

张飞岸：既然次贷危机打击了美元霸权，那在未来美元还能维持世界货币的地位吗？

左大培：能否获得货币霸权不完全取决于一个国家的经济力量，在经济力量背后还有政治力量，政治力量背后是军事力量和意识形态力量。尽管次贷危机打击了美元的霸权地位，但目前却看不出有哪个经济体的货币可以接替美元充当世界货币的地位。西欧和日本在经济上虽然有很大进步，但在政治上特别是军事上还依赖美国，另外，西欧和日本都极度依赖美国市场。其实，因为充当世界货币可以获得铸币税，有无穷的好处，因而，对货币霸权的地位大家都想争夺，问题是谁有实力。一般经济最强大、在国际贸易上占量最大的国家最有希望获得货币霸权。"二战"后美国经济强大，占国际贸易比例最大，所以获得了货币霸权。布雷顿森林体系解体后，欧洲没有哪个国家有力量挑战美元霸权，因而美元仍然维持世界货币的地位。正因为欧洲没有哪个国家能单独和美国竞争，所以欧洲才联合起来组成了欧盟，但即使欧洲各国联合起来也只是成为世界的一极而已。"二战"后，欧洲的时代也就过去了。尽管如此，欧洲并没有放弃对货币霸权地位的争夺，欧元发行的目的之一就是争夺货币霸权，美国对欧元一直加以防范，有些学者认为美国发动科索沃战争就是为了打击欧元。

张飞岸：一个国家的金融霸权地位需要政治、经济、军事力量的支撑，很多学者认为目前美国的金融霸权仅仅维持在军事上，其经济、政治的优势地位早已丧失，这种靠军事维持的金融霸权地位能持续吗？

左大培：确实从20世纪60年代开始，美国的经济实力不断下降，按理说美国经济实力的下降在国际资本市场上应该有所反映，但由于美国军事强势，外交手腕高明，因而一直保持着霸主的地位。其实，一个国家的强大和衰落都需要一个过程，这个过程是有规律的。通常一个国家的强盛首先是工业崛起，然后才能逐步获得金融霸权地位。同样，衰落也需要一个过程，经济衰落了，但金融失去霸权还需要一定的时间。美国在 20 世纪初经济实力就跃居世界第一，但美国成为金融霸主是"二战"以后的事。这次次贷危机打击了美元霸权，然而不能说美国霸权马上就会衰落，但是，可以确信的是美国的霸主地位再也不是不可撼动的了。以前人们都认为美国无可超越，但现在人们不再认为美国是不可超越的，伊拉克战争从政治、军事上动摇了美国霸权，这次次贷危机又从金融上打击了美国霸权，这充分说明，美国的霸权地位正在衰落。但即使美国霸权衰落了，美国还是十分强大，还会是未来多极世界的霸主之一。

　　过去有一个国家挑战过美国霸权，就是苏联。苏联解体意味着苏联挑战美国失败了，很多人说苏联解体证明社会主义不行，在我看来根本说明不了这个问题，苏联解体只是证明在当时的条件下苏联挑战美国的失败。苏联的经济发展是非常成功的，但即使如此也与美国有很大差距，苏联为了挑战美国霸权，拼命发展军事工业，对其而言不堪重负，苏联的经济产量只有美国的一半，却要在军事上与美国齐头并进，这肯定是要把经济拖垮的。历史上凡是有帝国野心的国家最终都必然遭受失败的命运。西方国家历来有帝国野心，几次世界大战都是帝国野心的产物，但帝国野心在"二战"后受到沉重的打击，我认为未来没有哪个西方国家再会为了争夺霸权而不惜发动世界战争，死几百万人，西方国家现在已经没有战斗力了，因为他们不敢死人，伊拉克战争死几千人都顶不住，人越追求物质、追求享乐，就越是珍惜生命，不想打仗。"二战"后，人道主义越来越深入人心，客观地讲，人道主义越发展，一个国家国民的战斗力就越弱，所以美国只有通过发展军事武器去威慑别人来维持霸权，美国拼命发展军事技术，就是想万一打仗，它可以不死人，只让别人死。美国政府的人道主义绝对是双重标准，因而也是虚伪的，真正的人道主义是我不想死，也不想让别人死。美国政府非常清楚本国的老百姓怕死，所以，它最怕的就是那些不怕死的国家掌握先进武器。美国清楚一旦那些不怕死的国家掌握了大规模杀伤性武器，那美国肯定就得投降，你想双方打仗都有先进武器，那谁获胜？当然是不怕死的获胜。所以，毛主席早就说过，只要你敢和它干，帝国主义就是纸老虎；如果你不敢和它干，帝国主义就是真老虎。毛泽东那一代领导人是很有远见的，知道军事强国的重要性，陈毅说就是当掉裤子也要造原子弹，中国有了原子弹，美国就不敢欺负你。我这里不是说要中国和美国打仗，打仗对谁都没好处，我是说中国不用怕美国，你不怕它才能不战而屈人之兵。

张飞岸：您谈到中国经济目前也存在很多问题，比如长期的出口导向使贸易依存度太高，您认为这次美国的次贷危机对中国会造成哪些影响呢？

左大培：次贷危机对中国的影响主要有以下几个方面：①美国经济可能由于次贷危机而衰退，美国的经济衰退本身会减少中国对美国的出口和净出口。中国对美国的出口和净出口不仅数额巨大，而且对美国的净出口实际上构成了中国对外净出口的主要部分；而中国对美国的出口受美国国内宏观经济形势的影响极大，对美国的经济增长速度高度敏感。如果美国由于次贷危机而陷入严重衰退，中国的出口和净出口增长速度会急剧下降，甚至可能出现负增长。对外出口的停滞和下降本身会减少中国的就业，增加失业，尤其可能从经济上严重打击高度依赖对美国出口的广东等中国沿海地区。中国的大批企业依靠出口特别是对美国的出口而生存。出口市场的萎缩可能使这些依靠出口的企业陷入财务上的困境甚至倒闭。它们的倒闭会增大中国内地的失业问题，它们的财务困境会对中国的金融业造成巨大的冲击，不排除由此造成中国的银行业出现巨额坏账、证券市场面临崩盘的可能性。但是这种由于出口企业的困境造成的金融冲击到底会有多强，现在还很难预言。②在中国内地的许多外资企业是美欧国家企业的子公司或分支机构，美国次贷危机造成的金融混乱可能使这些美国甚至西方企业的资金链断裂，从而牵连到其在中国的子公司和分支机构，使其经营陷入困境。中国的这些外资企业的经营困境可能暂时加剧中国国内的就业问题。③中国最近几年有大量的对外证券和其他投资，美国次贷危机，造成的金融业亏损可能波及中国对外所做的这些投资，降低这些对外投资的收益甚至使其亏损，造成中国财富的损失；次贷危机所造成的恐慌情绪还会造成对外投资亏损的预期，由此吓阻了中国的对外投资，由于中国对外流出的资金主要是外汇储备中持有的外国政府债券，而且对外流出资金中的商业性投资数额并不大，美国次贷危机给中国对外投资所造成的直接损失不会很大；而次贷危机给中国对外投资所造成的吓阻实际上还是一件好事，它会阻止不必要的资金在国家间对流，使中国能够更好地将自己的资金用于国内的长期发展。需要注意的是，中国以其外汇储备所购买的许多债券，名义上似乎是"政府发行的债券"，但是实际上并不是真正的国债，而是与政府有关联的债券，如政府担保的公司的债券。这次次贷危机可能导致这样的债券不能及时足额偿还，这可能给中国政府及全体中国人民造成一定的财富损失。④美国的次贷危机可能大大降低国外的资金盈利率以及美国的利率。而中国此时正好为了反通货膨胀而要提高利率。中国的利率高于美国，加上国际投资者普遍预期人民币升值及中国的资金回报率高于国外，会导致外国资金进一步涌入中国，造成超大规模的大量外国投资。这在短期中虽然可能进一步增大中国国内的总需求，提高中国的经济增长率，但是也会同时提高中国的通货膨胀率，造成中国更为严重的经济泡沫。这样的经济泡沫一旦形成就迟早会破灭。而当这样的经济泡沫破灭时，中国就可能发生1997年亚洲金融危机式的经济危机。这是美国的次贷危机从长远看可能对中国经济造成的最大威胁。

总之，在短期中，美国的次贷危机对中国的影响除了减少中国的出口并可能由此引发银行坏账和证券价格下跌之外，不会有其他的很大影响；而从中长期看，美国降低利率却可能在中国催生新一轮的经济泡沫并最终导致它的破灭。这种长期影响才可能是美国的次贷危机对中国最严重的影响，我们最需要防范的是这样的长期恶劣影响。

张飞岸：您说的这些影响对中国而言都是潜在的危机，为了应对危机我们近期应做哪些准备工作呢？

左大培：当前中国在宏观经济上面临着两方面的威胁，我们应当同时防范这两方面的危险，同时做好两方面的应对准备：一方面，应当冷却过热的经济，遏制通货膨胀，防范多流入的外资，这仍然是目前经济政策的重点；另一方面，亚洲金融危机和各国经济波动的教训都告诫我们，必须防范宏观经济中发生的"骤变"，防止冷却过热经济的过程中发生金融危机和经济萧条，防止由此引发的资金外流造成金融灾难。

在前一方面，目前中国的经济仍然过热，这种经济过热的必然后果之一是高通货膨胀。经济过热、通货膨胀出现的主要原因之一是目前中国的流动性过剩，货币与准货币的余额相对于名义的总收入过高。而这样多的货币与准货币首先是由过多的基础货币创造出来的。中国的外汇储备过多并且还在急剧增加，逼迫中央银行不得不过度发行基础货币，这早已成了中国基础货币过多的根源。2008年春天中国的外汇储备高达1.5万亿美元，过多的外汇储备已经成为中国经济的一个重大威胁。

张飞岸：说到外汇储备我打断一下，我们都知道外汇储备来源于两方面：一方面是多年积累的经常项目盈余，另一方面是多年流入的外资。我国自1994年以来每年都有显著的对外贸易顺差，是资金的净流入国，本来是不需要引进国外资金的，为什么我们还要强调大量引进外资，以致出现了外资排挤民资和国资的现象？

左大培：你提的这个问题很重要，这也是我要讲的问题的重点，即要防范和应对危机，我们必须减少对外资的引进，并改变出口导向的经济发展战略，注重自主创新，实施进口替代战略。

由于我国一直实行实际上歧视本国企业的吸引外资的政策，造成了过多的外资特别是外商直接投资的涌入，形成了资金在国内外之间大规模双向对流的畸形现象。20世纪90年代以来，我国通过对外负债，主要是吸引外商直接投资而吸引的外资流入至少达8000亿美元以上。外资的流入是中国外汇储备过多的一个主要原因，已经造成中国经济过热和泡沫经济，成为威胁中国宏观经济稳定的主要因素。中国目前要扼制经济过热，通过减少货币总需求遏制通货膨胀，就应当同时防止过多的外资流入，通过减少累计的外资来降低外汇储备。

张飞岸：如果改变吸引外资的政策，会不会导致资金从内流变为外流，使我国货币在汇率上贬值，甚至陷入对外支付上的危机？

左大培：目前中国的首要问题还是外汇储备过多，以致造成了过多发行货币和通货膨胀的压力，因此资金从内流转为外流目前并不是一件坏事。然而，这种资金外流现象会不会发展过度，这要取决于我国能否同时保持好的宏观经济形势。资金大量外流起源于对一国投资信心的崩溃，这种投资信心的崩溃通常会引发过度的资金外流，造成企业和金融界的资金—债务链断裂，从而触发金融危机，金融危机会导致大批企业破产倒闭和失业剧增。

基于上述两方面的考虑，目前我们一方面应当坚决实行从紧的宏观经济政策，减少外资引进，冷却过热的经济，遏制通货膨胀；另一方面则要防范宏观经济形势的"骤变"造成金融危机和严重的经济萧条，防范宏观经济形式"骤变"为资金急剧流出、大批企业破产倒闭和失业剧增。在反通货膨胀的经济政策取得初步的成效之后，最重要的就是防范金融危机与经济衰退。

张飞岸：您强调要通过减少外资来减少外汇储备，但主流经济学家却强调，减少外汇储备必须允许人民币在资本项目下自由兑换，而您好像是坚决反对人民币在资本项目下自由兑换的。

左大培：在中国目前的情况下，可以减缓外汇储备的进一步增加甚至减少外汇储备的方法有三种：第一种方法是允许人民币在资本项目下自由兑换，让对外投资的公众购买储备的外汇；第二种方法是通过商业化经营的"主权财富基金"（如外汇投资基金）用外汇储备购买国外资产，将官方持有的外汇储备变为由商业化基金持有的外国资产；第三种方法是以储备的外汇偿还外债、回购境内的外资企业，减少中国所欠的外债和外商直接投资的资本金。前两种方法不可能减少资金的跨国界对流,只有第三种方法才可能减少资金的跨国界对流。不仅如此,也只有第三种方法才是真正同时遏制经济过热和过冷的"骤变"的有效方法。

中国最近十几年来股票市场价格的剧烈波动表明,中国的资金所有者们对预期的价格波动造成的收益变动极为敏感,有极强的资金流动倾向。在这样的情况下允许人民币在资本项目下自由兑换,等于让资金毫无限制地在境内与境外自由流动。一旦境内的资金所有者对中国的金融资产特别是银行的安全性发生怀疑,要将几十万亿的银行存款兑换成外币输往国外,甚至要将手持的中国股票、房产等变卖再兑换成外币,中国的外汇储备绝不可能满足他们的要求,那就会造成剧烈的资金外流并引发金融危机。那时,由于人民币在资本项目下可以自由兑换,中国的货币政策当局就失去了任何防止金融崩溃、稳定金融体系的手段。泰国等国允许其货币在经常项目和资本项目下自由兑换,几年后就发生亚洲金融危机和经济崩溃。在现在的形势下允许人民币在资本项目下自由兑换,不是使中国远离金融危机,而是更进了一步。当前我们绝对不能允许人民币在资本项目下的自由兑换。

目前中国的人民币在资本项目下还不能自由兑换,因而本国公众不能自由地购买外汇到国外投资,中国人清偿外国债务和外国人撤回在中国的投资时,在法律上也无权自由地购买外汇。但是实际上,按照国际上的惯例和一般人的情理,相对于不准本国公众自由购买外汇到国外投资而言,不准清偿外国债务和不准外国人自由兑换外汇撤回投资要困难得多,引起国际纠纷和招致外国在经济上报复的可能性也大得多。因此,即使在目前人民币在资本项目下还不能自由兑换的情况下,也应当承认,通常我们有义务为清偿外国的债务和外国撤回的投资兑换外汇。这就意味着,即使人民币在资本项目下还不能自由兑换,也应当将中国所欠的全部外债和全部外商直接投资都视为中国在外汇方面的"隐性偿付义务"。从这个角度看,在人民币在资本项目下不能自由兑换的条件下,当经济衰退的骤变导致大批资金想流出到境外时，国内的外债和外资直接投资的资金越少，对外的"隐性偿付义务"就越少，能够流出到境外的资金就越少，本国经济由于资金流出所受到的冲击就越小。仅就此一点，动用外汇储备以减少国内的外债和外国资本金就是同时遏制经济过热和过冷骤变的最佳方法。官方外汇储备本来的功能就是，在出口和外资流入形成的外汇收入不足时用于履行进口的显性偿付义务和上述的对外"隐性偿付义务"。动用外汇储备清偿国内的外债和外资资本金是使外汇储备真正履行了其功能，而以允许人民币在资本项目下自由兑换和商业化地购买国外资产来减少外汇储备，则使外汇储备花在了不能履行其功能的用途上。允许人民币在资本项目下自由兑换和商业化地购买国外资产，在减少外汇储备的同时却没有相应地减少我国对外的"隐性偿付义务"，一旦经济衰退的骤变导致大批资金想要流出到境外时，我国还要履行同样多的对外"隐性偿付义务"，却没有了应当用于履行这一义务的外汇储备，缓解骤变冲击的能力因此而降低。

基于上述考虑，制止外汇储备增加的最正当的方式是减少或制止借入新的外债、减少或制止新的外资投资；减少外汇储备的最正当的方法则是偿还外债，清偿外商投资企业的资本金。应当在这一基本方针的基础上确定应对两方面危机的一切准备措施。

张飞岸：您刚才还提到要实现中国经济发展战略从出口导向向进口替代的转变，这也是您和其他非主流经济学家的一贯主张，能谈谈您为什么要主张这一转变吗？

左大培：很简单，纯粹的出口导向是依附型经济发展方式。出口导向的流行是源于20世纪六七十年代日本和亚洲"四小龙"经济发展的成功经验。日本和亚洲"四小龙"一度凭借出口导向的发展方针取得了举世瞩目的成就。但是，这其实是一个表象。在第二次世界大战之后，日本和亚洲"四小龙"之所以能靠出口导向实现其经济发展，是由于它们的特殊历史条件和当时亚洲的特殊环境。日本在第二次世界大战结束前就已经靠进口替代跨入了工业国的行列，它有雄厚的工业基础,不能把它的经济发展完全归功于第二次世界大战后的出口导向,而新加坡是处于国际航路枢纽点的城市国家,它的发展道路对世界上的绝大多数国家都没有借鉴意义。除此之外,日本、韩国出口导向的成功有其特定的历史条件。首先,第二次世界大战后的最初30年是欧美国家的高速经济增长期,其间欧美国家实行凯恩斯主义的扩张总需求政策,政府采购和福利开支占整个经济的比重都有很快的增长。欧美国家总需求的扩张快于其本国总供给的增长,因而给少数出口导向增长的国家提供了巨大的国际市场。其次,当时的欧美国家为了对抗以苏联和中国为首的共产党执政国家,有意识地采取帮助日本特别是韩国和中国台湾发展经济的政策,实际上向它们开放了自己国内的市场。最后,日本、韩国等几个国家和地区的人口合起来也比美国少,它们在发展到人均产出高于美国之前,其出口品对欧美国家国内产业的冲击是很有限的,这使欧美国家为了冷战而容忍它们刺激出口的增长政策。

另外,我们要知道,日本、韩国出口导向的成功是以进口替代为前提的。日本、韩国一向重视发展自主的民族工业,在有了进口替代的能力之后才实行出口导向。进口替代是出口导向的第一步,没有进口替代,纯粹的出口导向是不能掌握自己命运的。美国就是典型的进口替代国家,你研究一下美国的经济发展史,就是一部通过贸易保护、进口替代实现国家崛起的教科书。中国要想成为真正的工业强国,没有自己完整的工业体系,不能自主研发高科技产品,只靠卖鞋子、裤子换取外汇是不行的。20世纪90年代以来,中国就流行一种错误的发展理念,认为钱是最重要的,把贸易顺差、外汇储备增长作为经济发展的标准,而结果呢,你赚的钱没有用来发展自己的工业体系,没有用来提高国内老百姓的购买力,而是通过买美国债券又还给美国了。表面上你是债主,可是你除了美元什么也没有,而这些美元储备和投资完全可以因为美元贬值或金融危机化为乌有。这种只注重钱的思想是典型的土财主思想,是非常短视的。美国人是最大的债务国,借钱也要消费;美国人最看重的是生产力,尤其是军事生产力。我们天天喊科学技术是第一生产力，可有些人并不愿意花钱去发展科学技术，不愿意投钱去搞自主研发。

我主张进口替代不是说不要出口，而是说你要走独立自主的经济发展路线。独立自主的经济发展路线意味着建立独立自主的、完整的产业体系和经济体系。这个体系在动态的发展过程中所致力的是，除了少数由于资源缺乏而需要进口的物品只能依靠外国供应之外，其他物品的供应都主要依靠本国的生产，而在本国生产这些产品的企业又都主要是本国的企业。经济发展上的一般规律是，一国新生产的一种产品通常都是先占领本国市场，然后才发展到对外出口。对于中国这样人口如此众多的国家来说，只要人均收入能够很快提高，任何高技术产品在国内都可以有极其广阔的市场。就是对客运飞机这种最高技术水平的产品，中国也已经是世界最大的需求国之一。问题只是要以适当的贸易政策保护好自己的这个国内市场。中国未来真正的经济问题在于中国的人均资源远远低于世界的平均水平。中国要变成一个经济上的发达国家，就必须成为一个以技术含量高的产品的生产，包括机器设备的生产为支柱产业的国家，在国际分工的体系中侧重于生产机器设备和其他技术含量高的产品。中国的工业化是一个向这一地位迈进的过程，而为了完成这一发展，中国必须在对外贸易中全力保护和发展这样的产业。如果能够完成向这种经济结构转变的过程，中国的进口将以资源和初级产品，特别是以原油为主；向这种经济结构的转变同时就是进口结构向以原油等初级产品为主的转变。我们现在就必须准备并着手开始这一转变。为此必须对整个对外贸易战略做大调整，整个国家的经济和科技政策也都必须做大调整。

对外贸易战略上的最大调整，就是转向全力以赴地以关税和非关税手段保护本国的装备和机器制造业、高科技产业。这一方面会加快中国产业结构的技术密集化，因此加快中国长远的经济增长；另一方面又将出口所得的外汇收入节约下来进口石油及其他重要原材料。在成功地做到这一点的前提下，中国应当学习美国的战略，减少对本国领土上的石油资源的开采,将本国的石油资源储存起来作为应付重大国际危机的战略储备。在对外经济关系上,中国还应当尽可能加入俄罗斯和中亚的石油开发,与这些当事国达成"投资开发后换取石油和天然气供应"协议。这样可以使中国未来的原油进口来源多元化,不仅可以分散供应上的风险,更重要的是使中国能够顶住未来可能出现的西方的"禁运"和封锁。

与这些对外战略相适应,中国应当结合"科教兴国"战略的实施,在企业自主开发先进技术、取得自主知识产权的过程中,在使用和开发技术上将应用节约能源的技术,特别是节油技术作为重点,并且将发展新式的特别是无污染的能源(风能和太阳能)作为自主的科技发展的重点之一,争取获得突破。这样的战略,才是真正能使中国进入世界富国之林的战略。

中国的主流经济学家一直嘲笑这种独立自主的、完整的产业体系为"落后的闭关自守",而在实际上,19世纪初的英国和20世纪初的美国都基本上具有这种独立自主的、完整的产业体系,而它们当时在世界经济中的领导地位,也主要来自这种独立自主的、完整的产业体系。中国这样的巨型大国要发展为一个经济上的强国,也必须致力于建立这样一种独立自主的、完整的产业体系。早在20世纪60年代,中国就在毛泽东的领导下制定和贯彻了"建立独立自主的完整工业体系"的经济建设方针。即使在实行经济开放政策之后,中国政府也在很长的时期中还在执行这样的经济发展路线。只是在短短的几年前,至多不超过9年前,某些人被"全球化"的喧嚣蒙蔽了头脑而衍生出了"与国际社会接轨"的幻想,想通过加入WTO而融入美国主宰的世界资本主义剥削体系,中国才基本上放弃了这条独立自主的经济发展路线。然而,中国经济的高速增长,正是这条独立自主的经济发展路线的产物。想证明这一点,你只需看看今日中国的那些支柱性大企业成长的历史,看看今日中国的那些强势产业所使用的技术人员来自何处,就足够了。最近几年中国放弃了独立自主的经济发展路线,这直接造成了中国目前在世界经济和政治生活中所面临的诸多难题：让外国企业控制中国的产业，使中国人创造的收入变成了欧美发达国家资本的利润，将全体中国人都降为替欧美发达国家资本家生产利润的雇佣工人，中国人却并没有因此获得欧美发达国家人民的好感，那些国家的下层人民越来越抱怨本国企业在中国投资是夺走了他们的工作机会；放弃经济上的独立自主意味着按照当下的"比较优势"集中生产和出口少数几种产品，这些产品集中向少数欧美发达国家出口，导致这些国家的工人抱怨进口中国产品使他们失业，从而引致全世界各国的贸易保护主义行为都朝向中国，形成了全世界各国联合围堵中国产品出口的局面；更重要的是，在目前的中国，放弃经济上的独立自主意味着放弃发展高技术产业、机器设备的制造等技术密集的生产，而放弃发展这种产业和生产就等于放弃了中国发展为经济发达国家的希望，使中国人民陷入永远以廉价劳动力为西方发达国家提供廉价产品和利润的被奴役地位。

张飞岸：您所说的要建立我国独立自主的、完整的工业体系，我完全赞同，但建立这样一个工业体系是否只靠实行进口替代战略就能实现，这是一个有争议的问题。这里面有一个问题，就是为什么美、德、日等国可以利用国家力量通过进口替代后发崛起，而"二战"后实行进口替代的拉美等国却没有获得成功？

左大培：我不认为"二战"后拉美国家的进口替代战略是失败的。第一，要想通过进口替代战略成功提高本国的人均收入，就必须长期坚持进口替代。拉美国家真正实行进口替代的时间只有几十年，比它们实行出口拉动增长的时间（有上百年）短多了。由于陷入债务危机，它们被发达国家强行实行新自由主义结构调整，因而没有把进口替代战略坚持到底，所以拉美的落后不能说是进口替代的失败，而是在实行进口替代之前实行了一百多年的出口导向的失败。第二，拉美在实行进口替代之前是长期的出口导向，它面对发达国家出口单一的原材料作物，已经形成一种贸易结构，这一结构很难在短期得到纠正，这导致拉美的进口替代战略一旦面对不利的国际条件就很难坚持。

此外,那些较长时期实行进口替代的拉美国家,也多多少少建立起了一些本国的制造业。现在巴西的生物燃料生产和小型客机的生产在国际上都有了一定的竞争力,这与巴西"二战"后实行进口替代战略有直接的关系。从这个意义上说,"二战"后拉美国家的进口替代战略也有相当的成效。

(原载《中国社会科学内部文稿》2008年第5期,署名张飞岸,选入文集有删减)

关于新自由主义经济学的几个问题

在近年有关美国政府政治路线和西方国家经济政策的讨论中，经常使用到"新自由主义"这个概念。可是实际上，有两种极不相同的"新自由主义"，这两种"新自由主义"不仅代表着不同的政治路线和政策主张，在某些方面它们还相互对立。

一 两种不同的新自由主义

这两种不同的"新自由主义"，一种是政治学家在谈论美国政府的政治路线时所说的"新自由主义"，我们可以将它简称为"政治上的新自由主义"；另一种则是经济学和经济政策上的"新自由主义"，我们可以将它简称为"经济新自由主义"，其在经济学界的代表就是"新自由主义经济学"。

新自由主义经济学产生于20世纪30年代和40年代，它主要是一种经济政策上的主张，要求给予个人以尽可能大的经济活动自由，实际上是要求实行最大限度的自由的私营企业制度，要求最大限度地在自由的市场竞争中发展私有制企业。新自由主义经济学的一切学说和经济学理论都为论证这个理念服务，它们虽然与纯经济理论研究中的某些范式和流派有密切联系，但是新自由主义经济学本质上仍然是一种经济政策思想。

这样的新自由主义经济学体现在社会生活和经济政策上，就是经济上的新自由主义。第二次世界大战后，西方的经济新自由主义以米塞斯和哈耶克为最著名的代表，它强烈反对国家对社会经济活动的干预，主张缩小西方的社会福利。它在西方的政治生活中持保守主义态度，在政治上与欧美国家两大政党中的右翼政党（美国的共和党、英国的保守党等）结盟。从本质上说，西方的经济自由主义致力于维护19世纪欧美国家的那种传统的资本主义（左大培，2002）。

而"政治上的新自由主义"则继承了西方的政治自由主义思潮。在两次世界大战之间，美国出现了由哲学家杜威阐发、由美国总统罗斯福实行的"新政自由主义"。而第二次世界大战后的西方政治自由主义思潮已经演变成了这种类型的"新政自由主义"，它赞成政府对社会经济活动的干预，主张扩大西方的社会福利。它以政治上的自由主义而著称，其政治代表往往是欧美国家两大政党中的中左翼政党（美国的民主党、英国的工党）的重要人物，并且在政治上与欧洲的社会民主党人结盟。从本质上说，西方的政治自由主义主张对资本主义进行改良，放弃传统的资本主义制度（左大培，2002）。

但是"政治上的新自由主义"却表现为从第二次世界大战后的政治自由主义立场的某种后退：它仍然鼓吹自由、正义和所有人机会均等，同情、帮助弱势群体，但是不再自动地赞成工会和大政府或反对西方的军工集团和大企业，主张恢复到社群、繁荣、理性主义和实用主义等美国传统的自由主义价值（韩震，2003）。

"政治上的新自由主义"这样从第二次世界大战后的政治自由主义立场上后退，在一定程度上缩小了第二次世界大战后西方社会中政治自由主义与经济自由主义的差别。但是尽管如此，这种差别仍然存在。总的来说，政治上的新自由主义仍然比较偏向维护社会中弱势群体的利益，而经济上的新自由主义则明显地主张有利于资本主义企业主的政策，是资本主义私营企业主的代言人。

按照《简明不列颠百科全书》的提法，广义而言的自由主义"就是旨在保护个人不受无理的外界限制"，它在苏格拉底的学说和《圣经》等古代西方思想的基础上，发展起了重视人的个性的意识，主张把人从对集体的完全屈从中解放出来，从习俗、法律和权威的约束中解放出来。但是"自由主义"的词条强调:"对自由主义不适宜于作出简易的定义。主要的困难是自由主义者对社会问题往往采取实用主义的处理方法。同时,自由主义者自身在关于政府的职责范围这一问题上往往有彼此相反的意见。""若干世纪以来"自由主义的"内容曾有过巨大变化,但它仍保持原来的形式"。而西方自由主义者们之间在政府职责问题上的相反意见,恰恰集中表现在第二次世界大战后经济自由主义与政治自由主义的对立上。

二 "经济新自由主义"

新自由主义经济学理论历来反对靠政府财政政策调节宏观经济总需求,贬斥通过政府开支和税收来调节经济周期波动的做法;主张在国内外市场上都放松乃至取消政府对公司行为的调节和控制,特别是消除政府对垄断企业的规制和调节;强调实行国有企业和公共服务的私有化;要求大幅度削减社会福利开支和项目(科茨,2003);主张以紧缩性的货币政策来消除通货膨胀。在对外经济政策上,它一贯主张实行彻底的自由贸易,并把它进一步发展为要求使外国投资完全自由化。从这些具体的政策主张中可以看出,经济上的新自由主义主张的是典型的19世纪自由放任式的资本主义,代表着资本主义私营企业主的利益。

这样一种经济政策主张被称为"新自由主义",是因为它是"古典自由主义"经济学说的更新,是它的更为极端的翻版。古典自由主义是18世纪、19世纪由亚当·斯密和大卫·李嘉图发展的,他们相信市场上的自由竞争可以自动调节私有制经济而使其有利于整个国家和人类(科茨,2003)。

其实,现代的所有自由主义包括形形色色的"新自由主义"都起源于17世纪和18世纪的古典自由主义。古典自由主义是一种简单的鲜明的哲学,其中心思想是在法律之下的自由——人们可以追求自己的兴趣和欲望,只受那些不允许他们侵犯别人自由的法律的约束。约翰·洛克、大卫·休谟和亚当·斯密的学说典型地代表了这种古典的自由主义,这些早期的自由主义者关注的是迫使封建专制君主们承认他们主张的自由的权利(Dahrendorf,1992),他们实际上代表着18世纪新兴的城市市民阶层的要求。

但是,当代经济新自由主义的出现和流行并不是古典自由主义的简单继续,而是发生于古典自由主义的危机和衰落之后,是对威胁古典自由主义的思潮和政策的反击,是在古典自由主义的危机中挽救古典自由主义的努力。

古典自由主义在经济政策上主张自由放任,在这种自由放任政策下,欧美的主要国家在19世纪实现了工业化。但是这种自由放任政策并不能保证社会收入和财富的公平分配,更不能有效地缩小社会上的不平等,也没有保障社会经济生活的稳定。而另一方面,古典自由主义的原则和学说又向人们承诺了人人自由、平等和幸福的前景。坚持所有人的自由、平等和幸福的要求导致了一种愿望,要缩小社会上的不平等、提供足够的社会保障,这种愿望不但表现在19世纪英国经济学家约翰·斯图亚特·穆勒的学说中,而且表现在20世纪凯恩斯主义者主张的各种稳定宏观经济波动的经济政策中,表现在20世纪西方发达国家实行的各种福利政策中。这些愿望和行动是一种"社会自由主义",它仍然是一种自由主义,但是却远离了古典自由主义的经济政策主张,因为这种社会自由主义追求加强政府权力而不是限制政府权力的政策(Dahrendorf,1992)。

由于不能实现人人自由、平等、幸福的诺言,不能消除社会上的贫富对立并提供经济保障,古典自由主义在20世纪30年代的经济大萧条和第二次世界大战后名誉扫地,丧失了主导地位(科茨,2003)。20世纪前半期出现的苏联式社会主义计划经济与自由放任的资本主义经济根本对立,而第二次世界大战后的西方国家则大都实行在二者之间的、与二者都不同的各式各样的"第三条道路"或"混合经济"。其实早在第一次世界大战之后,社会主义者和社会民主主义者就开始在西方许多国家执政(Dahrendorf,1992)。实际上,自由放任的资本主义经济实行的就是古典自由主义，而所有那些不同于自由放任的资本主义经济的经济政策都背离了古典的自由主义。

经济新自由主义就是在这种历史条件下出现的。绝大多数新自由主义经济学家都宣称自己在探索一条既不同于自由放任的资本主义又不同于中央计划经济的"第三条道路"，因而有时人们也把早期的经济新自由主义视为"第三条道路"中的一个流派（左大培，1988）。但是实际上，即使是那些主张"第三条道路"的新自由主义经济学家，也是在"第三条道路"的探索者中最接近古典自由主义主张的人；还有一些最极端的新自由主义经济学家更是极力要完全恢复古典自由主义的经济政策。总的来说，经济上的新自由主义代表了在20世纪的新环境下坚持经济自由主义的政策取向，表达的是一种复辟古典自由主义的倾向，是古典自由主义的继承者向现代的凯恩斯主义经济学、福利国家政策的反攻。

尽管经济新自由主义在经济政策上与古典自由主义十分接近，但是它们却代表了不同的社会利益和社会阶层。

17世纪和18世纪的古典自由主义代表着反对封建特权的下层市民，它为自由企业制度辩护，是因为那时主张经济自由的中小资本家都还属于中下层的市民。甚至直到第一次世界大战前，自由主义者还往往是某些西方主要国家的被剥削者和处于无权地位者的代言人（Dahrendorf，1992）。

而20世纪30年代和40年代出现的经济新自由主义已经变成了单纯的中小企业主的代言人。这时西方的主要国家已经完成了工业化，雇佣劳动者阶级占了人口的大多数。这些下层的劳动群众以各种社会主义和社会民主主义的政党为自己的代言人，反对资本主义的私人企业主，要求广泛实行各种社会福利。在这样的社会环境下，代表中小企业主的经济新自由主义实际上已经变为社会中上层的代言人，其有关社会经济生活的主张主要是有利于经营中小企业的富人。

尽管如此，20世纪前半期的经济新自由主义仍然主要偏向于维护西方富人阶层中的下层的利益。当时他们不仅与下层劳动群众的要求相对立，维护整个资本家阶级的利益，而且也反对巨型的垄断企业以及在背后操控它们的垄断寡头，因为这些垄断企业往往与政府机构相勾结，利用政府"规制"垄断企业的各种立法和司法行动来为自己谋利。斯蒂格勒有关美国政府对垄断行业规制政策的研究就反映了新自由主义经济学的这一特征。

而在20世纪末，新自由主义经济学已经彻底蜕变为大垄断企业的代言人，维护的是大垄断资本特别是美国的垄断企业的利益。经济新自由主义社会角色的这一转变来源于世界经济环境的变化。正如大卫·科茨所指出的，由于经济全球化的迅速发展，美国政府对垄断行业的各种"规制"已经变成了妨碍垄断企业发展的桎梏，它阻碍美国垄断企业去"自由"地提高其国际竞争力。在这种情况下，美国的大垄断企业从欢迎政府的"规制"转为反对政府的调节和规制，从而转向支持经济新自由主义，因为经济新自由主义历来反对政府对企业的调节和控制。

三 新自由主义经济学的理论特色

在经济学理论上，新自由主义经济学脱胎于边际主义的经济理论，是所谓的"新古典经济学"的坚定继承者。由于"新古典经济学"迄今为止仍然在正统的微观经济学领域占据着统治地位，新自由主义经济学的各种主张几乎都在微观经济学中得到了强有力的理论支持。

新自由主义经济学的政策主张和经济理论有如下特征（左大培，1988）：

新自由主义经济学把保证个人经济活动的自由当作经济政策的最高目标，同时主张使生产率极大化。但是根据他们的主观效用价值论，生产率极大化不过意味着尽可能满足每个人的消费欲望，它以消费选择自由为前提，从属于保障个人经济活动自由的最高目的。

为保证个人经济活动的自由，新自由主义者强调，经济政策的中心任务是如何最有效地配置稀缺资源。为此他们主张尽可能发挥市场经济的作用，开展真正的自由竞争，以便消除反社会的私人垄断，防止危害自由的集中的经济控制，实现生产率最大化。他们认为，只有在这种真正的竞争的基础上，才能按自由的精神解决社会问题。

在经济理论上，新自由主义者们继承和发展了新古典经济学的分析方法和研究方向，把自己的全部经济学说都奠基在正统微观经济理论的基础上，拒绝凯恩斯式的宏观经济理论。他们坚持边际主义的各种经济理论，坚持个人最优化行为下的均衡这一经济学范式，并把微观经济理论从研究市场经济中的价格问题扩大到研究在社会的相互作用中的人的选择和行为。

经济上的新自由主义者都有一种共同的社会和经济哲学：以个人主义为基础的自由主义（左大培，1988）。奥地利的米塞斯和哈耶克以最极端的方式阐述了这种哲学的经济学含义，而哈耶克更是在以《通向奴役的道路》为代表的一系列论著中重新阐明了自由主义思想的基本价值（Dahrendorf，1992）。哈耶克甚至根据他对"个人主义"的定义来区分"真正的"自由主义和"虚假的"自由主义的思想传统，把真正的自由主义思想传统限制于英国17世纪和18世纪的那些唯名论者，而将法国的卢梭等人说成是"虚假的自由主义"（左大培，1988）。

在20世纪70年代之前，新自由主义经济学是西方经济理论中的守旧派，自己没有什么经济理论上的创新，也拒绝凯恩斯的宏观经济学这一类的学术创新。当时他们在理论上主要是沿袭边际效用价值论、边际生产力分配论和货币数量论，许多著名的新自由主义经济学家还是庞巴维克的资本和利息理论的信徒。那一代的新自由主义经济学家在经济理论上主要致力于补充和完善边际主义的理论分析，并阐发其在社会哲学和方法论上的意义（左大培，1988）。

而在20世纪70年代之后，新自由主义经济学在经济理论上取得了突破性的进展。美国的弗里德曼将传统的货币数量论发展为货币主义，此后卢卡斯等人又将这一观点进一步发展为宏观经济学中的"理性预期"学派，使新古典经济学式的以正统微观经济理论说明宏观经济波动的观点在宏观经济分析中占了上风。这一研究方向后来又发展为普雷斯科特等人的"真实经济周期"理论，这是完全以正统的微观经济理论来说明宏观经济波动。这一类经济理论发展实际上都支持了新自由主义经济学的宏观经济政策主张。

20世纪70年代之后美国等国家有关经济制度的研究，也多半遵循着新自由主义经济学的思想路线。美国的"制度学派经济学"产生于19世纪末20世纪初，本来是一个批判传统资本主义、与正统的自由主义对立的学派。但是20世纪60—70年代产生的各种各样的"新制度经济学"，如"产权经济学""公共选择学派""交易费用经济学""新经济史"等等，却多半以个人理性行为和契约关系为研究范式，强调契约自由和自由企业制度对经济效率的决定意义，因而实际上成了为新自由主义经济学作论证的工具（勒帕日，1985）。詹姆斯·布坎南等"宪政经济学家"们甚至重新构思了社会契约论，并以财政制度为例来为严格限制国家的条例和法规的主张辩护（Dahrendorf, 1992）。在这种研究中，"宪政经济学家"甚至把矛头指向了西方国家现在实行的民主政治制度，认为它导致了无效率的公共选择。这实际上反映了自米塞斯和哈耶克以来新自由主义经济学的一贯思想倾向：他们实际上对依靠简单多数作出公共决策的民主制度没有好感。

四 新自由主义经济学的各个集团

到20世纪80年代之后，经济新自由主义的理念、支持新自由主义经济学的许多理论和学说已经在全世界得到广泛传播，新自由主义几乎成了世界各国的正统经济政策。这反而在很大程度上模糊了新自由主义经济学家与非新自由主义的经济学家之间的界限。

原因之一在于很多不属于新自由主义经济学阵营的经济学家也

都主张实行新自由主义经济学所主张的经济政策。某些美国的著名经济学家本来被人们看作凯恩斯主义者，而凯恩斯主义的经济政策通常与新自由主义经济学很不一样。但是这些凯恩斯主义的经济学家在20世纪80年代和90年代为苏联和东欧国家以及拉丁美洲国家设计的"经济转轨"政策方案却几乎完全是照搬新自由主义经济学的经济政策主张。这就难怪这种"转轨"在这些国家造成的后果与老自由主义经济政策在20世纪30年代的西方国家造成的大萧条极为相似。

与此相对应的是，20世纪90年代西方国家出现了"政治自由主义"与"经济自由主义"某种程度上的合流。美国的克林顿民主党政府本来是一个典型的"政治新自由主义"政权，但是它的许多经济政策却很接近保守主义者主张的经济新自由主义政策。当然，即使是在这个时期，政治自由主义与经济自由主义之间的基本差别也没有消失。

另外，20世纪80年代之后虽然有许多经济学家提出的新理论和学说强有力地支持了新自由主义的经济政策主张，但是这些经济学家几乎都自立旗号，给自己的理论或学说冠以特殊的称呼，如卢卡斯称自己的"理性预期"学派为"新古典宏观经济学"，布坎南称自己的学说为"公共选择学派"，而不将它们称为"新自由主义经济学"。这样一来，真正自称为"新自由主义经济学"的，反倒都是些学术上没有什么创新的二流以至三流经济学家。这又是一个独特的原因，使得新自由主义的经济思想占了统治地位的时候反倒很难划分出一个特殊的"新自由主义经济学"阵营。

这与20世纪50年代形成了鲜明的对照。当时新自由主义经济学在经济学界处相对较弱的地位，公开宣称自己信奉"新自由主义经济学"的是经济学家中的少数。那时新自由主义经济学家们反而结成了相当紧密的团体，可以很容易地在知名的经济学家们当中划分出一个"新自由主义经济学"的小集团来。

在20世纪50年代，新自由主义经济学的代表们大多是专业的经济学家。他们在国际范围内结成了不同的集团，彼此的思想交流十分活跃，并将"蒙贝尔兰协会"（Mt. Pelerin Society，也有译为"圣山协会"）作为新自由主义经济学的国际性组织，努力在定期举行的"蒙贝尔兰协会"会议上协调他们的共同立场。这些人发表的作品很多，按当时的标准看学术质量也较高，同时又表现出强烈的使命感。所有这些都使新自由主义思潮在国际上的理论影响和实践影响日益扩大。当时较著名的新自由主义经济学集团有以下几个（左大培，1988）。

（1）美国的芝加哥集团。其创始人是经济理论家、经济政策专家和社会哲学家弗兰克·奈特（Frank A. Knight）。该集团的主要成员有他的学生 Aron Director、乔治·斯蒂格勒（George Stigler）、米尔顿·弗里德曼（Milton Friedman）。但当时最著名的则是亨利·西蒙斯（Henry C. Simons），他以维护经济自由、提出反垄断和货币制度上的各种建议而著称，被视为当时美国新自由主义的首要代表。此外当时较著名的还有 W. Lippman 等人。

（2）英国的新自由主义经济学。其中心是伦敦经济学院，创立人是艾德温·坎南（Edwin Canan）。这个集团的成员主要有他的学生里昂奈尔·罗宾斯（Lionel Robbins）、泰奥多尔·格利高里（Theodore Gregory），此外还有 Arnold Plant 等人。

（3）奥地利的新自由主义经济学集团。它的核心人物是路得维西·冯·米塞斯（Ludwig von Mises），他先后在维也纳、日内瓦和伦敦执教，由于其论述货币理论、公共经济和经济学理论的著作而享有盛名。这个集团包括他的学生哥特弗利德·哈伯勒（Gottfried von Haberler）、弗利茨·马克路普（Fritz Machlup）以及著述甚丰的著名的哈耶克（F. A. Hayek），哈耶克最有力地阐述了新自由主义经济学的社会哲学。此外还有 Reinhard Kamitz，他曾经长期担任奥地利的财政部部长。到 20 世纪 50 年代，上述 5 人中的前 4 个人都已移居美国。

由于米塞斯和哈耶克先后长期在英国和美国活动，美国、英国和奥地利的这3个新自由主义经济学集团在思想上有着明显的相互促进关系。

在拉丁语国家，20世纪50年代法国新自由主义经济学的代表是D. Villey、J. Rueff、R. Courtin、R. Aron，以及 L. Baudin、J. B. Duroselle 和 M. Allais；比利时的著名新自由主义经济学家是 V. Baudhin 和 L. Dufreiz；意大利新自由主义经济学的代表是 Luigi Einaudi 和 Constantino Brescianni-Turroni。

在德国，由瓦尔特·欧肯（Walter Eucken）建立的所谓"弗赖堡学派"成了新自由主义经济学的研究和教学中心。这个学派的主要成员有弗朗茨·贝姆（Franz Boehm）、汉斯·格罗斯曼—道艾尔特（Hans Grossmann-Doerth）、汉斯·盖斯特里希（Hans Gestrich）、欧肯的夫人（Edith Eucken-Erdsieck）、欧肯的学生弗里德里希·A. 卢茨（Friedrich A. Lutz）和 K. P. Hensel 等人。此外，属于德国新自由主义经济学集团的还有写作极多的著名经济学家威廉·罗普凯（Wilhelm Roepke），宗教社会学家、经济理论家亚历山大·吕斯托夫（Alexander Ruestow），经济政策专家阿尔弗雷德·米勒—阿尔马克（Alfred Mueller—Armack），以及在第二次世界大战后长期担任联邦德国经济部部长、总理的路德维希·艾哈德（Ludwig Erhard）。艾哈德在从政期间实行了弗赖堡学派的经济政策主张，而这个时期联邦德国出现了经济超高速增长的"经济奇迹"，艾哈德由此而被称为"德国经济奇迹之父"。

参考文献

［美］大卫·科茨：《新自由主义和20世纪90年代美国的经济扩张》，王泰译，《国外理论动态》2003年第8期。

韩震：《美国自由主义思想的演变》，《国外理论动态》2003年第7期。

［法］亨利·勒帕日：《美国新自由主义经济学》，李燕生译，王文融校，北京大学出版社1985年版。

《简明不列颠百科全书》，中译本，中国大百科全书出版社1986年版。

Liberalism, Ralf Dahrendorf：《新帕尔格雷夫经济学大辞典》，中译本，经济科学出版社1992年版。

左大培：《弗赖堡经济学派研究》，湖南教育出版社1988年版。

左大培：《混乱的经济学》，石油工业出版社2002年版。

（原载《经济学动态》2004年第1期）

瓦尔特·欧肯的经济政策学说

第二次世界大战后重建西德经济的过程中，瓦尔特·欧肯（1890—1950年）的经济学说曾对确立西德经济制度发生过决定性的影响。曾任西德经济部部长和总理的艾哈德满怀敬佩之情地说过：我们的经济政策在很大程度上要归功于瓦尔特·欧肯。

瓦尔特·欧肯是西德经济学中"弗赖堡学派"的创立人，这个学派代表西德经济学中的新自由主义思潮。弗赖堡学派是一个比较紧密的学术集团，它的成员大都专门从事经济科学的学术研究，并且大部分是欧肯在弗赖堡大学的同事和学生。艾哈德不是本来意义上的弗赖堡学派的成员，但从20世纪30年代末期起，他和欧肯就建立了联系，并且逐步形成了一种分工合作关系：弗赖堡学派的学术研究为艾哈德提出和推行的经济政策提供理论基础，而艾哈德的经济政策则使弗赖堡学派的主张得以实现。

一　秩序政策

欧肯的全部政策学说，都以他关于"经济秩序"学说为基础。他的"经济秩序"概念有双重含义：其一是指历史上实际存在的各种具体经济秩序。他把实际的经济生活分为"经济过程"和"经济秩序"两个方面。前者指经济财货的生产、分配、流通和消费活动，后者则指社会控制经济过程以使用稀缺的生产要素满足社会成员需要的形式。经济秩序不同，经济过程就不同。其二是指一种合乎人与事物本质的秩序。欧肯认为，这种秩序必须服从一个总的决定，其各方面必须互相协调、互相补充，而不能互相冲突；它必须保证有效的经济核算；实现经济上的一般均衡；依靠自身达到稳定和清除社会中的强权，因而是工业化国家一切经济政策的总目标。

欧肯根据自己关于经济秩序的学说，批评了19世纪以来工业化国家实行的各种经济政策。他认为，"自由放任"政策的主要弊病在于它把建立经济秩序的任务交给私人自己解决，结果产生了各种各样的垄断和一系列的社会问题，最终导致了"集中管理的经济"。而在"集中管理的经济"中，国家不仅决定经济秩序，而且直接控制社会的经济过程，造成经济效率低下，损害了人的尊严。欧肯还批评凯恩斯主义的充分就业政策，认为其同样造成国家直接干预经济过程并为实行"集中管理的经济"准备了条件。

基于上述认识，欧肯领导弗赖堡学派发起了所谓"秩序政策运动"。这个运动的纲领是：国家不应该直接干预社会经济过程，而要通过自己的经济政策建立起一种"竞争秩序"，以保证人们在生产效率上相互进行竞赛。

欧肯认为，在竞争秩序下，一切企业和家庭都能够在生产、交换、分配、消费上自由地计划和行动，按照自己认为最适当的方式使用自己的生产资源。但是这些"个别经济"不能任意决定经济活动的规则和经济过程的形式。由这些规则和形式构成的经济秩序，只有国家有权建立和加以维护。由于国家的经济政策集中在建立和维护"竞争秩序"上，所以这种政策被欧肯称为"秩序政策"。

欧肯认为，历史上存在两种具体的经济秩序：一种是"自己长成的"经济秩序，它像野生植物一样是自发地形成的。自由放任政策导致的就是这种经济秩序，它像栽培的农作物一样，是人工培植起来的。"集中管理的经济"就是它的典型形态。"竞争秩序"是由国家建立和保护的，从这种意义上说，它接近于"人为建立的"经济秩序。但是，由于它使工业化内部存在的追求完全竞争的倾向充分展开，因而又是一种"自然的秩序"。欧肯承认，在现实经济生活中，"竞争秩序"具有各种不同的具体形式，这些具体形式取决于一定的具体的历史"时刻"。但是,一切"竞争秩序"又都具有某些共同的"原则",它们缺一不可,否则就会破坏经济政策的统一性,导致"竞争秩序"的崩溃。

二 确立"竞争秩序"的原则

欧肯把"竞争秩序政策"的各种原则分为两大类:一类是"建立的原则",它们保证竞争秩序的确立;另一类是"调节的原则",它们起辅助作用,使竞争秩序可以有效地履行其职能。

欧肯认为,在确立"竞争秩序"的各种原则中,首要和核心的原则是形成一种有效的价格机制。他一再强调,这是一切经济政策都必须遵守的最基本准则,其他的政策原则是从不同角度为实现这个基本原则服务,就像一切法律条文、法庭判决都不能违反国家宪法一样。由此欧肯称它为"经济宪法的基本原则"。

第二个原则是货币稳定,即货币币值的稳定。欧肯认为,两次世界大战前后德国经济的经验表明,没有币值的稳定,任何建立竞争秩序的努力都是徒劳的。在这个问题上欧肯反对现代凯恩斯主义的货币政策。现代凯恩斯主义者是通过贴现政策、公开市场业务、准备金制度、国家财政政策以及国家投资来实现储蓄与投资平衡,争取充分就业下的币值稳定的,但这就使中央机构有极大的权力来干预日常经济过程,决定信贷政策,而这种干预往往会过了头,结果反而无法实现币值的稳定。欧肯认为,要实现币值的稳定,必须有一个在货币制度中自动起作用的稳定器。这个稳定器包括三个方面:①由一个"中央代理处"发行所谓"商品储备货币"。这个中央代理处规定某些商品的一定数量合成一个"商品单位",并为这个"商品单位"规定一定的总价格。如果按当时现行的市场价格,这个"商品单位"的总价格低于规定的总价格,中央代理处就从市场上买入一定单位的商品,向社会上投入一定量的货币,使"商品单位"的总价格回升到规定的水平。反之中央代理处就卖出自己的商品存货，以吸入社会上多余的货币，使"商品单位"的总价格始终保持在规定的水平上。②只有中央银行有权通过发放贷款来创造转账货币，同时中央银行的信贷活动必须配合中央代理处调节物价的活动。当中央代理处通过增加商品储备、扩大流通中的货币量以阻止物价下跌时，中央银行也必须同时扩张自己的信用；在相反的情况下，中央银行就必须紧缩信用。③防止私营银行通过贷款创造转账货币，其做法为：每个私营银行都分为转账货币部和银行部两个部门，转账货币都集中在转账货币部，必须百分之百用现金或在中央银行的存款来担保，银行部只经营储蓄存款和对工商业的信贷。欧肯认为，这样一来就有了一个自动发生作用的稳定器来保证币值稳定，免除了中央机构对日常经济过程的过多干预。

第三个原则是"开放的市场"。按照欧肯的"形态学体系"，封闭的市场不等于垄断，但是封闭的供给和需求极易导致垄断的形成。更重要的是，即使在封闭的市场上存在完全竞争，这种封闭也会干扰各个市场之间的联系，使完全竞争无法在整个经济系统中充分发挥作用，从而破坏经济过程中的一般均衡。所以欧肯认为，除了极少数例外，经济政策必须致力于使所有市场都成为开放的。为了做到这一点，就必须破除自由进入市场的任何障碍，诸如投资禁令、进口禁令、对迁徙自由和行业自由的阻碍、卡特尔等垄断组织同"局外企业"斗争的手段等。不仅如此，欧肯还主张拆除关税壁垒，修改德国当时的专利政策，因为它们都是封闭市场的手段。

第四个原则是"私有制"。在欧肯看来，法律上的生产资料所有权不是划分经济秩序表现形式的决定性标准。同是生产资料私有制，既可以是"交换经济"，也可以是"集中领导的经济"。但是对于"竞争秩序政策"来说，生产资料私有制却是必不可少的。在欧肯看来，生产资料公有制必然与集中控制经济过程相联系。他断定，国家不可能放弃属于它的生产资料的控制权力，至少也要支配投资活动；即使国家不直接控制生产资料和投资，也会凭着生产资料所有者身份经常对企业发布指令。这就会大大限制企业领导人自由活动的领域，使他们无法迅速作出决策。但是要在竞争中生存，企业领导人就必须能对市场作出极为灵活的反应。因此，生产资料公有制就不可能与完全竞争并存。不过欧肯也认为，在生产资料私有制下，如果存在垄断，同样可能产生许多严重的弊端，19世纪工人阶级备受苦难，就是由于在劳动市场上存在雇主的买方垄断。只有在竞争秩序前提下，生产资料私有制才不会造成弊端。

第五个原则是"契约自由"。欧肯认为，如果各个家庭和企业不能作出自己的选择，并据此签订契约，而必须执行命令，接受配给，那就不可能存在竞争。因此，契约自由同样是开展竞争的必要前提条件。但是，契约自由既可以促进竞争，也可以破坏竞争，它的具体含义取决于实际存在的经济秩序。垄断者常常利用契约自由来抵抗国家的反垄断措施，建立垄断同盟，破坏局外企业的契约自由。因此，要使契约自由为建立竞争秩序服务，就必须规定下述界限：如果签订的契约是用来限制或清除契约自由的，就不允许有这种契约自由；只有在存在自由竞争的地方，才可以保证经济过程中的契约自由。

第六个原则是"担保"。欧肯认为，竞争秩序的前提是：只有创造等价的经济成果，才能赢利；谁没有取得成果，谁就应该受到惩处，包括承受损失、破产、丢掉职位等。这就意味着要有责任制，即谁负责企业和家庭的计划和行动，谁就要为此担保。欧肯据此激烈地批评了现代的有限责任股份公司，认为它是推卸经济责任的一种方法，与垄断组织一样破坏了竞争。他要求在经济生活中普遍实行担保，也就是：大企业要为它控制的附属企业担保，在股份公司中，如果股票所有权是分散的，董事会有绝对的权利，它就要在经济上为公司担保；如果董事会完全服从于一个掌握多数股票的股东的计划和指示，这个股东就要为该公司担保。

第七个原则是"经济政策的不变性"。欧肯认为，在工业化社会中，投资的波动带来经济的周期波动，投资不足导致危机和失业，使经济秩序难以稳定，造成了国家集中控制的危险。而投资波动的主要原因之一就是国家的经济政策经常变化。政策多变使投资者丧失信心，导致投资不足，同时又增大了营业风险，使企业结成康采恩以减少风险。这样，为了保持足够的投资活动，减少结成垄断集团的动力，经济政策就要有一定的不变性，这样才能减少垄断和集中领导经济的倾向、保证竞争秩序的稳定。这样，欧肯就把经济政策的不变性当作竞争秩序发生作用的一个条件。

三　调节的原则

欧肯承认，即使严格遵守上述"建立的原则"，在具体的竞争秩序中也可能包含某些非竞争秩序形式；就是实现了完全竞争，也可能还存在某些弱点和缺点需要纠正。为此他主张使用一些"调节的原则"来保证竞争秩序履行其职能。

第一个"调节的原则"是使垄断者的行为"像竞争者一样"。欧肯认为在某些行业（如城市公用事业）中由于垄断会导致较高的利润，仍然可能出现垄断企业。在这种情况下，应该由国家成立"垄断管理局"来管理垄断企业的活动。这个管理局是独立的，只服从法律。它有权确定哪个经济组织是垄断者，并控制其经济活动。①不准垄断者自设法规来取代国家的法规，以造成契约另一方的损失；②禁止通过封锁、垄断价格等手段妨碍竞争；③禁止垄断者为获得尽可能多的纯收入而为同种商品或服务规定不同的价格；④控制垄断企业的产品价格，使其价格水平与完全竞争下的价格水平一致。

第二个"调节的原则"是实行有限度的累进所得税的收入政策。欧肯认为，虽然通过完全竞争的市场机制分配收入，比由任何私人或公共的强权实体来分配要公正得多，但是也会产生差别，在有些人最必要的需求还没得到满足时，另一些人的相对不重要的需要却能得到满足。因而需要通过累进所得税纠正竞争秩序中的收入分配差别。不过欧肯特别强调，过度的累进税会削弱私人投资的动力，必须限制所得税的累进程度。

第三个"调节的原则"是从社会福利的角度修正企业的经济核算，适当限制企业自己计划的自由。欧肯承认即使在完全竞争下，从企业经济核算看是有利的做法，也不一定完全合乎社会的整体利益。个别企业可能为了自己盈利而破坏环境、使用童工、延长劳动时间、恶化劳动条件等。这就需要国家通过立法在上述各方面限制企业的活动自由，消除这些弊病。

第四个"调节的原则"是以一定的法律手段来对付劳动市场上的"供给异常状态"。这种"供给异常状态"，是指劳动市场上价格（工资）降低时，供给反而增加的反常现象。在这种情况下，劳动市场的供给和需求很难达到均衡，可能陷入工资下降和劳动供给增加的恶性循环。欧肯认为，一旦某个劳动市场的供给持续处于异常状态，就需要由国家规定最低限度的工资。

欧肯反复强调，人类生活的各方面是不可分割地相互联系在一起的，工业化社会更是如此。这就要求经济秩序政策的各个方面要互相依存，构成一个共同的整体。只有当经济政策按这个整体原则行动时，才能建立起有效的竞争秩序。同时，单个原则只有在竞争秩序的总体结构中才有自己的意义。欧肯认为，贯彻了"竞争秩序政策"的各项原则，就足以防止周期性的经济波动，解决各式各样的社会问题。他因此特别反对与上述原则不一致的各种"景气政策"和"社会政策"。他认为，战后西德部分企业实行"职工参加决策"妨碍了企业领导的工作效率，损害了个别企业制订计划的自由，最终会危害整个经济的效率；他特别强调，工会争取充分就业、提高工资的斗争是一种垄断组织的活动，如果工资高于竞争工资的水平，就会造成失业；而充分就业政策则会降低社会的生产效率。这些观点清楚地表明，欧肯的新自由主义经济政策维护的是资本主义私人企业制度，它反对任何伤害这个制度的活动，包括工人争取改善自身地位的活动。

在艾哈德执政时期，西德政府的经济政策基本上是与欧肯的经济政策观点一致的。但就是许多"弗赖堡学派"的成员也不完全赞同欧肯的经济政策主张；出于政治上的考虑，西德政府实行的也不完全是弗赖堡学派主张的经济政策。在货币政策上，西德政府虽然把币值稳定放在首位，使用的却是传统的货币政策手段，而没有实行欧肯所主张的"商品储备货币"。此外，西德政府强制部分私人企业实行职工参加管理，利用税收政策鼓励企业投资，实行了较大幅度的累进税和广泛的社会福利，都远不合乎欧肯的经济政策主张。欧肯的经济政策主张的实践意义主要在于，它为艾哈德政府的经济政策提供了一个基本的指导思想。

（原载《经济社会体制比较》1987年第3期）

主流微观经济理论的缺陷

——写在《混乱的经济学》之后

目前在国内的经济学教学和经济研究工作中,学习和使用西方主流的微观经济理论已经成为风气。这为我们研究实际经济问题提供了一些有益的分析工具,对于提高我国经济学界的学术水平也很有好处。但是在这样一股持续性的学习主流微观经济理论的潮流中,也夹杂着一种有害的偏向,那就是把主流微观经济理论中的各种理论原理都当成了可以简单地使用于一切环境之下的信条,许多人已经把主流的微观经济理论视为不容置疑的新正统。在这种情况下,我们很有必要清楚地认识主流微观经济理论的缺陷,以免受误导而错误地滥用这些理论。

一 主流微观经济理论的性质和用途

谈到主流微观经济理论的缺陷,实际上就是要回答这样一个问题:我们究竟能从主流的微观经济理论中学到什么?要正确地回答这个问题,我们先要明白主流的微观经济理论不能教给我们什么,还要明白主流的微观经济理论在什么范围内可以是正确的。搞清了这些问题,就等于搞清了主流微观经济理论的性质和用途。

中国的经济学人常常是急功近利的,许多人都想在主流的微观经济理论中找到有关最好的经济体制和经济政策的结论。由于主流的微观经济理论都是外国人阐发的,这样一种追求等于认定,主流的微观经济理论教给了我们在任何时间、任何地点都是最优的经济体制和经济政策。可是在实际上,主流的微观经济理论不能告诉我们这样的经济体制和经济政策。笔者在《混乱的经济学》一书中已经详尽地说明,这样的经济体制和经济政策是不存在的(左大培,2002,特别是第5章和第2章)。而精通主流微观经济理论的大师们自己也清楚,他们的理论绝不能论证诸如"在任何地方都应当实行自由交易的市场经济"之类的"政策指南"的正确性,因为微观经济学的标准教科书都承认,在存在外部性和公共物品的地方,自由交易的市场经济很可能是低效率的。

主流的微观经济理论也不能告诉我们在任何时间、任何地点都普遍适用的"经济规律"。恰恰是当代主流微观经济理论本身的分析说明了它的每一条理论原理的局限性,说明了不存在"放之四海而皆准"的经济理论,因为当代主流微观经济理论的每一条原理都是在一系列严格界定的前提下论证出来的。谁都知道,"价格上升供给就会增加"之类的规律,只有在竞争性的市场经济中才能成立。萨缪尔森曾经说,经济学中真正到处都成立的是比较优势规律。可是英国在18世纪的棉布贸易问题上就没有遵循比较优势规律——按照这个规律,英国本来不应当生产棉布,而应当从印度进口棉布。违反了这个规律的英国不但发动了产业革命,而且上升成了世界第一经济强国(左大培,2002,第7章)。

那么,主流微观经济理论到底在什么范围内才可以是正确的?回答是:到处都正确,又到处都不正确。

这里的关键在于,主流微观经济理论向我们提供的任何可靠的东西,都只不过是一些"模型",是在这些模型内部存在的必然的条件联系。主流的微观经济理论用这些模型告诉我们,在哪一套假设的前提("条件")下,会出现什么样的经济后果,这些经济后果都是人的经济行为的产物。条件与经济后果之间的联系有着逻辑上的必然性,这种逻辑必然性产生于从假设条件出发所做的演绎推理。

自经济学在西方产生以来,经济学家们就对这门学科的性质和研究方法进行了无休无止的讨论。这种讨论伴随着经济理论本身的研究进程，导致了经济学的主流，特别是主流的微观经济理论越来越走上依据给定前提进行演绎推理的道路。20世纪30年代的一些经济学中的思想家，如米塞斯和罗宾斯等人，恰当地总结了新古典经济学的性质，强调经济学的重要原理都是从假设中演绎出来的。只不过这一代的新古典经济学方法论者还充满了自信，坚持说作为演绎前提的那些假设都是不可置疑的公理，它们来自人们内心的自省。根据这种康德先验论式的观点，米塞斯甚至称经济学的理论原理为"先验的理论"或"先验的定理"（Mises，1976）。而他和罗宾斯那一代人所讨论的"经济理论原理"，其实就是当代的主流微观经济理论。

对于西方经济学，特别是主流微观经济理论在方法论上的演变和发展，国内学者近年来也曾做过系统的论述（程恩富、胡乐明，2002，中篇）。

当代的主流微观经济理论家已经没有了米塞斯那一代人的自信。他们虽然将从前提中进行演绎推理的分析方法发挥到极致，使其更加严格和系统化，却不再坚持演绎的前提是内省而来的不证自明的公理。当代的主流微观经济理论的性质更像米塞斯的同时代人、德国经济学家瓦尔特·欧肯所定义的"理论"：它包含着对可能的条件状况之间的必然联系的一般适用的陈述。在欧肯看来，理论就像力学上的自由落体定律那样，必须是必然的、假设性的；所谓假设性，是指理论只包括假言判断，具有"如果……，那么……"的陈述形式："如果某物体自由下落，那么其降落速度必定为 $V = g \cdot t$"（Eucken，1954，S. 29 – 30）。

明白了主流微观经济理论的这种性质，我们就可以断定它在哪里正确，在哪里不正确：在实际情况正好合乎假定的条件的地方，相应的经济理论必定是正确的；在实际情况不合乎假定条件的地方，从这种前提条件推导出来的理论常常是不"正确"的——更严格地说，是不适用的、没有现实意义的。

主流微观经济理论的致命弱点，主要还不在于它的理论结论受预设的假设条件（演绎的前提）限制，而在于它的这些演绎前提往往是极其脱离现实实际的。用前边欧肯所说的自由落体定律为例：只有当一个物体真是在"自由降落"时，它的下降速度才是 $V = g \cdot t$。但是在现实生活中，物体完全自由下降的情况是很难见到的——空气的阻力就会降低物体的降落速度，而如果物体是在水中下降，则自由落体定律对说明它的降落速度几乎就没有什么用。而主流微观经济理论所预设的假定条件，比自由落体定律的假设前提离现实要远得多。

当今的主流微观经济理论一直有一个非常统一的研究范式，这就是分析个体最优化决策下的供求均衡。为了在其分析中贯彻这一研究范式，它必须在对每一个理论原理的论证中、在每一个"模型"中都假设完全的理性、给定的企业可使用技术、给定的个人偏好，甚至假定每个人都知道并愿意实施那唯一的均衡行为。在迄今为止最受偏爱的理论模型中，还附加了诸如完全信息、未来确定、不同企业有完全相同的技术和潜能等假设。主流的微观经济理论描述的其实是在这样一组给定的抽象条件下的理想状态，这是它的一切弱点的主要来源。

认真的观察和思考会告诉我们，上述那些假设条件几乎处处都不合乎实际情况，这就使主流的微观经济理论到处都丧失解释力。正是由于意识到了这些不合实际的假设妨碍了自己的解释能力，主流的微观经济学家们近年来自己在作出种种努力以放弃某些脱离实际的假设。这就出现了有关不完全信息和不确定条件下的理性经济行为的研究。甚至对完全理性这样的假设前提，也出现了修改它的努力。这就导致了行为经济学和实验经济学的研究，这种研究最近还获得了诺贝尔经济学奖。但是尽管如此，微观经济学的主流仍然沉浸在我们前边所说的那一套不合乎实际的假设中，它的理论原理几乎全都是根据这一套假设前提推导出来的。

多年以来，笔者都是主流微观经济学的一个诚实的研究者。我承认主流的微观经济学也是一门科学，承认主流微观经济学对真理的要求权，只不过笔者总要附加一句：它只在它假设的那些条件的范围内，也就是在一个脱离实际的幻想的范围内，是确凿无误的真理；而在现实世界中，滥用它的理论原理往往会导致20世纪30年代西方国家的大萧条和90年代东欧国家的贫困化那样的经济灾难。

二 脱离实际的假设前提

既然主流微观经济理论的分析前提往往是不符合实际的，从这样的前提推导出来的理论原理就不可能完全正确地解释实际的经济生活。笔者在研究许多实际经济问题时都碰到了这样的问题：为了恰当地说明实际经济生活中的许多现象，笔者不得不在分析中提出与主流微观经济学不同的假定前提条件，这些前提条件更合乎实际，而根据它们得出的结论却与主流的微观经济理论原理相冲突。根据这样的分析，我们会看到一个与主流的微观经济理论所描绘的不同的世界。我之所以这样做，不是为了语出惊人，而是这样的分析所得出的是一个更接近实际的世界。

但是主流微观经济理论的拥护者却对他们的不合乎实际的理论分析前提泰然处之。在他们看来，分析前提的脱离实际并不是一种理论的重大缺点。早在20世纪50年代，弗里德曼就在一篇有关经济学方法论的论文中以一种工具主义的说法来为不合乎现实的假设前提辩护。在他看来，经济学的假设从来就不现实，理论的有效性与假设的现实性无关；理论的有效性应由其对所解释的现象的预测能力来判断。

我们可以用使弗里德曼赢得了声誉的有关菲利普斯曲线的争论来解释弗里德曼的论点：在弗里德曼看来，一个理论是否有效，取决于它能否根据现在的信息正确地预测菲利普斯曲线未来的行为（诸如在多高的名义工资增长率下会出现多高的失业率），而不取决于它的假设是否合乎现实的实际。按照这种说法，主流微观经济理论的假设前提不合乎实际似乎就有了充足的理由。

由此就产生了为主流微观经济理论辩护的种种说法。主流微观经济理论的很大一部分主要原理是关于个体的最优化行为的。为了在给定的环境下实现这种最优化，需要进行复杂而困难的计算。现实当中的普通人当然不可能进行这样的计算，而主流的微观经济理论却宣称它说明的正是这些普通人的行为。这当然使它受到了不合乎实际的指责。但是主流微观经济理论的拥护者们却辩解说，鸟儿并不懂得空气动力学，但是它的飞行却完全合乎空气动力学的原理；现实中的个人虽然不会进行最优化的数学计算，但是他们的经济行为却"似乎就像（as if）"他们懂得并按最优化计算行事一样。这样，只要人们的行为与理论原理的结论一样，我们就可以把现实的状况视为"似乎就像"理论上的假设前提所说的那样，从而不必再顾虑理论分析的前提不合乎实际。

初听起来这些辩解似乎很有道理。不过，这些辩解要想成立，就必须满足一个很严格的条件：个人的经济行为、他对外界环境的反应必须像主流微观经济理论所预言的那样；至少整个经济生活中各个方面现象之间的关联必须真的符合主流微观经济理论的预言，否则主流的微观经济理论不可能有足够的预测能力。而这个条件在不现实的假设之下是很难得到满足的。不合乎实际的假设所带来的最大问题，就是它使整个经济生活中各方面现象之间的关联不可能完全合乎主流微观经济理论的预言，而且理论预言和现象关联之间的这种不相吻合很可能就发生在我们的研究所关注的问题上。

还以弗里德曼有关菲利普斯曲线的论述为例。弗里德曼为人称道的主要功绩之一，是推翻了原始的菲利普斯曲线中的失业率与名义工资增长率之间的替换关系，论证了长期中不存在这种关系。一般人注意的都是，弗里德曼强调工人计较的是实际工资，强调预期的作用，强调预期的通货膨胀率最终必须随实际通货膨胀率而调整。但是实际上，弗里德曼在论证长期中不存在失业率与名义工资增长率之间的替换关系时，还假设了劳动市场的一种特殊运行状况，而这种运行状况绝不是主流微观经济理论所认定的均衡的劳动市场。

市场供求均衡不仅是主流微观经济理论分析的核心问题，也不仅是它的研究范式，而且实际上是它看待整个经济生活的基本假设。主流微观经济理论的几乎每个模型其实都暗中假定每个经济当事人都知道并愿意实施那唯一的均衡行为。而对主流微观经济理论的这一均衡理念的最大挑战就是劳动市场上的大量失业：大量失业的存在，特别是失业率的显著波动证明了劳动市场没有处于均衡状态。而原始菲利普斯曲线所描述的失业率与名义工资增长率之间的替换关系，实际上是以劳动市场不均衡为前提条件的。

尽管弗里德曼认为长期中不存在失业率与名义工资增长率之间的替换关系，但是他并不否认短期中这种替换关系的存在。这样，他实际上就承认了劳动市场经常处于不均衡之下。不过，弗里德曼坚信长期中任何市场都会均衡。为了使劳动市场上始终存在的大量失业与均衡概念相容，他提出了"自然失业率"概念，把它定义为劳动市场均衡状态下的失业率，并利用这个概念来否认长期中失业率与名义工资增长率之间的替换关系。可是尽管如此，在论证长期持续的通货膨胀会使短期菲利普斯曲线向上移动时，他使用的论据却是：预期通货膨胀加速会使工人在工资谈判中要求名义工资加速上升，从而使名义工资上升速度加快。严格的数量化分析会证明，在这里，弗里德曼实际上假定了劳动市场上的名义工资是由供给方决定的，而不是由供求均衡的工资水平决定的，这样决定的工资才能容许失业率的波动。这也就是说，弗里德曼之所以能对短期和长期菲利普斯曲线之间的关系作出正确的预言，靠的是使用合乎实际的非均衡劳动市场模型，而不是使用不合乎实际的均衡劳动市场模型。

弗里德曼关于就业和产量波动的思想以后又经过了两代理论的发展，一代是以卢卡斯为代表的理性预期学派，另一代则是所谓的实际经济周期学派。这两代经济理论对就业和产量波动的解释很不同：理性预期学派把它归结于预期通货膨胀率和实际通货膨胀率之间差别的变动，实际经济周期学派则把它归因于技术和实际财政开支等"实际"因素的冲击。但是这两代经济波动理论都在同一点上完全回归到主流的微观经济理论上：它们都坚持"市场出清"的理论模型，把劳动市场看作始终是供求均衡的，从而名义工资总是会使劳动供给等于其需求。

不管理性预期学派和实际经济周期学派在解释产量和就业的波动上取得了多大的成就，它们的理论模型在对现实的解释力上都有一个根本的缺陷：它们不能解释失业特别是失业率的波动。它们解释的只是劳动供给和就业的波动，至多解释的是实际劳动投入的波动；但是这显然不能与失业和失业率的波动画等号，失业率的上升既可能与劳动供给增加同时发生，也可能与就业的增加同时发生。而且在这两种模型所假设的那种均衡的劳动市场下，失业，至少是失业率应当不会发生明显的波动。这样，这两种解释产量和就业波动的模型并不能解释失业的波动。而在解释和预测能力上的这种根本缺陷，显然是由于这两种模型预先做了"劳动市场始终是供求均衡的"这种不合乎实际的假设。

理性预期学派和实际经济周期学派在解释失业率波动上的无用性是一个最明白无误的证明，说明严重违反实际的假设会破坏理论的预测能力，脱离实际的假设不可能产生一个有完美预测能力的理论。

其实弗里德曼以预测能力来衡量理论有效性的标准也完全可以拿来为中医的理论辩护：中医以阴阳五行学说为基础的理论范式虽然对人体做了不合乎实际的假设，但是只要它有足够的预测能力，就应当把它视为一个有效的理论。但是实际上，中医的阴阳五行理论由于对人体的性质做了不合乎实际的假设，它就不可能对人类的健康和疾病状况做足够有效的预测。

三 主流理论的预言与实际状况的差距

我们可以从演绎前提如何脱离实际这一问题来说明主流微观经

济理论的预言为什么与现实的状况之间有那么大的差距。

主流微观经济理论的基本研究范式是分析个体最优化决策下的供求均衡。要使这种理论分析合乎经济生活中的实际,现实生活中的人就不仅必须具有完全的理性——完全的计算能力,而且必须知道并愿意实施那唯一的均衡策略,并且他必须预期到别人也是这样。

不仅如此,这种个体最优化决策下的供求均衡分析要想得出确定的结论,还必须假设个人的偏好和企业可以使用的技术对于人们的经济行为来说是外生给定的。本来许多有见识的经济学家早已指出了个人的偏好会如何受他人消费、受市场状况影响,这表现为以流行的消费为好的"随大流效应"、以与众不同为好的"snob effect"、以消费高价物品为幸福的"凡勃伦效应"等等。但是如果这些效应很严重,个人的偏好和市场的需求函数就难以确定,以个人满足最大化为基础的静态均衡要么可能不存在,要么可能极难认定和达到。这就使主流的微观经济理论不能完全漠视个人偏好之间的相互影响、个人效用之间的互动以至情绪上的相互影响等,从而也就不能不漠视当代经济中的许多重大特点——通过广告来影响销售、市场上和社会中的情绪因素对股市的作用等。

同样的考虑还导致主流微观经济理论在生产上假定了外生于经济行为的生产技术可能性——生产函数,从而忽视进入和退出一个行业的实质成本——学习效应一类的东西。学习效应指出生产的效率随历史上累积产量的增加而提高,但是累积产量的增加也会使生产效率提高的速度递减。这种学习效应其实时时处处都存在,它表明新的生产者往往有提高生产效率的最大潜力。但是学习效应给静态均衡分析带来了巨大的难题:由于学习效应的作用,生产率和生产函数受生产行为本身影响,而在主流的静态均衡分析中,生产行为本来是在生产函数制约下的企业最优决策的产物。这样,由于学习效应的作用,主流微观经济理论所偏爱的那种唯一的静态均衡几乎是无法存在也无法找到的,未来的均衡状况在很大程度上取决于那之前的动态演化路径。正因为如此,主流的微观经济分析在其理论模型中几乎从来就不给学习效应一类的东西留下任何空间。

正是这种生产函数上的非现实假设严重损害了主流经济学的解释力。按照主流的国际贸易理论,能够按照比较优势安排进出口结构的国家应当经济效率最高,而这里所说的比较优势,是按照当下给定的生产效率来确定的。根据这样的假设,主流的国际贸易理论证明了完全的自由贸易能使一国达到最高的经济效率。但是一旦考虑到学习效应会使一国通过生产现在生产效率相对较低的产品而很快提高其生产效率,保护关税等促进幼稚产业发展的保护主义措施就可能有利于提高一国的经济效率。这已被历史的事实所证实:当今的那些大的发达国家在其制造业严重落后于其他国家时都靠贸易保护主义措施发展幼稚产业,这方面19世纪的美国更是一个典型(左大培,2002,第7章)。以主流微观经济分析为基础的传统国际贸易理论无法说明美国的崛起,这是不现实的假设导致理论丧失解释力和预测力的又一个证明。

实际上,给主流微观经济理论带来最大伤害的不现实的假设还不是这些。假定一切人都遵守自愿交易的市场规则,起码是遵守法律,假定经济当事人都具有完全的理性,才对主流微观经济理论的解释力造成了最大的损害。

现实当中的人往往要利用一切可以利用的机会,包括不那么合乎自愿交易的市场规则,甚至不那么合乎法律的做法来达到自己的目的,这本是人人都能看到的市场现象。就是在今日美国的"法治社会"中,公司之间的经济斗争也往往采取不那么依靠市场的办法:有的公司从别的公司挖人以夺走其采购和销售网络,别的公司则以诉诸法庭作为回敬;你以捆绑销售来垄断市场,我则以反垄断诉讼来打击你。但是在主流的微观经济理论中几乎看不到对这些现象的分析。

由于不能容许出现不合乎市场交换规则的行为,而且由于只注意交换下的市场均衡,并且实际上把平等的交换当成必定均衡的,市场经济中最普通的现象——资本雇佣劳动、资本在企业中统治劳动竟成了主流微观经济理论一直解释不了的尖端难题。其实资本雇佣劳动本身就是对可能违反市场交易规则的做法的一种事前防范，它只有在普遍存在故意违约的可能性的环境下才可以理解。

完全理性的假定是主流微观经济理论最重要的分析前提。但是在数量化的分析中，完全的理性相当于完全的计算能力，而现实生活中的人不可能具有这种能力。在现实生活中，计算的能力和精力是一种稀缺的资源，甚至可能是人类社会中最宝贵的资源。可是在完全理性的假设下，计算能力上的资源稀缺性根本就不存在。于是人的行为都被描写成在预见力上超过了未卜先知的诸葛亮。

在这种假定之下发展起来的经典博弈论，典型地暴露了主流微观经济理论的思维方式：它描述的博弈就像是这样一盘棋——下棋的双方都永远不会犯任何错误，每一步都实施的是最优策略。而在实际上，任何懂得棋艺的人都会说，这样的一盘最优对弈的棋可能至今也没有下出来。现实中的对弈者不可能每一步都走得最优，这决定了每一盘棋都与完全理性的棋局有相当的差距。

仔细的观察会告诉我们，现实生活中的人往往连自己的钱是如何花出去的都不能完全说清。用微观经济学的语言说，他们常常并不很清楚自己的"预算约束"到底在哪。在这种情况下，连在消费行为上使用完全理性假设都会将理论分析导入歧途。

与完全理性假定相联系的是主流微观经济理论通常假定了同质的企业，甚至假定经济当事人也都是同质的。由于假定了企业都是同质的，主流微观经济理论在论证一种处于完全竞争市场上的产品的供给曲线时，只能以单个企业的边际成本曲线来说明这种供给曲线为何向上倾斜。其实熟悉市场情况的人都知道，价格高时供给量之所以大，往往是因为一种产品价格高时许多效率较低、成本较高的企业也进入该产品的生产，而价格低时这些企业退出该产品生产又导致其供给下降。而由于假定了当事人的同质性，主流微观经济理论竟不能指出许多人在一起工作的企业产生的一个重要原因：这样的企业可以通过有在市场中经营的才能的人与没有这种才能的人之间的分工而优化资源配置。

同质企业的假设使主流微观经济理论对实际的市场经济中最不令人愉快的一面完全闭口不谈：在现实的市场经济中，往往是优势的企业、优势的人挤垮劣势的企业、劣势的人。这种同质企业的假设还使经济理论家们对有市场竞争优势的外资企业进入本国丧失了警觉，以致以漠不关心的态度客观上助长了外资企业垄断中国经济的行为。

显然，如果现实中的人都像主流微观经济理论假设的那样具有完全理性并且遵守市场交易规则，市场经济中的企业和个人破产将会少得多，企业和个人的亏损和财产损失将会消失。在竞争中被排挤出局的人，不过是其财富的回报少了一点，而一般不会血本无归。但是我们在现实的市场经济运行中看到的，往往是企业和个人之间你死我活的斗争，是企业的破产和巨额亏损，是个人财产的巨大损失。在主流的微观经济理论中看不到这些现象，是因为这种理论假设了不合乎实际的前提，漠视了个人理性的不完全、人们在理性程度上的巨大差别和现实中处处存在的不遵守市场交易规则的行为。

一般来说，人们在理性程度上的巨大差别和大量不遵守市场交易规则的行为会大大加剧市场经济中的收入分配不平等程度。主流的微观经济理论由于在假设前提中就排除了这些因素，它就不能完整地解释市场经济中的收入分配和财富分配状况，不能完全说明现实的收入和财富分配不平等程度为何如此之大。这就使对分配不平等问题的理论解释成了主流微观经济理论的最大弱点之一，其根源在于它的均衡分析根本无法解释社会中的两极分化。

主流微观经济理论最终关注的是市场经济中的均衡状态。但是要达到均衡，不仅当事人要有完全的理性并遵守市场交易规则，而且他要知道并愿意实施那唯一的均衡策略，并且他必须预期到别人也是这样。这就等于要求人人都有充分理性的预期，并且在这个预期下实行那唯一的纳什均衡战略。但是对现实经济生活的观察会告诉我们，社会上的绝大多数人不会如此行动。

正如市场有效性假说证明的那样，理性预期的假设等价于完全没有套利机会。但是对没有套利机会的论证本身就会导致一个悖论。主流微观经济学家们论证说，如果有套利机会存在，那么人人都会利用它去谋利，结果就会使套利的机会不再存在。这种论证，等于假设了人人都会努力去发现和利用套利的机会。但是如果人人都坚信市场有效性假说从而认为不会有套利机会存在，他们又怎能有动力去发现和利用套利的机会呢？显然那时将存在很大的套利机会。这个简单的悖论告诉我们，没有套利机会的前提是至少有许多人在搜寻并利用套利机会；没有追求套利机会的努力存在，经济生活中将不存在均衡。

与此相关的是，只关注完全理性选择下的均衡行为导致了经济理论家在预言股市走势上的无能。笔者本人就是一例。由于偏重理论，对股市上的炒作不感兴趣，笔者从来就不能在中国股市的短期动态上发表任何意见。基于笔者对均衡状态的分析，笔者不仅认为热衷于炒卖股票的人是在拿钱瞎胡闹，而且认为中国股市的总市值多半都过高。笔者经常为股市的过热而担忧，早早就预言这种过高的股票价格早晚要崩溃。股票市场的事实最终也都证明了笔者的这些预言。但是现在笔者却要根据我这些年观察股市的经验承认：作为对股民的忠告，笔者那样的均衡分析自有其益处，因为偏离基本面的股市行情不可能不下挫；但是作为一个说明大多数股民实际上是如何行动的实证模型，这种均衡分析却是完全失败的，因为我根本不能根据这种模型来预言明天的股价会多高。在近年的中国股市上，追涨杀跌是最普遍的行为，有人根据分形理论甚至测算出，股价上涨导致股价进一步上涨的作用可以延续将近一年。就是在美国，这种正反馈的动态也可以延续一天左右。而这样的正反馈行为完全违反了均衡分析的预言。

其实笔者在论证股价出现泡沫的股市早晚会崩溃时，依据的也不是对最优化的均衡行为的分析，而是其他的一些论据，如资金流量的限制等。这种论证类似于以自然选择来说明人们的经济行为。

著名的企业经济学家泰勒尔曾经引用谢勒尔的话说：当必须回答企业为什么要最大化其利润时，经济学家就诉诸他们武器库中的最后武器——达尔文自然选择理论的变种。从长期看，市场经济中的企业要生存，其利润就必须是非负的（Tirole，1988，绪论）。这其实也是对最优化行为的最有力的论证：市场经济中的生存竞争逼迫人们选择最优化行为，可以把最优化行为看作自然选择的结果。但是这种论据并不能抹杀大量的甚至是占绝大多数的非最优化的行为的存在。主流微观经济理论忽略这些非最优化的行为是极其有害的。其所以有害，不仅是由于这样它就不能说明实际的经济运行，而它总是宣称它说明了实际；而且是由于针对他人的非最优化行为的最优战略，一般将不同于他人行为最优化时的最优战略。这就是坚信"可错性"的索罗斯能靠投机而暴富的原因。主流微观经济理论只关注最优化的均衡行为的分析结构，导致它忽略了社会中每日都在进行的自然选择。

当代博弈论的分析表明，要使最优化的行为达到均衡，需要的信息和计算远非任何个人所能承担。为了避开这个难题而保留个体最优化下的均衡模式，主流微观经济理论不得不死死抓住完全竞争的市场价格机制。在它定义的完全竞争市场中，单个的企业和买者都不能影响物品的价格，而只能把它看作外生给定的。这种给定的价格极大地节约了最优化决策所需要的信息量和计算任务。而以根据给定的价格所作的最优化行为做基础，主流微观经济理论才能证明，完全竞争能够保证达到帕累托最优的资源配置，完全竞争在资源配置效率上优于其他的制度形式。

但是这样一种分析框架使主流的微观经济理论陷入了另一个难题：它必须说明，完全竞争条件下的物品价格是如何形成、如何决定的。它从来就没有从个体最优化的理性行为这个层次上说明，完全竞争市场中的价格到底是如何形成的。它把问题简单地从个体推给那个神秘的概念——"市场"，说任何单个的企业和消费者都不能独自影响完全竞争的物品价格，完全竞争条件下的物品价格完全是由"市场"决定的，归根结底是由"市场"上的"均衡价格"决定的。至于个体最优化的理性经济行为如何参与决定物品价格，如何在"市场"决定价格的过程中起作用，它只好闭口不谈。

由于不能从个体最优化的理性行为出发来说明完全竞争市场上的价格如何决定，主流微观经济理论当然也不能从个体最优化的理性行为出发来说明市场价格的调整过程。正如瓦里安（Hal R. Varian）在其著名的微观经济学教科书《微观经济分析》中所说的：这里"最大也是最基本的问题，就是存在于竞争思想和价格调整之间的悖论：若所有当事人将市场价格视为给定并在其控制之外，那么价格怎么会变动呢？还剩下谁来调整价格呢？"（Varian，第21章第4节）

这就产生了主流微观经济理论中的一个最大笑话：它力图以个体最优化的理性行为来说明市场价格机制如何运行，但是对于这个市场价格机制中最核心的一个问题——完全竞争的市场价格如何决定，它却不能根据个体最优化的理性行为做出解释！

正如瓦里安所指出的，"这个谜团导致了一个精心编造的神话的出现"，在这个神话中，一般均衡分析的奠基人瓦尔拉斯设想有一个统揽经济全局的"拍卖者"，其唯一职能就是寻求市场出清的均衡价格：他先随机地喊出一套价格，各个经济当事人再根据这套价格来确定自己的供给和需求。拍卖者比较每一种物品的供给和需求，提高求大于供的物品的价格，降低供大于求的物品的价格，直到找到那一套一般均衡的价格为止。（Varian，第21章第4节）

在这个以"瓦尔拉斯拍卖者"为主导的价格调整过程中，完全竞争下的价格实际上是由那个"瓦尔拉斯拍卖者"决定的。当然，现实当中并不存在这样一个拍卖者；而且如果有这样一个拍卖者的话，他更应当是一个计划经济中的中央计划者。其实奥斯卡·兰格就是根据这个思路设计了他的"竞争社会主义"。

在历数了主流微观经济理论的这些缺陷之后，笔者要向读者们声明：笔者并不想像一位著名的经济史专家那样，把主流的微观经济理论说成是"无用的多余之物"。但是笔者认为，按照个体最优化下的均衡行为这个范式推导出来的主流微观经济理论，并不能告诉我们实际的经济生活是什么样子。它可以为我们提供一个参考点，它是一个类似坐标系中的原点那样的东西，根据这个参照点，我们可以大致地测出并且说明我们现在的经济运行在什么地方，运行在离这个原点多远的地方。

参考文献

程恩富、胡乐明：《经济学方法论》，上海财经大学出版社2002年版。

左大培：《混乱的经济学》，石油工业出版社2002年版。

Eucken, Walter, Kapitaltheoretische Untersuchungen. 2, Auflage, 1954, Polygraphischer Verlag A. G. Tuebingen/Zuerich.

Mises, Ludwig von, *Epistemological Problems of Economics*, 1976. 中译本：路德维希·冯·米塞斯《经济学的认识论问题》，经济科学出版社2001年版。

Tirole, Jean, *The Theory of Industrial Organization*, Massachusetts Institute of Technology, 1988.

Varian, Hal R., *Microeconomic Analysis*, W. W. Norton & Company, 1992.

（原载《管理世界》2003年第3期）

为什么法国和美国经济学专业的学生是正确的?

2003年8月底,笔者才从《经济研究资料》上读到了有关法国和美国的经济学专业学生们在学术上造反的报道。美国哈佛大学的学生们尖锐地批评"新古典经济学"在经济学教学中的独霸地位,指责美国的经济学教学给人留下了新古典经济学是唯一的经济学模型的错误印象,强烈地要求"替代性"的经济学模型来与新古典经济学竞争。众所周知,当今西方主流的微观经济理论基本上是按照新古典经济学的研究范式构建起来的。笔者许多年以来就一直在批评主流微观经济理论的脱离实际和不适用。发表在《管理世界》2003年第3期上的《主流微观经济理论的缺陷》一文,集中地表达了笔者对新古典经济学的批评。下边是笔者从这篇文章中摘引的一些段落,以简要地说明,为什么法国和美国哈佛大学的造反学生的要求是正确的。

目前在国内的经济学教学和经济研究工作中,学习和使用西方主流的微观经济理论已经成为风气。这为我们研究实际经济问题提供了一些有益的分析工具,对于提高我国经济学界的学术水平也很有好处。但是在这样一股持续性的学习主流微观经济理论的潮流中,也夹杂着一种有害的偏向,那就是把主流微观经济理论中的各种理论原理都当成了可以简单地使用于一切环境之下的信条,许多人已经把主流的微观经济理论视为不容置疑的新正统。在这种情况下,我们很有必要清楚地认识主流微观经济理论的缺陷。

中国的经济学人常常是急功近利的,许多人都想在主流的微观经济理论中找到有关最好的经济体制和经济政策的结论。由于主流的微观经济理论都是外国人阐发的，这样一种追求等于认定，主流的微观经济理论教给了我们在任何时间、任何地点都是最优的经济体制和经济政策。可是在实际上，主流的微观经济理论不能告诉我们这样的经济体制和经济政策。

主流的微观经济理论也不能告诉我们在任何时间、任何地点都普遍适用的"经济规律"。恰恰是当代主流微观经济理论本身的分析说明了它的每一条理论原理的局限性，说明了不存在"放之四海而皆准"的经济理论，因为当代主流微观经济理论的每一条原理都是在一系列严格界定的前提下论证出来的。

这里的关键在于，主流微观经济理论向我们提供的任何可靠的东西，都只不过是一些"模型"，是在这些模型内部存在的必然的条件联系。主流的微观经济理论用这些模型告诉我们，在哪一套假设的前提（"条件"）下，会出现什么样的经济后果，这些经济后果都是人的经济行为的产物。条件与经济后果之间的联系有着逻辑上的必然性，这种逻辑必然性产生于从假设条件出发所做的演绎推理。

在实际情况正好合乎假定条件的地方，相应的经济理论必定是正确的；在实际情况不合乎假定条件的地方，从这种前提条件推导出来的理论常常是不"正确"的——更严格地说，是不适用的、没有现实意义的。

主流微观经济理论的致命弱点，主要还不在于它的理论结论受预设的假设条件（演绎的前提）限制，而在于它的这些演绎前提往往是脱离现实实际的。当今的主流微观经济理论一直有一个统一的研究范式，这就是分析个体最优化决策的供求均衡。为了在其分析中贯彻这一研究范式，它必须在对每一个理论原理的论证中、在每一个"模型"中都假设完全的理性、给定的企业可使用技术、给定的个人偏好，甚至假定每个人都知道并愿意实施那唯一的均衡行为。在迄今为止最受偏爱的理论模型中，还附加了诸如完全信息、未来确定、不同企业有完全相同的技术和潜能等假设。主流的微观经济理论描述的其实是在这样一组给定的抽象条件下的理想状态，这是它的一切弱点的主要来源。

认真的观察和思考会告诉我们，上述那些假设条件几乎处处都不合乎实际情况，这就使主流的微观经济理论到处都丧失解释力。正是由于意识到了这些不合乎实际的假设妨碍了自己的解释能力，主流的微观经济学家们近年来自己在作出种种努力以放弃某些脱离实际的假设。这就出现了有关不完全信息和不确定条件下的理性经济行为的研究。甚至对完全理性这样的假设前提，也出现了修改它的努力。这就导致了行为经济学和实验经济学的研究，这种研究最近还获得了诺贝尔经济学奖。但是尽管如此，微观经济学的主流仍然沉浸在我们前边所说的那一套不合乎实际的假设中，它的理论原理几乎全都是根据这一套假设前提推导出来的。

既然主流微观经济理论的分析前提往往是不符合实际的，从这样的前提推导出来的理论原理就不可能完全正确地解释实际的经济生活。我在研究许多实际经济问题时都碰到了这样的问题：为了恰当地说明实际经济生活中的许多现象，我不得不在分析中提出与主流微观经济不同的假定前提条件，这些前提条件更合乎实际，而根据它们得出的结论却与主流的微观经济理论原理相冲突。根据这样的分析，我们会看到一个与主流的微观经济理论所描绘的不同的世界。

但是主流微观经济理论的拥护者却对他们的不合乎实际的理论分析前提泰然处之。在他们看来，分析前提的脱离实际并不是一种理论的重大缺点。市场供求均衡不仅是主流微观经济理论分析的核心问题，也不仅是它的研究范式，而且实际上是它看待整个经济生活的基本假设。主流微观经济理论的几乎每个模型其实都暗中假定每个经济当事人都知道并愿意实施那唯一的均衡行为。而对主流微观经济理论的这一均衡理念的最大挑战就是劳动市场上的大量失业：大量失业的存在特别是失业率的显著波动证明了劳动市场没有处于均衡状态。严重违反实际的假设会破坏理论的预测能力，脱离实际的假设不可能产生一个有完美预测能力的理论。

（原载《经济研究资料》2003年第10期）

论摆脱传统计划经济的转轨措施

对"大爆炸"改革战略的评论

在东欧和苏联向市场经济过渡的初期,萨克斯等人提出的"大爆炸"(Big Bang)改革战略曾经风靡一时。这一战略的拥护者当初许诺,实行这一战略会很快带来经济上的繁荣。实际结果却恰恰相反,大爆炸战略使经济陷入了更深的困境。近来,萨克斯及其朋友甚至搞出了数学模型来证明他们的政策主张没有错(Sachs & Woo, 1994)。

本文将系统地说明,为什么"大爆炸"战略不可能达到其预定的目标。为此,我们首先需要解释的是,"大爆炸"战略指的是一种什么样的向市场经济过渡的方式;应当以这种方式转变为市场经济的传统计划经济在经济结构上有什么样的特征。在这个基础上我们将证明,这种特殊的经济结构如何使大爆炸战略必定陷入困境。

一 "大爆炸"战略及其所面临的经济结构问题

大爆炸战略是萨克斯等人在1989—1991年发展起来的。按此战略主张,改革中的原计划经济国家尽可能快地同时做到下述五点:宏观经济稳定,这要求使国家预算接近平衡并严格控制信贷;放开大部分物品的价格;经常项目下的货币可以自由兑换;建立社会保障网;私有化。但在少数几年中不可能将大批工业企业都私有化,完成私有化必然要花费较长的时间(Fisher & Frenkel, 1992)。因此,本文所评的大爆炸战略就只限于那种一下子放开物价并力图同时实现上述前四点的做法。

可惜的是，大爆炸战略所要改造的传统计划经济具有一种特殊的经济结构，这种经济结构妨碍了大爆炸战略达到其预定的目标。在传统计划经济中，中央领导机构致力于公共开支的最大化，个人则不需要单独用其劳动或财产收入去交换公共开支所提供的产品或服务。在这里，投资也是一种公共开支。这样，实际公共开支 G 就是实际总产出 Y 与个人消费 C 之差：

$$G = Y - C \tag{1}$$

为了使公共开支最大化，中央领导机构利用实物平衡表来制订和执行指令性的集中计划，一方面尽力增加实际的总产出，另一方面则尽力减少个人消费。为了增加实际总支出，中央领导机构必须通过增加实际劳动报酬，来刺激代表性劳动力增加其实际劳动量。但是代表性劳动力在实际劳动报酬增加之后必定会增加其对个人消费品的需求。中央领导机构当然不会允许个人消费品的供给大于其需求，因为从公共开支最大化的角度看这是浪费资源。但是它可以通过增加名义劳动报酬、冻结物价和减少用于消费品生产的资源来使个人消费品的供给小于其需求。而如果个人消费品的供给总是等于其需求，那一套使公共开支最大化的实际劳动报酬就是"没有短缺的最优劳动报酬"。在同样的效用函数下，这种最优劳动报酬越高，代表性劳动力的实际储蓄就越多，其储蓄的边际效用也就越低。我们可以证明：在给定的物质激励结构和实际劳动报酬下，如果个人消费品的供给小于其需求，减少个人消费品的供给就会减少代表性劳动力的实际劳动量，从而减少实际的总产出。但是，如果那种"没有短缺的最优劳动报酬"比较低，从而代表性劳动力的实际储蓄比较少，而储蓄的边际效用比较高，个人消费品的供给小于其需求就会增加实际的公共开支。这时减少个人消费品的供给虽然降低了实际的总产出，但是在一定限度内，实际总产出减少的数量小于个人消费减少的数量，因而降低个人消费品的供给会增加实际的公共开支。

实行过传统计划经济的国家在建立起以公共开支最大化为目标

的经济体制之前,几乎都是生产力水平比较低的国家。在消费品供求平衡的条件下,这种国家的实际劳动报酬势必较低。在这种情况下,公共开支在存在普遍的消费品短缺时会高于没有这种短缺时。正因为如此,传统计划经济国家中几乎都存在普遍的消费品短缺(Zuo,1995)。

由于存在上述因果关系,在传统计划经济中几乎普遍地同时并存着下述几种现象:

(1)相对于有着相似的经济发展水平的市场经济国家,公共开支占实际总产出的比重要大得多(Kornai,1992)。这种公共开支份额过大的经济结构不仅表现在货币支出的结构上,尤其表现在实际总产出和生产潜力配置的结构上。在传统计划经济中,公共物品的生产在生产潜力上所占的比重总是大大高于在市场经济之下。

(2)存在普遍的消费品短缺。这意味着在传统计划经济下

$$C^d > C^s = C \tag{2}$$

这里 C^d 是个人消费品的需求,C^s 则是个人消费品的供给。由于个人消费品的需求大于其供给,个人消费 C 就只能等于个人消费品的供给 C^s。

(3)个人的实际储蓄过多。个人的实际储蓄不仅包含了个人的自愿储蓄 S_v,而且包含了个人的强迫储蓄 S_z。在传统计划经济中代表性劳动力的个人实际储蓄过多,是由于普遍的消费品短缺造成了个人的强迫储蓄。强迫储蓄 S_z 是个人消费品需求 C^d 大于个人消费品供给 C^s 的部分:

$$S_z = C^d - C = C^d - C^s \tag{3}$$

但是在传统计划经济中,尽管存在普遍的消费品短缺,代表性劳动力通常还是只用物价总水平将其名义劳动报酬折算为实际劳动报酬。消费品短缺的作用表现在不自愿的强迫储蓄 S_z 上。虽然这是一笔不自愿的储蓄,代表性劳动力也不会白白放弃它,而会把它储蓄起来。这就表明,他仍然把这种强迫储蓄看作一笔真实的实际储蓄,相信他将来可以用这笔储蓄换得相应的个人消费品。在这种情

况下,代表性劳动力的实际劳动报酬

$$\frac{W}{P} = C^d + S_v = C + S_v + S_z = C + S \tag{4}$$

这里 S 是代表性劳动力的个人实际储蓄。

在传统计划经济中,强迫储蓄 S_z 与自愿储蓄 S_v 一样,只能变为银行存款或国债。中央领导机构通过其下属的财政金融系统,将个人的这些货币储蓄集中起来,用于购买必须向企业付款的公共开支物品(如投资品),或用于直接提供公共开支物品所必需的货币开支(如教育、医疗等系统的工资)。这些必须付款的公共开支物品和提供公共开支物品所必需的货币开支可以看作公共开支物品的名义供给 PI^s,而用于这两方面的货币资金则可以看作公共开支物品的货币需求。除了个人的名义储蓄 $P \cdot (S_v + S_z)$ 之外,可以用于形成公共开支物品的货币需求的还有企业向国家的各种上缴(上缴利润与税收)T 和增发的货币 d^M。这样,如果公共开支物品的名义供给等于其货币需求,我们就会有

$$P \cdot C^s + PI^s = P \cdot (C + S_z + S_v) + T + d^M \tag{5}$$

式(5)所描述的状况在现实中很难遇到,但是它却最清楚地显示了实行传统计划经济的国家所面临的结构性两难处境:由于存在消费品的普遍短缺,个人的名义消费 $P \cdot C$ 只能等于个人消费品的名义供给 $P \cdot C^s$。但是个人的名义消费需求 $P \cdot C^d = P \cdot (C + S_z) > P \cdot C^s$。而如果从公共开支物品的货币需求中扣除了名义的个人强迫储蓄 $P \cdot S_z$,公共开支物品的名义供给就会大于其货币的需求。一方面是个人消费品的求过于供,另一方面则是公共开支物品的供过于求。在这样一种特殊的经济结构之下,不可能靠大爆炸战略一下子将传统计划经济改造为市场经济。两方面的原因使大爆炸战略必然陷入困境:一下子放开物价会降低大部分居民主观上认为的福利程度,从而激起强烈的抵抗情绪,造成政治上以及经济上的剧烈动荡;一下子放开物价还会引致结构性的通货膨胀与生产下降并发,使市场经济中常规的宏观经济稳定措施失效。

以下将分别论述大爆炸战略在这两方面所造成的恶果。

二 主观福利程度的变化

这里之所以把居民所认为的福利程度称作"主观的",不仅是因为它是人们主观上所感受到的福利程度,更主要的是因为这种福利程度以人们主观上所认为的个人实际储蓄为基础。

其他条件不变,这里所说的主观福利程度随着实际的个人消费、个人的实际储蓄、个人所享受的免费福利或闲暇的增加而增加。但是这里所说的个人的实际储蓄,是式(3)所定义的那种个人实际储蓄。在这种个人实际储蓄中包括了不自愿的强迫储蓄。某些西方的经济学家会说,这样的个人实际储蓄是一种虚夸,因为它是在普遍的短缺下形成的;实际的总产出不会容许形成这么多的个人实际储蓄;在把这种个人实际储蓄折算成真正的个人实际储蓄时,必须要打某种折扣。这种批评不能说没有道理。但是可惜的是,普通的老百姓并不想遵照这些经济学家的训诫行事,他们通常仍然会按照那种虚夸的个人实际储蓄来估价自己的主观福利程度。社会上的广大群众不知道,也不想知道宏观经济是否平衡,他们只是根据预期的价格水平来把自己的名义储蓄折算成实际储蓄,绝不会承认这样折算成的实际储蓄中有一部分是虚夸的。

向市场经济过渡意味着降低公共开支在总产出中所占的比重。如果这一过渡像大爆炸战略所要求的那样快速推进的话,个人所享受的免费福利就不可能在这一过渡的过程中增加。这样,在大爆炸战略之下,代表性劳动力的主观福利程度不可能由于免费福利的增加而提高;这一主观福利程度会不会显著下降,就完全取决于实际的个人消费、个人的实际储蓄和闲暇是否增加以及在什么程度上得到增加。

如果遵循大爆炸战略,在财政金融方面实行紧缩的同时一下子放开物价,普遍的物品短缺肯定很快就会消失。要是我们只想不惜一切代价地消灭短缺的话,那就确实没有什么办法能够比大爆炸战略更快地达到这一目的。但是，消灭短缺并不一定会提高大多数居民主观上的福利程度。相反，如果在消费品供应没有增加的条件下消灭消费品的普遍短缺的话，这样的消灭短缺多半会降低代表性劳动力主观上的福利程度。

在原先存在普遍的消费品短缺的条件下，消费品的需求普遍大于其供给。要想在这种状况下消灭消费品的普遍短缺，就必须在给定的宏观名义总需求之下普遍提高消费品的价格。这正是大爆炸战略的前两点所主张的。但是，如果真像大爆炸战略所主张的那样在稳定了的宏观名义总需求之下一下子放开物价，代表性劳动力名义劳动报酬的增长就不可能赶上消费品价格的上涨，代表性劳动力的实际劳动报酬就必然下降。而这种实际劳动报酬的下降如果不表现为实际的个人消费的下降，就一定会表现为个人实际储蓄的减少。个人消费的下降和实际储蓄的减少又都会降低群众主观上的福利程度。

即使没有稳定宏观名义总需求，能够在消费品价格上涨的同时提高名义劳动报酬，只要消费品的供应不增加，放开物价以消灭短缺就必然会降低代表性劳动力的实际劳动报酬，减少个人的实际储蓄。在这种情况下，名义劳动报酬 W 的上升必然会慢于消费品价格 P 的上升。这是因为在放开物价之前，实际的个人消费品需求 C^d 大于个人消费品的供给 C^s：$C^d > C^s$。但是根据正常的效用函数，实际的个人消费品需求与个人实际的自愿储蓄 S_v、个人实际的劳动报酬 $\frac{W}{P}$ 是同方向变动的：

$$aC^d / a\left(\frac{W}{P}\right) > 0, \quad \frac{aS_v}{aC^d} > 0 \qquad (6)$$

如果在放开物价的时候消费品的供给 C^s 不增加，则个人消费品的实际需求 C^d 必将减少到个人消费品的实际供给 C^s 的水平，以便达到两者的平衡。根据式（6），在这种情况下实际的劳动报酬 $\frac{W}{P}$ 必然下降，自愿的实际储蓄 S_v 也必然会减少。由于消费品的短缺在这个过程中消失了，强迫储蓄 S_z 也必定会降低到0。这样，如果在放开物价的同时没有增加个人消费品的供给，实际的个人储蓄和实际的劳动报酬都不可避免地会下降。

这差不多正好就是大爆炸战略的直接后果。一下子放开物价可以使个人消费品的实际需求在短短几个月甚至几天内就降低到个人消费品实际供给的水平。但是消费品的生产却很难在这样短的时间内由于其价格的上升而大幅度增长。特别是因为大爆炸战略主张恰恰是在还没有根本改变传统计划经济的企业管理体制时就一下子放开物价（它主张同时放开物价和实行私有化），就根本不可能设想企业会迅速地对消费品价格的上涨做出充分的反应，很快地大幅度增加个人消费品的供给。这样，在大爆炸战略下形成的局面总是近似于"放开物价的同时不增加消费品供给"。

放开物价而不增加消费品供给，会由于减少代表性劳动力的实际劳动报酬和实际的个人储蓄而降低其主观的福利程度。在这方面，大爆炸战略几乎必定起着降低代表性劳动力主观福利程度的作用。大爆炸战略增进代表性劳动力主观福利程度的唯一途径，是消除短缺条件下用于采购的过多劳动。当消费品短缺时，代表性劳动力必须付出比市场经济下多得多的辛劳来购买同样数量的个人消费品。大爆炸战略迅速消除了消费品的短缺，使代表性劳动力可以大大减少其用于采购的劳动，从而增加了他的闲暇。只是在这一方面大爆炸战略才确定无疑地提高了代表性劳动力的主观福利程度。但是，无论是根据理论分析还是近年的实际经验，采购劳动的减少所增加的主观福利程度都不太可能足以抵消个人实际储蓄下降所降低的主观福利程度。因此，大爆炸战略总的来说在短期内会降低代表性劳动力的主观福利程度。

无论在政治上还是在经济上，代表性劳动力主观福利程度的降低都会带来灾难性的后果。代表性劳动力主观福利程度降低，意味着大多数群众认为他们的生活状况恶化了。只要国家的政治结构允许，广大群众会利用罢工、示威以至更激烈的手段来迫使政府提高他们的名义劳动报酬，试图以此来阻止他们的实际劳动报酬的下降。

这样巨大的群众压力会使任何宏观经济稳定政策都无法贯彻，使整个经济陷入物价与工资螺旋式上涨的恶性循环。代表性劳动力主观福利程度的降低还会破坏群众对经济改革的信任，使推行大爆炸战略的人失去广大群众的政治支持。所有这一切我们都已经在东欧和苏联看到了，尽管俄罗斯政府最终是靠武力打垮激烈批评大爆炸战略的反对派的，可它还是丧失了多数群众的支持。除了捷克以外，东欧和苏联所有主张大爆炸战略式的经济政策的人实际上都已经失去了政权。我们后面还会说明，是什么特殊情况使捷克至今还在这方面是个例外。

在向市场经济过渡时，代表性劳动力主观福利程度的降低并不是绝对不可避免的。根据前面的分析可以推知，如果在放开物价的过程中增加了消费品的供给，就能够减轻代表性劳动力的实际储蓄和实际劳动报酬下降的程度，在稳定的名义总需求下还可以减少消费品价格上涨的幅度。在这个过程中消费品的供给如果增加到某种程度，就完全可能出现下述情况：虽然代表性劳动力的实际劳动报酬从而实际储蓄减少了，但是代表性劳动力仍然会感到，尽管实际储蓄的减少降低了他的福利程度，实际消费的增加却提高了他的福利程度，而且这种提高足以抵消储蓄减少所降低的福利程度而有余。这时他会感到向市场经济的过渡提高了他的福利程度，这种过渡会得到社会上大多数人的赞同。

就是在向市场经济过渡的开始阶段实际劳动报酬也不是必定要下降的。我们可以证明：在传统计划经济中，有效劳动的边际生产力必定高于边际劳动的报酬，而代表性劳动力的全部实际劳动报酬是否高于劳动力的边际生产力却是不确定的，它取决于各国的具体情况（Zuo，1995）。如果在开始向市场经济过渡之前，代表性劳动力的全部实际劳动报酬低于劳动力的边际生产力，实际劳动报酬在向市场经济过渡的过程中就有可能上升。不过，就是在这种情况下也必须满足前边所说的经济结构方面的条件：代表性劳动力的实际劳动报酬能够上升到多高，不仅取决于劳动力的边际生产力和整个经济的分配结构，而且取决于消费品的供给增加到了什么程度。

三　结构性的通货膨胀与生产下降并发

"大爆炸"战略一下子放开物价，还会引起结构性的通货膨胀与生产下降并发。

在向市场经济过渡之前，传统计划经济下的名义总需求大于名义总供给。这意味着这时的名义总需求是名义总供给的 A 倍，A＞1。这时，对应于公共开支的产出占总产出的比例 α_0 大于市场经济下的这一比例 α_1。相应地，这时个人消费品占总产出的比例为 $1-\alpha_0$，它小于市场经济下的这一比例 $1-\alpha_1$。如果名义总需求保持不变，那么放开物价后，个人消费品生产单位的名义总收入将上升到原来的 $A \cdot \dfrac{1-\alpha_1}{1-\alpha_0}$ 倍 $\left(A \cdot \dfrac{1-\alpha_1}{1-\alpha_0} > 1\right)$，而公共开支物品生产单位的名义总收入能上升到原来的 $A \cdot \alpha_1/\alpha_0$ 倍，$A \cdot \dfrac{1-\alpha_1}{1-\alpha_0} > A \cdot \dfrac{\alpha_1}{\alpha_0}$。前边已经指出，在大爆炸战略下，物价放开的时候个人消费品的供给基本不变。这就意味着，在大爆炸战略下，放开物价会使个人消费品价格立刻上升到接近原来的 $A \cdot \dfrac{1-\alpha_1}{1-\alpha_0}$（＞1）倍。这不可避免地会致使职工们要求相应地提高名义劳动报酬，以便使实际劳动报酬至少不下降。代表性劳动力的名义劳动报酬上升到 $A \cdot \dfrac{1-\alpha_1}{1-\alpha_0}$ 倍，这在个人消费品的生产部门不会引起什么问题，因为这个部门的名义总收入和产品价格都上升了这么多倍。但这却使公共开支物品的生产部门立刻陷入困境，因为该部门的名义总收入只能上升到原来的 $A \cdot \dfrac{\alpha_1}{\alpha_0}$ 倍，$A \cdot \dfrac{\alpha_1}{\alpha_0} < A \cdot \dfrac{1-\alpha_1}{1-\alpha_0}$。对于那些公共物品的生产企业来说，如果它们按照其职工名义劳动报酬提高的比例来提高其产品价格，它们就会由于名义需求不足而陷入销售危机；如果它们不将其产品价格提高这么

多,它们就会陷入无法支付职工劳动报酬的财务危机。这种财务危机将迫使公共开支物品的生产部门降低其产量,产量下降又会加剧物价的上涨。整个经济于是陷入结构性的通货膨胀与生产下降并发的局面。

大爆炸战略所引发的这种结构性危机使市场经济中常规的宏观经济稳定措施失效。无论是利用财政政策还是货币政策手段,如果扩大名义总需求,则公共物品生产部门的名义总收入虽然可以增加,个人消费品价格上涨的幅度却会增大,职工要求名义工资上涨幅度也会增大。如果减少名义总需求,则个人消费品价格上涨的幅度虽然会降低,公共物品生产部门的名义总收入却同样降低了。这两种情况下都会出现公共物品生产部门的财务危机和生产下降。

前边的式(5)所描述的状况最清楚地显示出这种结构性危机。在这种情况下,传统计划经济下公共物品的名义供给 Pl 等于其名义需求 $P \cdot (S_z + S_v) + T + d^M$。如果名义总需求维持不变,则名义总供给等于名义总需求。但是这时对个人消费品的名义需求大于其名义供给,差额为名义强迫储蓄 $P \cdot S_z$。在这种情况下一下子放开物价,个人消费品价格将会上涨,而公共物品生产部门却会陷入销售和财务危机,因为公共物品的名义需求至少要减少 $P \cdot S_z$。这时消费品涨价与公共物品的生产下降就会并发,而宏观经济政策则陷入进退两难的境地:扩大名义总需求将加剧消费品的涨价,缩小名义总需求又会加剧公共物品生产部门的财务危机。

进一步的问题是,上述结构性危机还会转化成名义总需求不足的经济衰退。在一下子放开物价的"休克"之后,公共物品的生产部门会出现大批的亏损企业。如果真像大爆炸战略所要求的那样立即完成私有化并收紧信贷、平衡预算,这些亏损的企业就必须立即关门。由此造成的失业很可能会大到这样一种程度,以至对个人消费品的名义总需求也显著减少。那样不仅公共物品的生产会大幅度下降,连个人消费品的生产也至少会在短期中由于需求不足而减少。

在前几年东欧和苏联发生的种种经济现象,为上述大爆炸战略引起结构性危机的论点提供了佐证,根据前边的分析,大爆炸战略必然会迅速减少个人的实际储蓄,同时使公共物品的生产相对于个人消费品的生产大幅度下降。近几年,东欧和苏联国内储蓄急剧减少;在中欧各国,重工业生产持续下降,而轻工业在工业总产值中的份额却急剧扩大(Hughes,1994)。这是因为轻工业主要生产个人消费品,而重工业却主要与公共物品的生产有关。

大爆炸战略的拥护者有一张王牌:捷克的通货膨胀较轻,而失业率和生产的下降也很低。其实利用这种现象来为大爆炸战略辩护,不过是总理克劳斯的花言巧语而已(Hughes,1994)。在捷克斯洛伐克,捷克相对较多地生产个人消费品,斯洛伐克则较多地生产军工产品等用于公共开支的物品。当捷克斯洛伐克在克劳斯的领导下放开物价时,公共物品生产部门的销售和财务危机以及生产下降相对较多地由斯洛伐克承担。斯洛伐克也正是由于克劳斯的经济政策使其经济陷入困境才与捷克分裂的。捷克的经济状况比较好,只是由于斯洛伐克为它承担了大爆炸战略所引起的恶果。而正是克劳斯的经济政策要为捷克与斯洛伐克的分裂负责。捷克的情况只能证明本文对大爆炸战略的批评是正确的。

四 结语

本文的分析已经证明,大爆炸战略之所以会引起上述两方面的恶果,是由于在传统计划经济下个人消费品生产所占的比重太低,个人消费品的供给小于其需求。如果在放开物价的过程中能够适当地调整经济结构,使消费品生产有一个足够大的增长,就可以免除这两方面的恶果。但是大爆炸战略主张一下子放开物价,它不可能给消费品生产的增长留下足够的时间,这就使大爆炸战略必然会陷入困境。调整产业结构、大幅度增产消费品需要一个较长的时期,要想使消费品供给在调整物价的过程中有一个足够的增长,就只能在一个较长的时期内逐步将消费品价格调整到供求均衡的水平。在这个时期的开始阶段，由于市场机制还没有起作用，甚至还必须在一定程度上利用原有的计划经济机制去增加消费品的供给。所有这些都意味着一种渐进地向市场经济过渡的做法。

由于大爆炸战略不可能在放开物价的同时大幅度增产消费品，它就只能在放开物价之后解决调整经济结构的问题。但是，如果不能通过大幅度增加消费品供给而将经济结构调整到一定程度，就不可能真正达到大爆炸战略的第一点要求——宏观经济稳定。过多的生活水平下降的公共开支物品生产部门的职工将能够施加足够的政治压力，经常迫使政府放弃宏观经济稳定的财政金融政策。只有在就业结构调整到大体适应市场经济的要求之后，才可能长期持续地保持宏观经济的稳定。而这样的经济结构调整又需要一个相当长的时期。正因为如此，大爆炸战略在大多数国家都没能坚持贯彻到底。这一战略也不可能取得真正的成功，因为它的目标只有在较长时期中才能实现，而它却要在短期内就达到，结果只能是欲速则不达。

参考文献

Fisher, S. and Frenkel, J., "Macroeconomic Issues of Soviet Reform", *The American Economic Review*, 1992, Vol. 82, No. 2, pp. 3F – 42.

Hughes, Gordon, "Discussion after Structural Factors in the Economic Reforms of China, Eastern Europe, and the Former Soviet Union", *Economic Policy*, 1994, pp. 102 – 145.

Kornai, János, "The Post socialist Transition and the State: Reflections in the Light of Hungarian Fiscal Problems", *The American Economic Review*, 1992, Vol. 82, No. 2, pp. 1 – 21.

Sachs, J. and Woo, W. T., "Structural Factors in the Economic Reforms of China, Eastern Europe, and the Former Soviet Union", *Economic Policy*, 1994, pp. 102 – 145.

Zuo, Dapei, *Anreizmechanismen in Alternativen Wirtschaftssystemen*, Universitat Duisburg, Mimeo, 1995.

（原载《经济研究》1995 年第 7 期）

企业理论

有关"霍尔姆斯特罗姆定理"的问题

崩特·霍尔姆斯特罗姆（Bengt Holmstrom）于2016年获得了诺贝尔经济学奖。"霍尔姆斯特罗姆定理"是崔之元对霍尔姆斯特罗姆在其论文《团队中的道德危害》（*Moral Hazard in Teams*）中表述的"定理1"（Theorem 1）的简称（崔之元，1996）。本文以下沿用这个简称。

"霍尔姆斯特罗姆定理"断言，在团队生产中不存在这样的分享规则（Sharing Rules）：它能够使团队生产同时达到帕累托效率和纳什均衡，并且使团队成员所分享的收入之和恰好等于该团队的产出（Holmstrom，1982）。团队生产的成员所分享的收入之和恰好等于该团队的产出，这通常被视为平衡团队预算的"预算约束"。霍尔姆斯特罗姆的论文强调，可以引入一个没有向团队生产投入的"委托人"（Principal）来获取不平衡预算的分享规则下的剩余以放松预算约束，这样就可以使团队生产中的帕累托效率投入成为纳什均衡（Holmstrom，1982）。

霍尔姆斯特罗姆提出这一"定理"的论文一发表就受到广泛重视，到处被人引用，连被视为数学难度最大、"水平最高"的西方微观经济学教科书——马斯·科莱尔等人为美国哈佛大学写的《微观经济理论》都把它列为权威的参考文献（Mas-Colell et al., 1995）。许多讨论工人管理企业问题的左派经济学家也把这个所谓的"霍尔姆斯特罗姆定理"及以此为基础的"打破预算约束"的制度设计当作不能避开的话题。

本文要说明的是，霍尔姆斯特罗姆的上述论文中对其"定理

1"的数学论证犯了运算错误,这导致该"定理"的数学证明并不能证明该"定理"。本文中还将用简单的例子说明,像霍尔姆斯特罗姆论文中的"定理1"这样一般笼统地陈述的所谓"霍尔姆斯特罗姆定理"是不成立的;本文还将讨论莱格罗斯和马修斯对有效率的合伙制企业的论证(Legros and Matthews,1993),因为他们的这篇论文实际上说明了,在另外附加哪些条件的前提下"霍尔姆斯特罗姆定理"可以成立,在什么情况下"霍尔姆斯特罗姆定理"不能成立。

一 霍尔姆斯特罗姆所犯的数学运算错误

霍尔姆斯特罗姆的论文是用英文发表的。在说明他论证中所犯的数学运算错误时,为了避免语言翻译上的问题导致不必要的争论,本文在以中译文引用他论文的论述之后都在脚注中附上其英文原文。

该论文中表述"霍尔姆斯特罗姆定理"的原文是:

定理1(Theorem 1):不存在这样的分享规则$\{s_i(x)\}$,它满足式(1),而且它产生出a^*以作为有着式(2)的支付的非合作博弈中的一个纳什均衡。① (Holmstrom,1982,p.326)

该论文中明确指出(Holmstrom,1982,p.326):此定理讨论的是团队生产的简单模型,有 n 个当事人。

假定:标为 i 的每个当事人采取一个不可观察的行动$a_i \in A_i = [0, \infty]$,带来一个私人的(非货币的)成本$v_i: A_i \to IR$。假设$a = (a_1, \cdots, a_n) \in A = \overset{n}{\underset{i=1}{X}} A_i$,

$a_{-i} = (a_1, \cdots, a_{i-1}, a_{i+1}, \cdots, a_n)$,$a = (a_i, a_{-i})$。

假设$S_i(x)$代表当事人 i 在成果 x 中的一份。当事人 i 的偏好

---

① 其英文原文是:Theorem 1. There do not Exist Sharing Rules $\{s_i(x)\}$ which Satisfy (1) and which Yield a^* as a Nash Equilibrium in the Noncooperative Game with Payoffs (2).

函数的形式为：$u_i(m_i, a_i) = m_i - v_i(a_i)$。我们问是否存在这样的分享规则 $S_i(x) \geq 0$, $i = 1, \cdots, n$, 使得我们对所有的 x 都有预算平衡：

$$\sum_{i=1}^{n} s_i(x) = x \tag{1}$$

而有支付：

$$S_i(x(a)) - v_i(a_i), \quad i = 1, \cdots, n \tag{2}$$

其非合作博弈有一个纳什均衡 a^*，它满足帕累托最优的条件：

$$a^* = \arg\max_{a \in A}[x(a) - \sum_{i=1}^{n} v_i(a_i)]. \tag{3}①$$

该文在"定理1"后面紧接着写道："证明：见附录"（Proof: See Appendix）。

而该文的"附录"（Appendix）就是"定理1的证明"（Proof of Theorem 1, Holmstrom, 1982, p.339）：②

假设 $s_i(x)$, $i = 1, \cdots, n$, 是满足式（1）的任意分享规则。我

---

① 以上所引的英文原文是：Simple Model of Team Production. There are n Agents. Each Agent, Indexed i, takes a Nonobservable Action $a_i \in A_i = [0, \infty]$, with a Private (Nonmonetary) cost $v_i: A_i \to IR$. Let $a = (a_1, \cdots, a_n) \in A = \overset{n}{\underset{i=1}{X}} A_i$ and Write $a_{-i} = (a_1, \cdots, a_{i-1}, a_{i+1}, \cdots, a_n)$, $a = (a_i, a_{-i})$.
Let $s_i(x)$ Stand for Aagent i's Share of the Outcome x. "The Preference Function of Agent i is" "of the form $u_i(m_i, a_i) = m_i - v_i(a_i)$." We Ask whether there Exist Sharing Rules $s_i(x) \geq 0$, $i = 1, \cdots, n$, such that We have Budget-balancing

$$\sum_{i=1}^{n} s_i(x) = x \quad for\ all\ x, \tag{1}$$

and the Noncooperative Game with Payoffs,

$$S_i(x(a)) - v_i(a_i), \quad i = 1, \cdots, n, \tag{2}$$

has a Nash equilibrium a^*, which Satisfies the Condition for Pareto Optimality,

$$a^* = \arg\max_{a \in A}[x(a) - \sum_{i=1}^{n} v_i(a_i)]. \tag{3}$$

② 英文原文为：Let $s_i(x)$, $i = 1, \cdots, n$, be Arbitrary Sharing Rules Satisfying (1). I shall Show that the Assumption that a^* is a Nash Equilibrium will Lead to a Contradiction. From the Definition of a Nash Equilibrium

$$S_i(x(a_i, a^*_{-i})) - v_i(a_i) \leq s_i(x(a^*)) - v_i(a^*_i), \quad \forall a_i \in A_i, \tag{A1}$$

（转下页）

将证明 a^* 是一个纳什均衡的假定将导致一个自相矛盾的说法（Show that the Assumption that a^* is a Nash Equilibrium will Lead to a Contradiction）。

由纳什均衡的定义

$$S_i[x(a_i, a^*_{-i})] - v_i(a_i) \leq s_i[x(a^*)] - v_i(a^*_i), \quad \forall a_i \in A_i \tag{A1}$$

假设 $\{\alpha^l\}$ 是收敛到 $x(a^*)$ 的一个严格递增的实数序列。假设 $\{a_i^l\}$ 是相应地满足下式的 n 个序列：

$$\alpha^l = x(a_i^l, a^*_{-i}) \tag{A2}$$

帕累托最优意味着 $v'_i(a^*_i) = x'_i(a^*)$, $\forall i$. 使用式（A2），这又意味着：

$$v_i(a^*_i) - v_i(a_i^l) = x(a^*) - x(a_i^l, a^*_{-i}) + o(a_i^l - a^*_i), \quad \forall i, \forall l$$

在这里，$o(h)/h \to 0$ 当 $h \to 0$。

将其代入式（A1），使用式（A2）得

(接上页)

Let $\{\alpha^l\}$ be a Strictly Increasing Sequence of Real Numbers Converging to $x(a^*)$. Let $\{a_i^l\}$ be the Corresponding n Sequences Satisfying

$$\alpha^l = x(a_i^l, a^*_{-i}) \tag{A2}$$

Pareto Optimality Implies $v'_i(a^*_i) = x'_i(a^*)$, $\forall i$. This in Turn Implies, Using (A2), that $v_i(a^*_i) - v_i(a_i^l) = x(a^*) - x(a_i^l, a^*_{-i}) + o(a_i^l - a^*_i)$, $\forall i, \forall l$, where $o(h)/h \to 0$ as $h \to 0$. Substituting into (A1), Using (A2) Gives

$$x(a^*) - \alpha^l + o(a_i^l - a^*_i) \leq s_i(x(a^*)) - s_i(\alpha^l), \quad \forall i, \forall l. \tag{A3}$$

Sum (A3) over i, Use (1), Rearrange and Multiply by $n/(n-1)$. This gives:

$$\sum_{i=1}^{n} \{x(a^*) - \alpha^l + o(a_i^l - a^*_i)\} \leq 0, \quad \forall l,$$

Which can be Written

$$\sum_{i=1}^{n} \{-x'_i(a^*)(a_i^l - a^*_i) + o(a_i^l - a^*_i)\} \leq 0, \forall l. \tag{A4}$$

Since $\alpha^l < x(a^*)$ by the Choice of α^l, and $x'_i(a^*) \neq 0$, the First Term in the Bracket is Strictly Positive. For Large Enough l, this Term Dominates, which Contradicts (A4). Hence, the Assumption that a^* is a Nash Equilibrium has Led to a Contradiction and must be False. Q. E. D.

$$x(a^*) - \alpha^l + o(a_i^l - a_i^*) \leq s_i(x(a^*)) - s_i(\alpha^l), \forall i, \forall l.$$
(A3)

将有不同 i 的各个（A3）加总求和，运用式（1），重新整理并乘以 $n/(n-1)$。这样得出：

$$\sum_{i=1}^{n} \{x(a^*) - \alpha^l + o(a_i^l - a_i^*)\} \leq 0, \forall l$$

它可以写为

$$\sum_{i=1}^{n} \{-x'_i(a^*)(a_i^l - a_i^*) + o(a_i^l - a_i^*)\} \leq 0, \forall l. \quad (A4)$$

因为根据 α^l 的选择，$\alpha^l < x(a^*)$，以及 $x'_i(a^*) \neq 0$，括号中的第一项是严格正的。对于足够大的 l，这一项具有压倒地位（dominates），这与式（A4）相抵触 [contradicts (A4)]。因此，a^* 是一个纳什均衡的假定导致了一个自相矛盾的说法并且必定是谬误的。证毕。

霍尔姆斯特罗姆在上述的证明过程中犯了明显的运算错误，因而这个证明是不成立的。

这个运算错误发生在将有不同 i 的各个（A3）加总求和这一步上：将 i 从 1 到 n 的 n 个不等式 $x(a^*) - \alpha^l + o(a_i^l - a_i^*) \leq s_i(x(a^*)) - s_i(\alpha^l)$ 的两边分别相加，不等号左边这样相加的结果是 $\sum_{i=1}^{n} \{x(a^*) - \alpha^l + o(a_i^l - a_i^*)\}$；不等号右边这样相加的结果是 $\sum_{i=1}^{n} s_i(x(a^*)) - \sum_{i=1}^{n} s_i(\alpha^l)$。这样将有不同 i 的（A3）加总求和直接得出的结果是不等式：

$$\sum_{i=1}^{n} \{x(a^*) - \alpha^l + o(a_i^l - a_i^*)\} \leq$$
$$\sum_{i=1}^{n} s_i(x(a^*)) - \sum_{i=1}^{n} s_i(\alpha^l) \quad (B1)$$

使用式（1）的 $\sum_{i=1}^{n} s_i(x) = x$，可得 $\sum_{i=1}^{n} s_i(x(a^*)) = x(a^*)$，$\sum_{i=1}^{n} s_i(\alpha^l) = \alpha^l$。因此，将有不同 i 的各个（A3）加总求和，运用式（1），得出的不等式应当是：

$$\sum_{i=1}^{n}\{x(a^*)-\alpha^l+o(a_i^l-a_i^*)\} \leq x(a^*)-\alpha^l \qquad (B2)$$

霍尔姆斯特罗姆的论文中已经定义了 $\alpha^l < x(a^*)$，因此 $x(a^*) - \alpha^l > 0$。将式（B2）与式（A4）中的不等式 $\sum_{i=1}^{n}\{x(a^*)-\alpha^l+o(a_i^l-a_i^*)\} \leq 0$ 比较一下就可知，式（A4）左边的各项之和不是不大于 0，而是不大于一个正数 $x(a^*) - \alpha^l$，霍尔姆斯特罗姆得出式（A4）是由于他在由式（A3）推导式（A4）的过程中犯了数学运算的错误。

霍尔姆斯特罗姆的论文在由式（A3）推导式（A4）时不是简单地"将有不同 i 的各个（A3）加总求和，运用式（1）"，而是还附加了"重新整理并乘以 $n/(n-1)$"这样多余的运算。但是这两步多余的运算也不可能使式（A4）成立。我们可以对不等式（B2）再作重新整理：两边都减去 $x(a^*) - \alpha^l$，得不等式：

$$(n-1)\cdot[x(a^*)-\alpha^l] + \sum_{i=1}^{n} o(a_i^l-a_i^*) \leq 0 \qquad (B3)$$

再将两边都乘以 $n/(n-1)$，得不等式：

$$n\cdot[x(a^*)-\alpha^l] + \frac{n}{n-1}\cdot[\sum_{i=1}^{n} o(a_i^l-a_i^*)] \leq 0,$$

也即

$$\sum_{i=1}^{n}\{x(a^*)-\alpha^l+o(a_i^l-a_i^*)\} + \frac{1}{n-1}\cdot[\sum_{i=1}^{n} o(a_i^l-a_i^*)] \leq 0 \qquad (B4)$$

将式（B4）与霍尔姆斯特罗姆论文中式（A4）的不等式 $\sum_{i=1}^{n}\{x(a^*)-\alpha^l+o(a_i^l-a_i^*)\} \leq 0$ 对比一下就可以看出，霍尔姆斯特罗姆的数学运算错在哪里。

这个数学运算错误对霍尔姆斯特罗姆的"定理1的证明"是致命的。霍尔姆斯特罗姆明确地说，他的证明全靠"证明 a^* 是一个纳什均衡的假定将导致一个自相矛盾的说法"，而他得出的这个"自相矛盾的说法"（Contradiction）又集中在他得出的式（A4）上：他最后的论证断定式（A4）不等号的左边 $\sum_{i=1}^{n}\{x(a^*)-\alpha^I+o(a_i^I-a_i^*)\}$ 大于0，而式（A4）却表明 $\sum_{i=1}^{n}\{x(a^*)-\alpha^I+o(a_i^I-a_i^*)\}$ 不大于0，这就产生了他说的"自相矛盾的说法"。但是这个"自相矛盾的说法"只是霍尔姆斯特罗姆自己的数学运算错误的产物。正确的计算表明 $\sum_{i=1}^{n}\{x(a^*)-\alpha^I+o(a_i^I-a_i^*)\}$ 不大于的是一个正数 $x(a^*)-\alpha^I$，$\sum_{i=1}^{n}\{x(a^*)-\alpha^I+o(a_i^I-a_i^*)\}$ 大于0本身不会导致什么"自相矛盾的说法"。

霍尔姆斯特罗姆的"定理1的证明"，靠的只是算出一个式（A4）并证明它会导致"自相矛盾的说法"。而实际上，式（A4）只是霍尔姆斯特罗姆自己数学运算错误的产物，正确的数学运算只能表明霍尔姆斯特罗姆说的"自相矛盾的说法"不存在。这样，霍尔姆斯特罗姆的"定理1的证明"就由于犯了数学运算的错误而不成立，霍尔姆斯特罗姆在自己的这篇论文（Holmstrom，1982）中并没有证明他的"定理1"所宣称的"霍尔姆斯特罗姆定理"。

二 一个反面的例子

我们可以举出一个简单的反面例子，表明在一种特定的情况下，"霍尔姆斯特罗姆定理"不成立，可以为团队生产设立一种有效率的分享规则来使团队生产同时达到帕累托效率和纳什均衡，并满足平衡团队预算的"预算约束"。在这种情况下，团队生产的成果是团队成员行动的里昂惕夫函数，团队的所有成员都有同样的偏好函数。

这种情况下的 n 个当事人从事一种团队生产。该团队生产的成果（Outcome）x 是这 n 个当事人的行动（Action）a 的"里昂惕夫函数"。

$$X(a) = \min\left(\frac{a_1}{n}, \cdots, \frac{a_i}{n}, \cdots, \frac{a_n}{n}\right) \tag{B5}$$

对于这 n 个当事人的偏好函数：$u_i(m_i, a_i) = m_i - v_i(a_i)$，$v_i$ 对 a_i 的一阶导数 v'_i 而言，在 $a_i = 0$ 时等于 0，而在 $a_i > 0$ 时大于 0，且 v'_i 随着 a_i 的增加而递增。这 n 个当事人有同样的偏好函数：$u_i(m_i, a_i) = m_i - v_i(a_i)$。这意味着对这 n 个当事人中的任意两个当事人 i 和 j，如果 $m_i = m_j$ 且 $a_i = a_j$，则 $v_i(a_i) = v_j(a_j)$ 且 $u_i(m_i, a_i) = u_j(m_j, a_j)$。

对这样的团队，由团队的 n 个成员平均分享团队生产成果 x 的简单分享规则，就足以使团队生产同时达到帕累托效率和纳什均衡，并满足平衡团队预算的"预算约束"。以下是对这一论点的简要论证。

在由团队的 n 个成员平均分享团队生产成果 x 的分享规则下：

$$s_i(x) = \frac{x}{n} = m_i \tag{B6}$$

在这样的分享规则下

$$\sum_{i=1}^{n} s_i(x) = \sum_{i=1}^{n} \left(\frac{x}{n}\right) = x \tag{B7}$$

这样的分享规则总是满足平衡团队预算的"预算约束"。

团队成员达到帕累托效率的行动向量 a^* 会使 $x(a) - \sum_{i=1}^{n} v_i(a_i)$ 最大化。

这样的帕累托效率首先要求团队的各个成员采取的行动数值相同，也即对该团队 n 个成员中的任意两个成员 i 和 j 恒有 $a_i = a_j$。这是因为：即便团队所有其他成员都采取了行动 a'，只有第 i 个成员采取了行动 a_i 且 $a_i > a'$，则根据式（B5），$x(a)$ 只能等于 $\frac{a'}{n}$，$v_i(a_i)$ 却大于团队其他成员的 $v_j(a')$，其中 $j \neq i$。在这种情况下，团队的第 i 个成员将其行动从 a' 降低到 a_i 不会减少 $x(a)$，却降低了 v_i 从而减少了 $\sum_{i=1}^{n} v_i(a_i)$，并因此会增大 $x(a) - \sum_{i=1}^{n} v_i(a_i)$。这样，团队成员达到帕累托效率的行动向量必定是团队的各个成员采取的行动数值相同。

将团队的所有 n 个成员都采取的这个数值相同的行动记为 a，这种情况下团队生产的成果就是 $x(a) = \dfrac{a}{n}$，团队成员达到帕累托效率的行动向量 a^* 要最大化的是 $x(a) - \sum_{i=1}^{n} v_i(a)$。由于团队的这所有 n 个成员都有相同的 v 函数，还可以将团队成员达到帕累托效率的行动向量 a^* 要最大化的目标函数改写为：$x(a) - n \cdot v_i(a)$。

将目标函数 $x(a) - n \cdot v_i(a)$ 对 a 求一阶导数，并令其等于 0，就得到团队成员达到帕累托效率的行动向量 a^* 必须满足的一阶条件：

$$x'(a^*) = n \cdot v'_i(a^*)$$

因为在这种情况下 $x(a) = \dfrac{a}{n}$，故 $x'(a^*) = \dfrac{1}{n}$。因此团队成员达到帕累托效率的行动向量 a^* 必须满足的一阶条件就为：

$$v'_i(a^*) = \dfrac{1}{n^2} \tag{B8}$$

容易证明团队成员的这个达到帕累托效率的行动向量 a^* 也会使该团队的生产达到纳什均衡。

根据式（B6）：

$$u_i(m_i, a_i) = m_i - v_i(a_i) = \dfrac{x(a)}{n} - v_i(a_i) \tag{B9}$$

如果团队其他成员的行动都为 a^*，则在 $a_i < a^*$ 的情况下有：$x(a) = \dfrac{a_i}{n}$，$u_i(m_i, a_i) = \dfrac{a_i}{n^2} - v_i(a_i)$，$\dfrac{\partial u_i(m_i, a_i)}{\partial a_i} = \dfrac{1}{n^2} - v'_i(a_i)$。由于 $v'_i(a^*) = \dfrac{1}{n^2}$ 且 v'_i 随着 a_i 的增加而递增，则当 $a_i < a^*$ 时，$\dfrac{\partial u_i(m_i, a_i)}{\partial a_i} = \dfrac{1}{n^2} - v'_i(a_i) > 0$；只在 $a_i = a^*$ 的极限情况下才有 $\dfrac{\partial u_i(m_i, a_i)}{\partial a_i} = 0$。这意味着在 $a_i < a^*$ 的情况下，恒有 $u_i(m_i, a_i) < u_i(m_i, a^*) = \dfrac{a^*}{n^2} - v_i(a^*)$。而如果 $a_i > a^*$，则 $x(a)$ 只

能等于$\frac{a^*}{n}$，$u_i(m_i, a_i) = \frac{a^*}{n^2} - v_i(a_i)$。由于这种情况下，$v_i' > 0$ 且 $a_i > a^*$，$v_i(a_i) > v_i(a^*)$，并且 $u_i(m_i, a_i) = \frac{a^*}{n^2} - v_i(a_i) < u_i(m_i, a^i) = \frac{a^*}{n^2} - v_i(a^*)$。所以团队其他成员的行动都为 a^* 时，a^* 也是团队的第 i 个成员最偏好的对其个人最优的行动。

这样，给定团队其他成员的行动都为式（B8）规定的 a^*，a^* 是该团队任何成员对其个人最优的行动。该团队所有成员都采取式（B8）规定的那个行动 a^*，就会使该团队的生产达到纳什均衡。而定义了 a^* 的那个式（B8）本来是该团队的生产达到帕累托效率的一阶条件。这样，同时达到纳什均衡和帕累托效率的团队成员行动向量 a^*，又是在总是满足平衡团队预算的"预算约束"的分享规则（B6）下产生的。因此，只要团队生产的成果是团队成员行动的里昂惕夫函数，团队的所有成员都有同样的偏好函数，一个简单的平均分享团队生产成果的分享规则，就足以使团队生产同时达到帕累托效率和纳什均衡，并满足平衡团队预算的"预算约束"。

在本节所说的这种特定情况下，团队生产的成果是团队成员行动的里昂惕夫函数，团队的所有成员都有同样的偏好函数。在这种情况下，简单地平均分享团队生产成果的分享规则不仅满足了平衡团队预算的"预算约束"，而且使该团队的生产同时达到了帕累托效率和纳什均衡。这是否定"霍尔姆斯特罗姆定理"的一个反面的例子，仅仅这一个反面例子就足以证明，像霍尔姆斯特罗姆在其论文（Holmstrom，1982）中那样一般性地陈述的所谓"霍尔姆斯特罗姆定理"是不成立的。

三 附加另外的限制条件

"霍尔姆斯特罗姆定理"断言，在团队生产中不存在这样的分享规则：它满足平衡团队预算的"预算约束"，又能够使团队生产同时达到帕累托效率和纳什均衡。而本文前边举的反面例子则表明，在团队生产的成果是团队成员行动的里昂惕夫函数、团队的所有成员都有同样的偏好函数的情况下，简单地平均分享团队生产成果的分享规则就能够不仅满足平衡团队预算的"预算约束"，而且使该团队的生产同时达到帕累托效率和纳什均衡，从而使"霍尔姆斯特罗姆定理"不成立。这个反面的例子也提醒我们：是否再另外附加上某些其他的限制条件，"霍尔姆斯特罗姆定理"就可以在这些附加条件限制下成立？

实际上，只要附加上团队生产的成果是团队成员行动的可导增函数这样一个限制条件，"霍尔姆斯特罗姆定理"就可以成立。正是霍尔姆斯特罗姆本人作出了在这样另外附加的限制条件下对"霍尔姆斯特罗姆定理"的论证。

霍尔姆斯特罗姆在其论文（Holmstrom，1982）中定义："当事人的行动决定了一个结合的货币成果 $x: A \to IR$。""假定函数 x 是严格递增、凹的和可微的，且 $x(0) = 0$"[①]。

以此为基础，再加上前边已经引证过的式（1）、式（2）和式（3）中规定的前提条件，霍尔姆斯特罗姆进一步论证（Holmstrom，1982）[②]：

如果分享规则是可微的，我们就发现，因为 a^* 是一个纳什

[①] 英文原文为：The Agents' Actions Ddetermine a Joint Monetary Outcone $x: A \to IR$. The Function x is Assumsd to be Strictly Increasing, Concave, and Differentiable with $x(0) = 0$.

[②] 英文原文为：If the Sharing Rules are Differentiable, We Find, Since a^* is a Nash Equilibrium, that

$$s'_i x'_i - v'_i = 0, \quad i = 1, \cdots, n \qquad (4)$$

where $x'_i \equiv \partial x / \partial a_i$. Pareto optimality implies that

$$x'_i - v'_i = 0, \quad i = 1, \cdots, n \qquad (5)$$

Consistency of (4) and (5) requires $s'_i = 1$, $i = 1, \cdots, n$. But this is in conflict with (1), since differentiating (1) implies

$$\sum_{i=1}^{n} s'_i = 1 \qquad (6)$$

Therefore, with differentiable sharing rules we cannot reach efficient Nash equilibria.

均衡：

$$s'_i x'_i - v'_i = 0, \ i=1, \cdots, n \tag{4}$$

在这里 $x'_i \equiv \partial x/\partial a_i$。帕累托最优意味着

$$x'_i - v'_i = 0, \ i=1, \cdots, n \tag{5}$$

式（4）与式（5）的一致性要求：$s'_i = 1$, $i=1, \cdots, n$。但是这与式（1）相冲突，因为对式（1）求微分意味着

$$\sum_{i=1}^{n} s'_i = 0 \tag{6}$$

因此，在可微的分享规则下我们不能达到有效率的纳什均衡。

基于上述分析，霍尔姆斯特罗姆本来可以得出这样一个"有限制条件的霍尔姆斯特罗姆定理"：在成果是团队成员行动的严格增、可导且凹的函数的团队生产中，不存在这样的可微分享规则，它满足平衡团队预算的"预算约束"，又能够使团队的生产同时达到帕累托效率和纳什均衡。

霍尔姆斯特罗姆论文中围绕着式（4）到式（6）的分析已经证明了上述"有限制条件的霍尔姆斯特罗姆定理"成立，它也与上节我们举的那个反面的例子不发生冲突。在我们上节举的那个表明"霍尔姆斯特罗姆定理"不成立的反面例子中，团队生产的成果是团队成员行动的"里昂惕夫函数"，而里昂惕夫函数并不是可导的严格增函数。

但是霍尔姆斯特罗姆不想限于得出这样一个"有限制条件的霍尔姆斯特罗姆定理"。他在其论文的式（6）后面接着写道："因此，在可微的分享规则下我们不能达到有效率的纳什均衡。同样的东西也是更一般地正确的，像在随后的'定理 1'中陈述的那样"。(Therefore, with Differentiable Sharing Rules We cannot Reach Efficient Nash Equilibria. The Same is True more Generally as Stated in the Following "Theorem 1")（Holmstrom, 1982）这个"定理 1"就是那个著名的"霍尔姆斯特罗姆定理"。为了将它与前边所说的"有限制条件的霍尔姆斯特罗姆定理"区别开来，我们以后将它称为"一般性的霍尔姆斯特罗姆定理"。

本文前边已经说明，霍尔姆斯特罗姆论文中对这个"一般性的霍尔姆斯特罗姆定理"的论证犯了数学运算错误，因而该论文未能证明这个"一般性的霍尔姆斯特罗姆定理"成立；本文前边举的反面例子也足以说明这种"一般性的霍尔姆斯特罗姆定理"是不成立的。能够成立的是"有限制条件的霍尔姆斯特罗姆定理"，霍尔姆斯特罗姆想将它更一般化，结果是犯了简单的数学错误而提出了一个不成立的定理。

"一般性的霍尔姆斯特罗姆定理"所犯的错误影响深远。据笔者本人看到的西方主流经济学文献，不仅霍尔姆斯特罗姆的那篇一开头就提出这个不成立的定理的论文被视为经典文献而到处被引用，而且引用者谈到的差不多都是这个不成立的"一般性的霍尔姆斯特罗姆定理"，几乎没有人提到真正能够成立的是"有限制条件的霍尔姆斯特罗姆定理"。笔者更是没有看到任何人公开指出霍尔姆斯特罗姆论文中对"一般性的霍尔姆斯特罗姆定理"的证明犯了致命的数学运算错误。

尽管如此，我们还是可以根据现有的文献推测，西方主流经济学界中也早就有人看出了霍尔姆斯特罗姆那篇论文中对"一般性的霍尔姆斯特罗姆定理"的证明不成立，只是被真相不明的原因所限未能公开指出霍尔姆斯特罗姆论文中的数学运算错误而已。

明显地看出了并力图纠正霍尔姆斯特罗姆的错误的是莱格罗斯和马修斯，他们两人的论文《有效率的和接近有效率的合伙关系》（Legros and Matthews，1993）以抽象的数学模型讨论了合伙关系（Partnership）有效率的条件，其中涵盖了霍尔姆斯特罗姆论文讨论的团队生产问题，婉转地指出了霍尔姆斯特罗姆论文的错误之处。

莱格罗斯和马修斯讨论的"合伙关系"满足平衡团队预算的"预算约束"，它的效率就是霍尔姆斯特罗姆所说的"帕累托效率"。莱格罗斯和马修斯的论文讨论"合伙关系"中的效率在什么情况下是"可支撑的"（Sustainable），而这种"可支撑的"效率意味着

"合伙关系"成员有效率的行动向量是一个纳什均衡（Legros and Matthews，1993）。这就是说，莱格罗斯和马修斯说的"合伙关系"中的效率是"可支撑的"，就相当于说有满足平衡团队预算的"预算约束"的分享规则能够使团队生产同时达到帕累托效率和纳什均衡，从而"霍尔姆斯特罗姆定理"不成立。

若霍尔姆斯特罗姆论文中陈述的那个"一般性的霍尔姆斯特罗姆定理"成立，则任何实行团队生产的"合伙关系"中的效率就都不是"可支撑的"。而莱格罗斯和马修斯在概括说明他们以抽象的数学模型分析所获得的结论时却说：霍尔姆斯特罗姆1982年的论文证明，在某些单调可微的合伙关系中（Incertain Differentiable，Monotonic Partnerships），没有分享规则能够引出有效率的行动集合。而事实上，在那样一些有趣的合伙关系下，诸如在可能的行动数目有限的普通合伙关系下，或者在那些合伙人们的行动完全互补的普通合伙关系（里昂惕夫合伙关系）下，效率是可支撑的（Legros and Matthews，1993，p.599）。

在本文第二部分举出的说明"一般性的霍尔姆斯特罗姆定理"不成立的反面例子中，团队生产的成果是团队成员行动的里昂惕夫函数，基于这样的团队生产的合伙关系就是莱格罗斯和马修斯说的"里昂惕夫合伙关系"（Leontief Partnerships）。莱格罗斯和马修斯说，在"里昂惕夫合伙关系"和其他某些合伙关系下效率是可支撑的，这就等于说，在这样一些情况下"霍尔姆斯特罗姆定理"不成立，从而"一般性的霍尔姆斯特罗姆定理"不成立。

莱格罗斯和马修斯的论文中对"霍尔姆斯特罗姆定理"的引证特别耐人寻味。莱格罗斯和马修斯的论文中所说的（Legros and Matthews，1993）霍尔姆斯特罗姆1982年的论文中"证明"的，并不是"一般性的霍尔姆斯特罗姆定理"，而是"有限制条件的霍尔姆斯特罗姆定理"，这种"有限制条件的霍尔姆斯特罗姆定理"只限于讨论成果是团队成员行动的可导严格增函数的团队生产，在这样的团队生产下才能形成单调可微的合伙关系。可是在霍尔姆斯特罗姆的论文中，正式地在"定理1"中作为定理表述出来的（Holmstrom，1982）是"一般性的霍尔姆斯特罗姆定理"。霍尔姆斯特罗姆的这篇论文虽然也提到了甚至论证了"有限制条件的霍尔姆斯特罗姆定理"，但是并未明确地将它作为一个定理写出来。莱格罗斯和马修斯的论文只讲霍尔姆斯特罗姆论文中没有正式地表述的"有限制条件的霍尔姆斯特罗姆定理"，不提霍尔姆斯特罗姆论文中正式地作为定理表述的"一般性的霍尔姆斯特罗姆定理"，这种反常的引证方式说明，莱格罗斯和马修斯非常清楚，霍尔姆斯特罗姆论文的"定理1"中表述的"一般性的霍尔姆斯特罗姆定理"是不成立的。

由于莱格罗斯和马修斯的论文以数学模型的推导为基础，他们回避引用"一般性的霍尔姆斯特罗姆定理"的做法表明，他们不但知道"一般性的霍尔姆斯特罗姆定理"是不成立的，而且一定知道霍尔姆斯特罗姆对这个定理的证明犯了致命的数学运算错误。但是他们在这篇论文中竟没有再多写两句话来指出霍尔姆斯特罗姆犯了数学运算错误，"一般性的霍尔姆斯特罗姆定理"不成立。

为什么莱格罗斯和马修斯的论文不提霍尔姆斯特罗姆犯的数学运算错误，不提"一般性的霍尔姆斯特罗姆定理"不成立？莱格罗斯和马修斯的论文（Legros and Matthews，1993）1993年发表在学术杂志《经济研究评论》（*Review of Economic Studies*）上，发表时按学术杂志的惯例在文章标题下注明"1989年11月收到第一个文本；1993年2月接受最终文本"（First Version Received November 1989；Final Version Accepted February 1993）。作者与杂志编辑部讨论并修改这篇论文竟用了3年多的时间，这本身就够惊人的。

参考文献

崔之元：《美国二十九个州公司法变革的理论背景》，《经济研究》1996年第4期。

Holmstrom, Bengt, "Moral Hazard in Teams", *The Bell Journal of Economics*, Vol. 13, No. 2 (Autumn, 1982), pp. 324－340.

Legros, Patrick and Matthews, Steven A., "Efficient and Nearly-efficient Partner-

ships", *Review of Economic Studies*, 1993, 68, pp. 599 – 611.
Mas-Colell, Andreu, Whinston, Michael D. and Green, Jerry R., *Microeconomic Theory*, Oxford University Press, Inc., 1995.

（原载《当代经济研究》2017 年第 4 期）

企业的惠顾者所有论研究述评

在私有制的市场经济中，几乎所有的企业都不归企业的纯经营管理者所有，而是归该企业的某种惠顾者所有，这些惠顾者的惠顾是货币和资金流入相应企业的直接原因。但是，主流的微观经济理论模型却一直无视企业归其惠顾者所有这一普遍的经验事实。直至近年，亨利·汉斯曼等人才对企业归其惠顾者所有的理论作了系统详尽的阐述。本文以下将概略地讨论与企业归其惠顾者所有相关的经济学说。

一 汉斯曼的企业惠顾者所有论

私有制市场经济中几乎所有的企业都归其惠顾者所有这一点，是由亨利·汉斯曼（Henry Hansmann）明确指出的。汉斯曼说："几乎所有大型企业的所有者都同时是企业的惠顾者（patrons）"，这些惠顾者是这样一些与企业有商业往来的人，他们既包括企业产品的买方，也包括向企业供应原材料、劳动力以及其他生产要素的卖方。①

汉斯曼将企业的"所有者"定义为分享对企业的控制权和对企业利润或剩余收益的索取权这两项形式上的权利的人。② 更准确地

---

① Henry Hansmann, *The Ownership of Enterprise*. 中译本：[美] 亨利·汉斯曼：《企业所有权论》，于静译，中国政法大学出版社2001年版，第12页。该书中译本将"Patron"一词译为"客户"。但"Patron"一词有"庇护人""恩主""资助人""主顾"等含义。显然，在以"Patron"一词描述商场上生意的"主顾"时，应含有一种因受到照顾而感激的感情成分。笔者因此将"Patron"一词译为"惠顾者"，就像该书中译本将"Patronage"一词译为"惠顾"那样。

② Henry Hansmann, *The Ownership of Enterprise*. 中译本：[美] 亨利·汉斯曼：《企业所有权论》，于静译，中国政法大学出版社2001年版，第11页。

说，企业所有者对整个企业有最终的控制权并将其实现于对企业的剩余索取权的控制，而且通常他们自己就是主要的剩余索取者。

市场经济中的企业是一种有形的经济组织，它生产的产品或服务几乎全部都在市场上出售，它向所有参与其运行的人所做的支付，几乎都完全来自上述产品出售所获得的收入；企业对外与其他个人和企业进行平等的交易，而在那些由两个或两个以上的人组成的企业中，企业内部的个人之间则实行非直接交易性的直接协商或指挥命令。大多数企业内部个人之间由"统治性"的指挥命令关系占统治地位，这种统治性的人际关系在大的企业中则发展为系统性的等级制组织。这就决定了任何企业内部都会有最高的统治者即最高领导者。

企业的最高统治者即最高领导者通常被视为企业的所有者。这种企业所有者—最高统治者—最高领导者对整个企业有最终的控制权并将其实现于对企业的剩余索取权的控制，而且通常他们自己就是主要的剩余索取者。正如汉斯曼所指出的，在私有制的市场经济中，几乎所有大型企业的所有者都同时是企业的惠顾者，这样的惠顾者首先是企业自有资本（"风险资本"）这种生产要素的供给者，有些情况下也包括在企业中工作的劳动者这种生产要素供给者、企业产品的购买者或企业所用原材料的供给者。

在企业的这些惠顾者中，企业自有资本的供给者即企业的出资人直接提供了企业经营使用的资金，企业产品的购买者是企业货币销售收入的来源，而在企业中工作的劳动者和企业所用原材料的供给者提供给企业的物品使企业的产品有了特定的效用，正是企业产品的这种特定的效用才使得企业产品的消费者购买该企业的产品，由此而使企业获得其货币销售收入。正因为如此，我们说企业的这些惠顾者的惠顾是货币和资金流入相应企业的直接原因。

汉斯曼对企业所有权归属的概括，以他对法人公司这种大型企业的研究为基础，这些法人公司中包括了商事公司（Business Corporations）、合作社（Cooperatives）、非营利性机构（Nonprofitinstitutions）和互助企业（Mutual Firms）①。按照他的说法，典型的商事公司是传统的投资者所有的企业，合作社是一种由其惠顾者掌握所有权的企业，非营利性机构则是无所有者的企业，② 而互助储蓄贷款联合会、互助保险公司这一类的互助企业实质上是归其产品的消费者所有的合作社，③ 它们都由其惠顾者做所有者。

正如汉斯曼所明确指出的，强调企业归其惠顾者所有，首先否认的是企业归其纯经营管理者所有的所有权结构。像汉斯曼所研究的那种大型企业，其内部通常实行"统治性"的指挥命令关系甚至等级制组织，这导致每个企业的内部都会有一个或少数几个组织指挥日常经营管理工作的最高经营管理者，如现代股份公司的董事长总经理等。如果这种最高的经营管理者正好同时也是同一个企业的某种惠顾者，如企业自有资金的供给者，而该企业的这种惠顾者又是该企业的所有者，这样的企业内最高经营管理者同时就是同一企业的所有者和最高领导者。但是，如果企业内的最高经营管理者不是企业的任何一种惠顾者，那么他就是企业的一个纯经营管理者。现代股份公司中的那些没有在公司中持有任何股权的董事长、总经理，就是这样的纯经营管理者。汉斯曼强调的是，企业的这样一个纯经营管理者通常都不是企业的所有者。

汉斯曼承认，从理论上来说，一个企业的所有者可以完全不是该企业的惠顾者。这种企业可以以借贷的方式取得其所需的全部资本，并以借入的资本在市场上买入其他生产资料、卖出其产品，这种情况下的企业所有者基本上就像弗兰克·奈特（Frank Knight）在其经典著作中刻画的人物那样，是一个纯粹的企业家，他只是单纯地控制企业，并在企业卖出所有产品、偿还所有债务后获取企业的

---

① ［美］亨利·汉斯曼：《企业所有权论》，于静译，中国政法大学出版社2001年版，第11页。
② ［美］亨利·汉斯曼：《企业所有权论》，于静译，中国政法大学出版社2001年版，第12—13、15、18页。
③ ［美］亨利·汉斯曼：《企业所有权论》，于静译，中国政法大学出版社2001年版，第246、265页。

净收益。但是汉斯曼接着就指出,实践中这样的企业其实很少见,企业的所有权通常都掌握在其这样或那样的惠顾者手中。① 而汉斯曼所说的这种由"纯粹的企业家"做所有者,就是本文中所说的由纯经营管理者做企业所有者。

二 主流经济学的企业纯经营管理者所有论

在现实的私有制市场经济中,几乎所有的企业都由它的某种惠顾者做所有者,企业归其惠顾者所有是个不能否认的事实,由纯经营管理者作企业所有者是不现实的。但是也正如汉斯曼所说,根据自由交易的理论逻辑,由纯经营管理者做企业所有者应当是一种很正常的现象。这种与现实相反的理论逻辑最典型地表现在新古典经济学的微观经济理论中,那里所描述的模型化的企业,就是由纯经营管理者做企业所有者。

翻开任何一本主流经济学的教科书都可以看到,新古典经济学的微观经济理论唯一关心的是,企业会将多少非劳动的生产要素(如"物质资本"等)与多少劳动相结合,而根本无意去解释企业内部人与人之间的生产关系。它只是简单地假设,企业从"要素市场"上购买所有各种生产要素的服务,并将其结合在一起进行生产以使自己的利润最大化。企业从市场上购买其服务的那些生产要素,不仅包括土地和劳动,也包括"资本"。企业要将其最大化的利润,是一种"剩余",它是企业销售其产品的全部总收益与生产这些产品的总成本之差,而在企业生产产品的总成本之中,既包括了劳动的全部服务所获得的报酬(工资),也包括了"物质资本"的全部服务所获得的报酬(利息)。在标准的新古典微观经济理论模型中,物质资本的所有者从企业获得的唯一报酬就是资本的利息。

用这样的正统微观经济理论来解释现实市场经济中的企业,唯

---

① [美]亨利·汉斯曼:《企业所有权论》,于静译,中国政法大学出版社2001年版,第17—18页。

一可信的做法就是把微观经济模型中的"企业"解释为由一个"企业家"创建并经营,这个企业家从"要素市场"上购买所有各种生产要素的服务,并将其结合在一起进行生产,而生产的产品的销售收入与购买各种投入的支出之间的差额就是这个企业家所获得的剩余,这个剩余也就是他经营的企业的利润。在这种情况下,这个"企业家"完全控制着他所经营的企业,并将经营企业所获得的剩余净收益(利润)收归己有。这样的"企业家"当然是其经营的企业的所有者,他也正是该企业的纯经营管理者。新古典经济学微观经济理论中所描述的企业只能是由纯经营管理者做企业的所有者。

汉斯曼按照人们通常的语言习惯,将企业内的最高经营管理者就称作"企业家"。众所周知,在著名的西方主流经济学家中,最强调企业家重要性的是熊彼特和弗兰克·奈特。这自然会激起一种联想,使人们相信,熊彼特和弗兰克·奈特都会认为私有制市场经济中的企业是由纯经营管理者做所有者的。

可惜这样的看法误解了熊彼特,因为熊彼特所说的"企业家"并不是一般的企业经营管理者,也不是一般的企业内的最高经营管理者。熊彼特所说的"企业家"是他所说的"创新"的组织者,只有那些其职能是"实现新组合"即创新的人才会被他称为企业家。在他看来,所有履行了"实现新组合"即创新功能的人都是"企业家",因此"企业家"既可以是公司的经理、董事,也可以是控股的股东,甚至可以是一个"独立的"生意人、金融家、发起人。熊彼特特别强调,他所说的"企业家"并不包括那样一些企业头头、经理或工业家,他们只是运营一种已经建立起来了的生意①。而这种只是运营已经建立起来了的生意的企业头头、经理,当然可以是企业内的最高经营管理者。

---

① Schumpeter, Joseph A., *The Theory of Economic Development: An Inquiry into Profits, Capital, Credit, Interest and the Business Cycle*, Cambridge, Massachusetts, Harvard University Press, 1934. 中译本:[美]约瑟夫·熊彼特:《经济发展理论——对于利润、资本、信贷、利息和经济周期的考察》,何畏等译,商务印书馆1990年版,第74—75页。

由于熊彼特将"企业家"限定于实行创新的人当中，而将所有那些没有搞创新的企业内的最高经营管理者排除于他所说的"企业家"之外，而现实当中有相当多的企业内最高经营管理者没有搞什么创新，熊彼特对"企业家"的讨论就与企业内最高经营管理者是不是企业所有者没有什么关系，更与纯经营管理者是不是企业所有者没有任何关系。总而言之，无论熊彼特认定"企业家"是企业所有者，还是他根本不承认"企业家"是企业所有者，都不意味着他承认或是否认了纯经营管理者是企业所有者。

鲍莫尔（Baumol）曾突出地强调了熊彼特所说的创新的"企业家"与没做创新的企业管理者之间的差别。他将这种差别抽象为企业家功能与经营管理者的功能之间的差别，将"经营管理者"（manager）界定为一个监督着连续的过程使其不断提高效率的人。鲍莫尔强调，经营管理者的任务是照看可支配的过程和技术，把它们为当前的产出水平和可预计的未来的产出而适当地结合起来；他负责查看的是投入是否被浪费了，计划表和合同是否得到了履行，他做出日常的定价和广告支出决策，他照看的是接近当前的最优的安排是否事实上真的设立起来了。① 这样的经营管理者不是熊彼特所说的创新的"企业家"，但是他们的功能无疑是企业的纯经营管理者首先要完成的任务，甚至就是企业的纯经营管理者的正常功能。

熊彼特确实曾经明确地说过成功的企业家会变为企业的所有者。他指出："在正常情况下发生的事情是，企业家的成功体现于他对企业拥有所有权（in the normal case things so happen that entrepreneurial success embodies itself in the ownership of a business）；该企业通常由其子嗣继续经管，并很快就变成了因袭行业，直到为新的企业家所取而代之。"② 但是正如前文所说，由于熊彼特将没有进行创新的纯经营管理者排除

---

① Baumol, W. J., "Entrepreneurship in Economic Theory", *American Economic Review*, Vol. 58, May 1968, pp. 64 – 65.

② ［美］约瑟夫·熊彼特：《经济发展理论——对于利润、资本、信贷、利息和经济周期的考察》，何畏等译，商务印书馆1990年版，第156页，此处的译文与该书的中译本略有不同。

在企业家之外，他说成功的企业家会变为企业所有者，并不意味着他认为纯经营管理者会变为企业所有者，甚至也不意味着他认为实行创新的企业家就是企业所有者。

熊彼特说创新成功的企业家往往会变为企业的所有者，这是对历史事实的一个正确概括。但是这些创新成功的企业家之所以能变为企业的所有者，通常是因为创新的成功给这些企业家带来了货币收入或专利之类的财产，他们将这些财产投入自己创新所兴办的企业，因此而变为企业的所有者。创新成功的企业家也可能因此争得了合伙制企业合伙人的地位或股份公司的股权，由此而变为企业所有者。在所有这些情况下，创新成功的企业家都还是以企业惠顾者的身份而不是以纯经营管理者的身份成为企业所有者的。熊彼特关于企业家的学说本身不会导致纯经营管理者是企业所有者的结论。

奈特倒确实把企业内的最高经营管理者说成是企业的真正所有者，从而也认为纯经营管理者是企业的所有者。奈特的基本逻辑是：由于企业的最高经营管理者（所谓的"企业家"）为企业的其他员工承担了财产损失方面的风险，他们就换得了指挥这些员工的权利，从而就能够"雇佣"这些员工。而奈特所说的这种"企业家"就成了企业真正的所有者。

奈特说，"企业的最终所有者"是"真正拥有该企业的少数内部人"，现代公司经理只对他们"直接"负责。"强调大型公司中有大量股东肯定是错误的。这些股东中的绝大多数并不认为自己是所有者，而且也不被认为是企业的所有者。在形式上他们是企业的所有者，但实际上他们只不过是债权人。这是他们和内部人都心知肚明的一个事实。大公司实际上是由少数集团拥有和管理的，这些人充分了解彼此的个性、动机和政策。"① 这等于说，这种有大量小股东的企业并不是由股东做企业所有者，而是由管理企业的企业家做所有者。

---

① Knight, Frank H., *Risk, Uncertainty and Profit*, 1921. 中译本：[美] 富兰克·H. 奈特：《风险、不确定性和利润》，王宇、王文玉译，中国人民大学出版社 2005 年版，第 257—258 页。

奈特还论述了这样一种情况："一个人雇佣他人的劳动，借入他人的财产，他自己既不投入财产又不投入劳动。这种情况是可能的，但条件是，这个人有很高的收入能力"，他向外部要素的固定报酬提供充分的担保。① 这样的企业家是一个真正的纯经营管理者，奈特正是将这样的人视为真正的企业所有者。奈特由此而典型地表达了企业归其内部的最高经营管理者所有、归纯经营管理者所有的观点。

三　对汉斯曼的企业惠顾者所有论的评价

汉斯曼的企业惠顾者所有论是对私有制市场经济中的经验事实的正确概括。正如汉斯曼所说，几乎所有大型企业的所有者都同时是企业的惠顾者。这至少在法律上是如此。而惠顾者们的这种在法律上的所有者地位，使他们可以像股份公司的股东们那样联合起来解雇和撤换董事长、总经理那样的企业内最高经营管理者，由此来体现和保障自己的企业所有者地位及经济利益。

汉斯曼说企业归其惠顾者所有，是他对有关法人公司这种大型企业的经验事实的概括。而在实际上，私有制市场经济中的所有企业几乎都归其惠顾者所有，不仅对大型企业是如此，对中型和小型企业、对所有企业都是如此。

有文献将企业分为 Sole Proprietorship（通常译为"独资企业"，实际应当译为"单所有人企业"）、合伙企业（Partnerships）和股份有限公司（Corporations）三类②。汉斯曼说大型企业的所有者同时是企业的惠顾者，主要是对股份有限公司（Corporations）这类企业所有权归属的概括。但是汉斯曼没有谈到的"单所有人企业"和谈得较少的合伙企业，其实通常也是由其惠顾者做所有者。

合伙企业的所有者是企业的合伙人，这些合伙人通常不是企业的

---

① Knight, Frank H., *Risk, Uncertainty and Profit*, 1921. ［美］富兰克·H. 奈特：《风险、不确定性和利润》，王宇、王文玉译，中国人民大学出版社 2005 年版，第 221 页。
② *Statistical Abstract of the United States*, 2013.

出资人，就是在企业工作的劳动者，他们提供了合伙企业所使用的资金甚至劳动力。因此合伙企业的所有者也几乎都是相应企业的惠顾者。美国人说的"单所有人企业"有许多相当于中国的个体户，在这种企业中工作的基本上只有一个人，向该企业提供劳动力的这个惠顾者当然就是该企业的所有者，这个人通常也向自己的企业提供经营所使用的资金。另外一些"单所有人企业"中有许多人劳动，但企业的所有者只有一个人。日常的经验告诉我们，这种"单所有人企业"的所有者通常必须向自己的企业提供经营所需要的资金，因而是该企业自有资金的供给者这样一种惠顾者。

汉斯曼在其所著的《企业所有权论》一书中系统地阐述了他的企业惠顾者所有理论。但是他在该书中阐述的理论有两个重大的缺陷。

第一个缺陷是，汉斯曼的这本书反映了他的一个根本的思想倾向，那就是否认私有制市场经济中的企业通常都归其出资人这种特殊的惠顾者所有。他宣称："企业的所有权并不一定与资本的投入有必然的联系。"① 他在全书中一切可能的地方都强调，私有制市场经济中的企业不一定非要归其出资人所有。

而在实际上，在像美国那样的私有制市场经济国家，几乎所有的企业都由向该企业出资的人做所有者，汉斯曼说的企业归其惠顾者所有，首先就是企业归其出资人所有，对此笔者有专门的著作论述。② 就连汉斯曼最看重的雇员所有的工人生产者合作社，其筹措的大部分资本也都来源于企业中劳动者集体的资金，这种资金由初始成员的捐献、利润的积累和个人资本账户构成。③ 汉斯曼所说的那些非投资者所有的企业，如各种各样的合作社、互助企业、俱乐部等，

---

① ［美］亨利·汉斯曼：《企业所有权论》，于静译，中国政法大学出版社 2001 年版，第 15 页。

② 左大培：《解释资本雇佣劳动——突破企业理论的前沿》，经济科学出版社 2014 年版。

③ Bonin, John P. and Jones, Derek C. and Putterman, Louis, "Theoretical and Empirical Studies of Producer Cooperatives: Will Ever the Twain Meet?", *Journal of Economic Literature*, Vol. XXXI, September 1993, p. 1296.

其所有者也都是企业的出资人，只不过这些企业的所有者通常都必须兼有双重身份：他们既是归其所有的企业的出资人，又必须兼有另一种身份，如工人生产合作社的所有者还必须在归其所有的企业中工作，消费合作社的所有者通常也是归其所有的企业销售的产品的购买者，等等。

第二个缺陷是，该书为解释大型企业在什么情况下归哪种人所有而设计的理论框架不太适当。汉斯曼的这本书系统地讨论了私有制市场经济中的大型企业在什么情况下归哪种人所有。它还用开头的三章专门论述了决定企业归谁所有的规律性的因素。汉斯曼的基本论点是，哪类人做企业所有者会使交易成本最小化，通常就会由这类人做企业的所有者。他认为，从长期来看，那些使相关成本最小化的企业组织形式将最终在绝大多数的产业中取得统治地位；而如果企业把所有权配置给予其交易遭遇最大障碍——也就是因市场不完善而承担最高交易成本——的那类客户，企业的交易成本总额将实现最小化。① 这样，汉斯曼就将企业归其惠顾者所有的根本原因归之于使与企业有关的交易成本最小化。

但是，这种说法并不能准确地解释企业归其惠顾者所有的大多数现象，甚至不能令人信服地说明汉斯曼本人重点讨论的某些企业所有权结构。例如，美国的许多农村输电企业选择了消费者合作社的所有权结构，汉斯曼正确地强调这种企业在产品市场上具有自然垄断地位，但是却进一步说消费者客户拥有这种企业的所有权会使与企业有关的交易总成本最小化②。实际上，说把这种企业办成消费者合作社是由于消费者只有这样才能减少自己在购买产品上所受到的损失，能够更好地解释这类消费者合作社产生的原因。这个例子说明，在决定谁会成为企业所有者这一点上，最重要的是在同样的

---

① [美] 亨利·汉斯曼：《企业所有权论》，于静译，中国政法大学出版社 2001 年版，第 21—22 页。
② [美] 亨利·汉斯曼：《企业所有权论》，于静译，中国政法大学出版社 2001 年版，第 21 页。

与企业有关的交易成本下谁做所有者能使各方面都不受到相对于其投入产生的效用来说的损失，而不是谁做所有者能使与企业有关的交易总成本最小化。对于这方面的问题，笔者将会专门加以论述。

尽管有这样一些缺陷，汉斯曼所系统论述的企业惠顾者所有论仍然正确地概括了私有制市场经济中的经验事实。汉斯曼也大体上正确地说明了，私有制市场经济中的大型企业在什么情况下归哪种人所有。与这一理论概括相比较就可以清楚地看出，新古典经济学微观经济理论模型暗中假定的由纯经营管理者做企业所有者的企业，是完全不合乎实际的。而奈特所坚持的企业归其内部的最高经营管理者所有的观点，也不能正确地解释实际的经验事实。我们需要根据企业的惠顾者所有论对私有制市场经济中的经验事实作进一步深入的分析和阐释。

（原载《中国社会科学院研究生院学报》2016 年第 3 期）

市场经济中的公有制企业

不能靠白送公有企业来培养资本家

前些日子，在原国有和集体所有制企业"改制"的浪潮中，出现了廉价出售中小企业产权的势头。某些地方政府的官员不顾各方面的反对，强行以低得惊人的价格将公有企业的产权成批地出让给极少数个人或私营企业，甚至以罢官威胁不积极执行这一方针的人。这是一种极坏的做法，对我国的经济和社会都会带来极其有害的后果。这样做的最大害处，就是纯粹人为地制造出少数大富翁，加剧社会财富分配的不平等和两极分化。

白送公有企业会提高效率、解决就业问题吗？这是幻想。在市场经济中，出售和购买企业产权本来是常有的经营行为，在正常情况下，它是可以提高效率的。但是买卖企业产权会提高效率是有前提的，这个前提就是我们这里所说的市场经济的那种"正常情况"，而市场经济的正常情况是企业的原所有者总是想把自己的企业卖得贵一些，这恰恰是白送企业产权的对立面！如果购入企业产权的代价高到一定程度，就会使只有确信购入企业后能够提高效率的人才购入企业，这样的企业产权转让将会提高效率；而在白送企业的情况下，不能提高效率，甚至会降低效率的人都会去"购买"企业，也势必会有一部分企业落入只能降低企业效率的人手中。事实也已经证明，许多靠白送而得到公有企业的人不过是想倒卖企业而已，这种炒卖企业的做法已经使许多原来还能正常经营的企业也陷于瘫痪，企业的效率不是提高而是降低了。

白送公有企业所直接造成的最大问题，是间接地剥夺了用来补偿企业职工的社会保障资金。在传统的计划经济中，国有和集体所有企业的职工都享有大量的社会保障；这使得我们这种国家在过渡到市场经济之后，国家仍然必须向这种企业的原有职工提供大量的养老金、医疗费用等社会保障，而国家可以用于这种社会保障的资金来源却又极度缺乏。最近一些地方试图以买断工龄的办法来减少政府未来的社会保障负担：政府按公有企业职工的工龄一次性地付给职工个人一笔钱，从此不再为该职工提供养老金和医疗保险等社会保障。即使实行这种做法，政府也恰恰是在目前需要大量的资金收入。在这种情况下，政府本来应当尽可能地增加资金收入以用于职工的社会保障，而出售公有和集体所有制的企业本来是筹措资金以向这些企业的职工提供社会保障的一个非常正当的渠道。以这种方式筹措职工社会保障资金之所以正当，是因为应当在未来向职工支付的社会保障金是原公有企业欠整个社会的最大债务，而偿还这笔债务的资金当然首先应当来自这些企业，包括来自出售这些企业的收入。在这种情况下白送公有企业，不仅减少了政府可以用于公有企业职工社会保障的资金收入，而且实际上侵占了本应用于原企业职工社会保障的基金，是将可以为公有企业职工提供社会保障的资金白送给少数个人。白送公有企业产权的实质不仅是人为地制造企业原有职工社会福利基金的流失，而且是让少数人靠剥夺原公有企业的职工而致富。

最可笑的是，有人在这个问题上竟援引德国在原东德地区实行私有化的例子，大肆渲染德国政府如何向私人资本家白送公有企业产权，以此来作为应当向少数人白送公有企业产权的证据。这些人所引的德国的做法不仅不能证明白送公有企业产权正确，反而恰恰说明了中国绝不能走白送公有企业产权的道路。为了能够跑步进入资本主义，德国政府确实在原东德地区向私人资本家大量白送公有企业的产权；但是这样做的结果是少数私人资本家迅速致富，国家却必须承担原公有企业员工的一切社会福利负担，而出售企业又没有给国家提供用于这方面的资金。德国政府靠在原西德地区提高企业和个人的社会保障缴费和税收来筹措东德地区的社会福利资金，以此来每年向东德地区输送1000亿马克的财富，结果是搞得民怨沸腾，造成了迄今为止日甚一日的对执政党的不满。而老百姓的这种不满是完全有道理的，因为德国政府的这种做法等于将向人民大众收的税白送给少数资本家作他们的资本。德国的例子恰恰是向资本家白送企业失败的典型例证。德国原来是一个政府财源雄厚的高度发达国家，这样一个国家尚且被这种政策搞得陷入困境；中国这样的政府财源极窄的发展中国家如果实行这种政策，将势必会被搞得民穷财尽。

那么，在企业改制的过程中，是不是绝对不可以向个人白送公有企业产权呢？回答应当是：不是绝对不可以，但是必须把这种白送限制在极其有限的规模上；白送的不应当是企业的全部产权，而只应当是企业的部分股权；必须在极其严格和公开的法律规制下进行这种送股；得到白送的股权首先和主要的应当是原来的企业职工，他们应当得到白送的股权的大多数，这是对他们的一种补偿，因为他们过去为这些企业的发展作了贡献而没有得到足够的报酬；也可以向企业的领导，特别是已经做出了一定成绩的企业领导白送少数股权，但是这种股权只能占企业现有股权的极少数，其作用不仅是作为对企业领导成就报酬的一部分，更主要的是为了激励现任的企业领导努力地经营企业，因此不允许企业领导在离开企业之前转让这种股权。但是更为关键的是，白送公有企业股权的行为必须只能由某种特定的法律主体来实施，这种主体的经济利益、其成员的个人利益必须是与公有财产的保值和增值有紧密的正向联系的。现在的许多国有资产经营公司、企业集团、控股公司的性质就类似于这种特殊的法律主体。这种有权白送公有企业股权的特殊法律主体必须不是政府机构或政府官员，但是其转让公有企业产权的行为又必须接受专门管理公有财产的政府机构的严格监督和批准。这样才能防止超过必要限度地过多白送公有企业的股权。

其实，对于公有企业"转制"和出售过程中所出现的上述问题，笔者在将近两年之前就撰写过专文进行批评。笔者当时就指出：近年来，各地在与外商合资、对国有和集体所有制企业进行拍卖和股份合作制改造的过程中，已经和正在将大量的国有企业和集体所有制企业的产权有偿转让给私营企业和私人。这些对国有企业和集体所有制企业产权的有偿转让都是向私人出售公有企业产权的行为。笔者当时就指出，应当允许出售公有企业的产权，而且应当以法律规定保证做到这一点。但是更重要的是设计一套规则和机制，以保证公有企业产权转让有效率和不会造成公有财产的损失。

——必须使公有企业产权的出售法制化。目前对许多情况下的公有企业产权出售都没有适当的、详细的法律规定，当务之急就是抓紧立法工作，制定适当的关于公有企业产权出售的法律规定并严格地执行这些规定。这样说的出发点是，关于公有企业产权出售的法律规定必须有其非常独特的特点。这是由于直接决定是否出售、如何出售公有企业的人，并不就是公有企业的所有者。负责出售公有企业的人可能并不想使企业的卖价最大化，其结果是企业的出售很可能会造成公有财产的大量流失，而且可能严重危害剩下的公有企业的经营效率。因此，不仅应当以一般的商法或民事法来调节出售公有企业产权的交易，而且应当在一般的财产法的规定之外制定出专门适用于公有企业产权出售的法律规定。

——禁止任何一级的政府官员直接从事出售公有企业产权的交易，规定只有受严格监管的公有资产运营机构（经营公司、企业集团、控股公司、基金等）或集体财产的所有者集体有权做出售公有企业产权的交易主体，决定是否出售、在什么条件下出售公有企业。这种公有资产运营机构及其工作人员也必须处于政府的公有财产监督机构（国有资产管理局等）的严密监督之下，以防出现贪污、受贿、虚报、隐瞒以及其他损公肥私的不法行为。

——在法律上为公有企业所欠债务的债权人提供足够的保障。公有企业的购买者必须付清企业拖欠的到期债务本息，必须为其他债务提供足够可靠的私人抵押品或私人担保。否则该企业的债权人有权制止该企业的出售。

——出售公有企业必须顾及社会上的各方面利益，相应的政府机构和组织有权代表这些方面的利益制止出售某一公有企业。有这种权力的机构包括：出售公有企业必须经相应的公有资产监督机构批准，公有资产监督机构在这方面的主要任务是防止公有企业售价过低，它有权由于售价过低而拒绝批准出售公有企业；当地的劳动部门和工会有权由于出售某一公有企业过度恶化当地的就业状况而否决这一出售；企业的债权人有权由于企业的购买者不能保证向自己还债而制止出售某一公有企业；政府的财政部门和当地的社会保障资金统筹部门有权由于这种出售大大减少了财政收入或用于社会保障的资金而否决这一出售；全国性的行业管理协会有权由于出售某一公有企业会使某种产品的国内市场被外资企业所控制而否决这一出售；等等。

　　应当说，如果我们一直坚持按照前文所说的这些规则来做，就可以在很大程度上避免中小企业改制中出现严重问题。

（原载《经济管理文摘》2004年第18期，收入本书有删减）

论公有财产代管人制度

社会主义的市场经济必须是一种最适当地兼顾公平与效率的经济。在社会主义市场经济的制度框架中，必须有相当大的一部分能够同时增进整个经济的公平与效率。这样的制度框架必须能形成一种足够有力的机制，以维护和增加用于经济目的的公有财产。这种机制应该能使利用公有财产进行经济活动的企业不仅不损害，还能增加它使用的公有财产，应该使能否维护和增加公有财产成为选拔、监督和撤换企业经营者的一个必要标准。为了形成这样一种制度框架和机制，我们必须建立一种足够有效的公有财产代管人制度。这种公有财产代管人制度所服务的唯一目标，就是维护公有财产并使其尽快增值；它应当把企业的公有财产分别划归各个独立的公有财产运营机构代管；这些运营机构的唯一任务是使公有财产保值增值，其负责人的个人收入应当取决于该机构代管的公有财产的赢利情况；必须建立一套机制，使过去创利最多的企业家能够自动地担任公有财产运营机构的负责人。

一 公有财产代管人制度：必要的制度框架

在大量使用公有财产的市场经济条件下，为了增进整个社会的公平和效率，必须由独立的、非政府的公有财产管理机构代管用于社会再生产的公有财产，并且使公有财产的利益代表和管理尽可能人格化，让最合适的人专门负责维护和增加公有财产。对于市场经济中的公有财产，"明晰产权"就意味着这样一种能自主运行的、法制化的公有财产代管制度。

（一）支配公有财产的权力结构：严重的问题

公有财产是某一社会共同体的全体人民或一部分人共同所有的财产，它的任何一部分都不能划归这些人中的某个人自己所有。

公有财产面临着极为严重的管理和支配问题。对一笔公有财产的支配，就是决定如何使用这笔公有财产并贯彻这一决策。从法理上说，只有一笔财产的所有者才享有对它的最终支配权。但是，只要一笔公有财产的共同所有者的数目大到一定程度，就不可能让共同所有者中的每一个人都直接参与支配这笔公有财产的每一部分，因为那样将会使决策成本高到无法负担的程度。这样，共同所有者数量比较大的公有财产，实际上必定是由比共同所有者人数少得多的人直接支配的，不可能是共同所有者中的每一个人都直接参与对它的支配。

由于实际支配公有财产的人比它的公共所有者人数少得多，支配公有财产的人为使用它所承担的个人成本通常比其社会成本要小得多，二者之差形成了个人支配公共财产时的有害外部性。个人支配公有财产时的这种有害外部性会同时损害整个社会的公平与效率。

用于经济活动的公有财产一般采取生产资料的形式，因而占用一笔公有财产对于整个社会所带来的机会成本就是这笔物质资本在回报最高的用途上的边际生产力。有效率地使用一笔公有财产，要求在运用这笔公有财产时不仅能维护和回收它，而且能使它按其回报最高的用途上的边际生产力增值。而要做到这一点，实际支配这笔公有财产的人就必须既有足够的动力又有足够的能力去使运用公有财产的效率最大化。但是，由于运用公有财产所增加的收益不可能全部归实际支配它的个人所有，如果没有足够有效的补充制度去激励，实际支配公有财产的人就会因为与己关系过小而漠视运用公有财产的社会成本，将公有财产运用到对他个人最有利而对整个社会非最优甚至有害的用途上去。这是一种由于激励机制上的弊病而造成的资源使用和资源配置的无效率。这种激励机制上的弊病引起了双重恶果：一方面，这会损害整个社会共同体中的公平；另一方面，它更会降低整个经济的效率。多数人公共所有的财产受到了损害，而且对公共财产的这种损害只有利于实际支配公共财产的极少数人，这当然是极不公平的；激励机制上的弊病使那些实际支配公共财产而又追求个人利益的人将公共财产用于并不能最优地满足整个经济需要的用途上，这本身就是非最优的资源配置，这种资源配置会降低整个经济的效率。这种低效率的资源配置不仅表现在资源配置的结构不适应整个经济的需求结构上，表现在将公共所有的生产资料过多地用于生产社会需要不够大的产品上，尤其表现在宏观上对公共投资（以公有财产进行的投资）的过度需求，表现为利用公有生产资料进行生产的领域资本过度密集。之所以产生这种客观上的资源配置低效率，是由于在实际支配公有财产的人心目中，公有生产资料的重要性远远低于它对整个社会的真正机会成本。要消除由于支配公有财产上的弊病所造成的这些不公平和低效率，就必须使实际支配公有财产的人真正按照公有财产收入最大化的要求去支配公有财产。这又要求形成一种适当的支配公有财产的权力结构。

在现实经济生活中，需要就公有财产的每一小部分都做出详尽的决策，以具体地决定如何使用它去进行经济活动。作出并且贯彻这种决策的合法权利就是公有财产的支配权。对同一笔公共财产的支配权常常以某种方式分配于好多个不同的人中间，其中某些人的支配权是由他人授予的。公有财产支配权的这种分享方式就是支配公有财产的权力结构。一个人如果享有支配公有财产的合法权利，这种支配权除了要由公有财产的真正所有者（公共所有的集体）授予之外不再需要由别人授权，他就享有公有财产的最高支配权。支配公有财产的权力结构问题首先是谁享有公有财产的最高支配权的问题。

（二）弊端来源之一：国家机关享有公有财产最高支配权

在传统计划经济中，国家机关统一支配公有财产，支配公有财产的权力结构与国家机关的权力结构相适应，国家的最高权力机关拥有公有财产的最高支配权。传统计划经济力图靠国家机关的集中管理来消除公有财产支配上的弊病。国家机关对公有财产的这种统一支配构成了对实物的集中计划和分配的一个重要组成部分。由国家机构统一支配公有财产，这虽然不能消除公有财产的支配在公平和效率方面所存在的问题，但是却至少可以制止恶性的盗窃公有财产以使个人发财的行为，并且防止由这种行为所造成的严重的资源配置低效率。而在市场经济中，这类行为会变成极其严重的经济和政治问题。

在市场经济中，如果公有财产在社会再生产的资金中占了相当大的比重，就不可能让国家机关享有公有财产的最高支配权，更不可能让国家机关直接支配用于社会再生产的公有财产。这首先是因为市场经济是由个人和企业分散做出经营决策的经济；如果公有财产在社会再生产的资金中占了相当大的比重，由国家机关直接支配公有财产就会使国家机关的集中管理在很大程度上直接决定着市场经济的运行状况。这实际上是一种几乎由国家机关集中管理的经济，它是与市场经济不相容的。更重要的是，任何稳定的政治体制都不可能容许国家机关的活动以最大化在销售中获得的利润为目的，更不可能容许政府官员的个人收入与其管理的资产的赢利相联系。而在这样的政治体制下，实际支配公有财产的政府官员势必会低估公有财产对于整个社会的机会成本，不会按照公有财产收入最大化的要求去支配公有财产。这样，如果由政府机关在市场经济中直接支配公有财产，前边所说的那些由于激励机制不当所造成的公有财产支配上的弊病就都会发生。

国家机关处理问题的特有方式使它对公有财产的直接支配不可能适应市场经济的环境。国家机关办事的特点是按规定、按程序处理问题，市场经济中的企业要解决的问题却往往是需要立即解决的、没有一定成规可循的。在市场经济中，企业经营的好坏不仅取决于是否有好的企业家负责经营，尤其取决于企业是否有经营的自主权。这是因为企业在从事具体的生产和经营活动，只有企业的领导才清楚，为了达到某个经营目标，企业应该使用多少资金，可以达到多高的资金回报，应该雇用多少员工，给职工多高的报酬。而且市场是千变万化的，一有拖延就会失去盈利的机会。在这样的经营环境中，如果只能通过国家机关按一定的规定和程序来支配企业需要使用的财产，企业将无法在变化多端的市场经济中生存。为了及时抓紧利用市场经济中稍纵即逝的每一个盈利机会，必须给予企业负责人（公司经理或厂长）很大的经营自主权和决策权。这样一来，资本的所有者如果不是自己本人直接经营企业，他们及他们的代表就只能干预企业的极其重大的又有着长期意义的经营决策，并主要是通过影响企业负责人的任命和撤换来迫使企业将维护和增加自己的财产作为必要的经营目标之一。

在市场经济中，国家机关也可以保留自己对公有财产的最高支配权，而委托企业经营者去直接支配公有财产。在这种情况下，政府机构通过间接的方式来支配公有财产。它把公有财产委托给企业支配，自己则只管任命企业的负责人。在这种情况下，企业直接支配公有财产，政府机构则通过任命企业的负责人而间接影响对公有财产的支配。这是经济改革以来在我国最流行的一种公有财产管理形式。但是，这样一种支配公有财产的权力结构有一个致命的弊病，只要国家机构在市场经济中享有公有财产的最高支配权，就不可避免地会存在类似的弊病：由于政府官员合法收入的数额不可能直接取决于公有财产盈利的数额，参与任命企业负责人的政府官员手里掌握的就是"廉价投票权"或"廉价选票"。这种廉价选票是不承担企业经营风险的，它所赋予的表决权与企业的剩余收益没有正相关关系（张维迎，1994）。这种廉价选票所授予的权利就是一种"廉价投票权"，廉价投票权对投票给企业经营所造成的后果不承担责任。掌握着廉价选票的人通常不会根据使企业剩余收益最大化的要求来参与企业家的选拔，而是根据自己的某些不利于企业经营效率的个人考虑来影响企业负责人的选拔。在这样一些不利于企业经营效率的个人考虑影响下选拔出来的企业家，不会真正努力为维护和增加财产所有者的财产而工作。当政府机构对任命企业的负责人有重大影响时,政府官员必然掌握着选拔企业家的"廉价选票";这多半会扭曲公有财产代管机构对选拔企业负责人的影响,使得使用公有财产的企业的负责人没有足够的动力去维护和增加公有财产。政府机构影响企业负责人选拔的两种做法都同样会产生这种后果,而政府机构只能以这两种做法来参与选拔企业负责人。

一种做法是事先发布详尽的法令规章,详细地规定担任使用公有财产的企业的负责人所必须满足的各种条件,再由政府的机构按照这些规定来任命企业负责人。这是官僚机构管理事务的通常做法。但是,这种选拔企业负责人的做法有一个致命的弱点:用这种方法不可能把最合适的人选拔到企业领导的岗位上来。到现在为止,人类智慧的发展水平还不允许我们列出具体而详细的条文来说明什么样的人最适合领导企业。年龄、相貌、言谈、举止都不是判断一个人能否成为优秀企业家的依据,甚至学历、文化、工作的勤勉程度也不是做这种判断的可靠依据。一个人是否适于做企业家,通常是无法根据那些容易在法律上确认的特点(如学历、经历等)来确定的。在这种情况下,无论按什么样的规定条件选拔企业负责人,都不可能找到经营企业的最合适人选。在按详细的规定条件来选拔企业负责人时,决定撤换、留用还是进一步重用一个已经担任过一个时期企业负责人的人还是比较容易的,这种决定可以以他过去经营企业的业绩做依据。但是,在决定是否让一个过去没有领导过企业的人去负责企业的经营时,按规定条件选拔企业负责人的做法将会碰到极大的困难。没领导过企业的人不会有经营企业的业绩可做选用的依据;其他的选拔标准又都极不可靠。我国还曾经试行过"资产经营责任制",根据竞争企业领导职位的人所承诺的资产增值量大小来确定由谁担任企业负责人。这种做法实质上是以自称的经营能力为标准来确定企业负责人。由于使用公有财产的企业的负责人在经营失败后不会受到个人财产的损失,这种根据自称的经营能力来确定企业负责人的做法将会使敢于自吹而经营企业的能力并不强的人占据企业领导职位,也不是一种可靠的选拔企业负责人的方法。更严重的是,这种根据统一规定的条件来确定企业负责人的做法还常常会扼杀优秀的企业家。例如,这类规则中一般都会规定企业负责人的退休年龄,这种规定常常使仍然有能力很好地经营企业的人让位给能力差得多的人。其实,市场经济的经验证明,选拔非所有者去经营企业靠的往往是负责任的内行人的直觉。对这些不是所有者而又负责企业经营的人的考察、观察和判断,负责任的内行人的直觉往往比统一规定的条件更可靠。如果不是由负责任的内行人靠直观的感觉和判断自主地选择企业负责人,而是根据法律上容易确认的事实和特征来任命和撤换企业负责人,那就往往会选出一些能力比较低的平庸之徒来负责企业的经营。这必定会降低公有财产的使用效率。此外,无论法令和规章规定的条件多么严、多么细,只要政府机关参与确定企业负责人,政府官员个人的主观判断和好恶就会有在确定企业负责人上发挥作用的余地。这样,即使政府机关按照统一规定的详细条件来参与决定企业负责人,政府官员也常常会根据自己的某些不利于企业经营效率的个人考虑来影响企业负责人的选拔。

政府机构影响企业负责人选拔的另一种做法是由政府官员甚至政治家个人自行斟酌决定选谁为企业负责人,他做的这种选择不必符合事先统一地详细规定的许多条件。这种做法在选拔企业负责人时给政府官员或政治家个人的直觉留下了充分发挥作用的余地,但它并不能保证选拔最合适的人来担任使用公有财产的企业负责人。这是因为,要使那种靠个人的直觉选拔企业负责人的做法有利于提高效率,能影响企业负责人的选拔的人就必须是负责任的内行。没有这种负责任的内行来选择企业负责人,就绝不可能保证由优秀的企业家主管企业的经营。而政府官员和政治家通常都不会是企业经营上的内行,他们往往不知道什么样的人是最好的企业家;更重要的是,正如前边一再指出的,由于政府官员的个人收入不可能直接取决于公有财产的增值情况,政府官员没有足够的动力去根据维护和增加公有财产的需要而选择企业负责人。在最有利的体制框架下，政府官员或政治家也可能关心最大化公有企业的利润，其目的是由此而增加政府的财政收入，甚至增加可供官员个人开支的资金。在我国最近十几年乡镇企业的发展过程中，许多地方政府的官员就是出于这种动机来选择乡镇企业负责人的。

总之，对于在市场经济中利用公有财产进行经营的企业来说，只要参与选拔企业家的人与企业经营的财产收益没有直接的利害关系，参与选拔企业家的人就持有了"廉价选票"，他在参与选择企业负责人时，考虑的往往不是能否尽可能好地维护和增加企业的公有财产，而是能否给自己带来某些其他的个人好处。而政府机构参与选拔企业负责人的任何做法，都不可避免地会带来所有的发放"廉价选票"的制度框架所共同具有的弊病。消除这些弊病，意味着掌握公有财产最高支配权的人在参与决定企业负责人时要尽可能公正，真正依据能否尽可能好地维护和增加公有财产来选择企业负责人。而要做到这一点，有权代表公有财产参与选择企业负责人的人就必须与公有财产的保值和增值情况有直接的利害关系。政府官员或政治家是不适合这样掌握公有财产的最高支配权的。

让政府机构拥有公有财产的最高支配权，也不能避免大量的腐败现象。只要政府官员享有公有财产的最高支配权，就很难防止他们中的利欲熏心者将公有财产中饱私囊。特别是在市场经济条件下，享有公有财产最高支配权的政府官员和政治家更容易把使用公有财产的企业"非资本化"，靠损害公有财产来使自己发财致富。

国家机关掌握公有财产最高支配权所产生的上述种种弊病普遍存在于今天的我国经济中，它们是当前国有企业陷入困境的主要原因之一。要消除这些弊端，就应当使掌握公有财产最高支配权的机构和个人赢利化，使他们的合法收入与公有财产的净收益成正相关关系，使二者以相同方向变化。也只有在这样一种激励机制下，享有公有财产最高支配权的人在选择企业负责人时掌握的才不是"廉价选票"。为了建立这样一种激励机制，掌握公有财产最高支配权的机构不应再是政府机关，拥有这种权力的人也不应再是政府官员。它们应当是独立的、非政府的、受政府机构监督的公有财产代管机构和代管人，其收入应当为公有财产净收益的增函数。这样一种公有财产的管理机构和管理人，就是本文所说的"公有财产代管机构"和"代管人"。

（三）弊端来源之二：企业享有公有财产最高支配权

在市场经济中，企业是最基本的生产和经营单位，绝大部分生产和经营决策是由企业作出的。这自然会使人产生这样一种想法：企业就是最自然的"公有财产代管机构"，应当让它掌握公有财产的最高支配权。目前我国经济学界的相当大一部分人实际上持有这种观点。这种观点甚至还似乎可以从当代西方最新的企业理论中得到支持。按照当代西方企业理论中的"剩余控制权"假说，企业不仅是许多资产的所有者，而且企业本身就是由这些归它所有的资产构成的。在一个企业与别的交易方签订交易合约时，如果逐一说明该企业希望对交易另一方的资产所拥有的每一项权利，往往成本太高；由于这个原因，企业在交易合约中只是特别地说明对一笔资产的少数几项权利的分配，而买下资产的所有其他权利，享有对所有这些剩余权利的控制。而这种剩余控制权就被看作财产所有权（Grossman and Hart, 1986）。根据这种剩余控制权假说，企业的特点就在于它是它所运用的资产的所有者。按这种逻辑推论下去，使用公有财产的企业更是应该享有公有财产的最高支配权了。

但是，让企业掌握公有财产最高支配权的做法是有害的。依据"剩余控制权"假说来论证这种做法是对这一假说的误用。这一假说的本意在于说明企业理论中的一个意义十分有限的问题。它被用于分析资产控制的一体化程度如何决定，而且只讨论资产的而不是资本的所有权。为了进行这种分析，它把企业看成是资产的"一个单一的所有权单位"（a single ownership unit, Grossman and Hart, 1986），把企业是基本的所有者单位作为分析的出发点，从而抽象掉了企业与最终的资本所有者个人之间的区别。但是在现实经济生活中，企业中的控制权只能由个人来行使。其实,"剩余控制权"假说的分析前提就是:在资本主义市场经济中,作为资本所有者的个人掌握着控制企业资产的剩余权利。它明确承认股东具有对股份公司的控制权(Grossman and Hart,1986)。因此,"剩余控制权"假说并没有反过来证明独立于任何个人的企业是资本的所有者。真正的逻辑关系应当是:既然企业的特征在于掌握资产的剩余控制权,所有权又意味着购买剩余控制权,那么只是由于企业归资本的所有者所有,企业才可能是资产的所有者。

在市场经济中,企业既不应当是它所运用的一切资产的所有者,也不应当对所有生产性资产都有最高支配权。其主要原因有二:

首先,企业在市场经济中的功能,是将劳动、土地、资本等生产要素组合起来以生产特定的物品(供给产品和服务)。为了保证市场经济中的效率,企业应当以市场经济的方式购买这些生产要素的使用权;而这种交易的前提,就是要有企业的交易对手——独立于企业的生产要素所有者或支配者,包括独立于企业而支配资本的人。市场经济中的生产和经营之所以需要企业,是由于利用市场中的价格机制是要付出代价(交易成本)的,而在许多情况下,利用企业中的自上而下命令式的等级制组织协调不同人的行动比利用市场价格机制的成本低(Coase,1937)。用企业替代和补充市场的制度安排之所以能够提高效率,是由于企业的负责人对于企业具有剩余索取权,他处于一个"剩余索取者"的地位(Alchian and Demsetz,1972)。这种剩余索取者的地位意味着有效率的企业的负责人应该致力于从企业经营中获得最大化的剩余;而这种剩余则是企业经营收益减去企业按要素的市场价格为它使用的各种生产要素所支付的全部费用后所剩下的余额。但是,作为生产要素的使用者和需求者,企业的利益在于获得尽可能廉价的生产要素,而整个社会的效率却要求生产要素流向能更好地满足社会需要的企业。要在市场经济中做到这一点,生产要素就应该能在企业之间流动;严格一点说,就是应有不同于企业的主体来决定每一份生产要素交给哪个企业使用;生产要素的价格应该能反映它在整个经济中的边际生产力，这又要求有不同于企业的特定的利益主体来致力于使要素所有者的收益最大化。对于垫付在生产和经营中的财产（资本）来说，就是要有不同于企业的利益主体来追求使资本的回报最大化。只有在有了这样的利益主体之后，资本的价格才可能反映它在整个经济中的边际生产力，资本才能够在企业之间流动，也才有了适当的主体来决定资本的流动，从而使资本流向最能满足人们需要的地方，实现资源的最优配置。在这个问题上，使财产收益最大化的努力是合乎整个社会效率的要求的，是与资源最优配置相一致的。应该在社会上、在企业之外建立一种制度框架，不但保证增加各种生产要素的存量、增加垫付在生产中的资本量，而且保证由一种非企业的利益主体去掌握财产的最高支配权并使用这一权力去尽可能维护和增加财产。

其次，企业是由许多人联合而成的经济组织。企业的任何决策和行动都是由一个个具体的个人做出的，企业所支配的财产和资金也是通过一个个具体的个人来支配和使用的。但是在现代的经济和社会条件下，在一个企业中工作的人在经济上的个人生存通常并不完全取决于这个企业；没有了这个企业，在其中工作的人通常也能生存下去。除了个人已经投入一个企业中的财产之外，现代社会甚至不能要求在该企业中工作的人为企业所使用的财产的损失再承担更多的责任。在这样一种经营条件下，如果让企业掌握公有财产的最高支配权，在使用公有财产的企业中工作的人就可能做出很严重的"道德损害"行为：他们可能利用自己对公有财产的支配权，通过损害公有财产来增加个人的财产和收入。他们这样做可能会使自己在其中工作的企业倒闭，但是只要这样做能增加他们个人的财产和收益，他们仍然会这样做。这样的行为在这种企业的负责人中显得特别突出。他们在领导企业的经营活动时不仅没有足够的动力去维护和增加企业所使用的公有财产，而且往往还会给这些公有财产造成直接的损害。企业负责人的这些有害于公有财产的行为可以分为两类：一类是所谓的"自发的私有化"，利用一切不合法的手段直接或间接地把公有财产变为自己的私人财产,用各种方法靠损害公有财产而使自己致富;另一类则是所谓的"非资本化",这就是通过损害和减少企业所使用的资本金来帮助本企业的职工增加个人收入。这种"非资本化"行为即使没有直接增加企业负责人的个人财产和收入,也间接增进了他个人的利益,同时却没有给资本所有者带来好处:这样做可以使企业负责人在职工心目中成为"好人",得个"好人缘",至少可以减少他监督职工劳动的辛苦,节省他的精力。

这种损害企业使用的公有财产的"道德损害"行为在向市场经济过渡的过程中极为普遍地存在着,在最近几年我国的"产权交易"中也大量出现。在市场经济中,产权交易本来是一种必要的正常活动。但是当享有公有财产最高支配权的人不能随着公有财产的维护和增加而增加其收入时,"产权交易"必然变成廉价出售甚至赠送公有财产,变成合谋盗窃公有财产。在这种情况下,弊病不在于"产权交易"本身,不在于用公共所有的产权去做交易、出售公有财产,而在于负责出售公有财产的人没有动力从产权交易中为公有财产取得尽可能多的收益,反而是为了保障本企业员工的工资、奖金而牺牲公有财产,甚至是为了增加自己的财产和收益而损害公有财产。

要制止这种损害企业使用的公有财产的"道德损害"行为,办法之一是由公有财产的集体所有者们授权国家机构去监督和检查支配公有财产的各种活动,制止损害公有财产的行为,惩处那些损害公有财产的人,取消他们对公有财产的支配权。正是根据这样一个思路,我国成立了国有资产管理局。在防止恶性的国有资产流失上,国有资产管理局正在发挥着重要的作用。但是光靠国有资产管理局是不可能有效地维护和增加企业的公有财产的。一般地说,单纯靠政府机构来监督、制止和惩处绝不可能扼制对公有财产的损害。监督和检查的活动要耗费大量成本;特别是由于支配公有财产的活动是由企业中的个人做出的,处于经济活动之外的政府机构监督和检查起来代价就会更大。如果政府机构为了便于监督和检查而直接介入对公有财产的支配,还会引出政府机构支配公有财产的一切弊病。

另外，政府机构的监督、检查特别是制止和惩处都必须依据一些事先具体规定的条文，这些条文多多少少都有可能妨碍以至消除一些能提高效率的经济活动。这样，监督、检查、制止和惩处在具体操作中势必会在某种程度上限制企业的经营自由，减少企业活力。一般来说，那些具体规定的监督、检查、制止和惩处的条文越多越严，政府官僚机构的干预所造成的效率上的损失就越大；但是，这种条文越少越松，直接侵吞或盗窃公有财产的现象又会越严重。这成了一种典型的两难处境。总的来说，要保证公有财产不受到严重的侵害，就不能没有政府机构的监督、检查、制止和惩处；但是为了提高经济活动的效率，又需要尽可能减少政府的这种监督和干预。这样，我们就应该寻找别的方法来更有效地维护和增加公有财产。

我们前边的分析已经证明，企业之所以不适于掌握公有财产的最高支配权，是因为企业本身的利益不会使它自动去尽可能好地维护和增加它使用的公有财产。必须有独立的机构和个人去维护和增加公有财产，它们独立于企业之外，其收入完全取决于公有财产的增值情况。就是在私有制的市场经济中，只要一个企业的资本所有者不同时经营该企业，经营企业的人（经理等）也不会自发地把尽可能维护和增加资本所有者的财产作为经营的主要目标。在这种情况下，资本所有者把企业负责人的任命权掌握在自己手中，同时又给予企业负责人以优厚的报酬，通过任命和撤换企业负责人来迫使他为维护和增加自己的财产而努力工作。当然，从达到尽可能高的经济效率的角度来考虑，企业负责人（经理）是否应该仅仅为最大化资本所有者的净收益（股东的利润）服务，在理论上还是一个悬而未决的问题（崔之元，1996）。日本在第二次世界大战后经济增长极快的时期，以股份公司为形式的大企业也具有劳动者管理型企业的特征，公司的经营目标在相当大的程度上是最大化公司的核心劳动者的人均收入。尽管如此，就是在这个时期的日本，资本所有者（股东）仍然对企业经营施加着他们的影响：大企业仍然必须能够维护并增加所有者的财产，使资本所有者享受丰厚的利润，提供令股东们满意的股票收益（小宫隆太郎，1995）。前文已经指出，市场经济中的公平和效率都要求按照资本的边际生产力维护和增加资本所有者的财产。要做到这一点，企业负责人必须有足够的动力来努力增加资本所有者的净收益。当企业负责人本人不是它所使用的资本的所有者时，为了保证企业负责人的经营自主权，就必须建立一种委托人—代理人关系，它类似于股份公司的股东与经理之间的关系，通过任命和撤换企业负责人来迫使他去尽可能增加资本所有者的净收益。这种委托人—代理人关系不一定意味着由资本所有者来任命企业负责人，但是却一定意味着资本所有者对企业负责人的任命和撤换有足够大的影响，以迫使他对维护和增加自己的财产给予足够的注意。在保存着生产资料公有制的市场经济中，必须由企业之外的独立的机构、独立的个人来掌握公有财产的最高支配权；这些公有财产的最高支配者也正是通过影响以及决定由谁来担任企业经营者（企业的最高管理人员）来迫使企业及其负责人对维护和增加公共财产给予足够的注意。而我们现在经济中的最大弊病就是没有撤换和任命企业负责人的适当机制，不能通过撤换和任命企业负责人来足够有效地维护和增加公有财产，从而使不能充分有效地维护和增加公有财产的人大量占据着企业负责人的位置。

要消除上述弊病，就必须建立独立的公有财产代管机构，让它享有公有财产的最高支配权。它对公有财产的最高支配权，一方面体现在有关它支配的公有财产的重大决策（如数额很大的投资）必须经过它批准；另一方面体现在它代表公有财产所有者的利益而参与决定企业的负责人。为了防止公有财产代管机构使用廉价选票，它的经费及其负责人的收入都必须与其支配的公有财产的净盈利有很强的正相关关系。

显然，类似于目前的国有资产管理局这样的政府公有财产监督管理机构不适于充任独立的公有财产代管机构，更不适于直接参与决定企业的负责人。国家的公有财产监管机构是政府机关，它同任何政府机构一样，只能按照事先规定的法律规章办事，其收入也不可能取决于它所管理的公有财产的净收益。由于收入不与公有财产净收益正相关，政府的公有财产监管机构掌握的也是"廉价选票"，它选出的企业负责人不可能有效地维护和增加公有财产。政府的公有财产监管机构充其量只能起到有效的监督和检查作用，制止和惩处那些明显的盗窃公有财产的行为。

最近几年我国兴起了股份制热潮，国有企业以及乡镇企业都纷纷在进行股份制改造。但是股份制本身并不能解决公有财产的代管问题，不能消除前文所述的各种弊病。除非彻底实行私有化，将公有股都分为个人所有，否则股份制企业必有一部分股份为公有财产。对这部分公有股来说，同样有一个谁掌握公有股支配权的问题。这也就是谁代表公有股的问题。目前讨论的谁在股份制企业中代表公有股的问题，实际上就是如何建立一套制度化的做法来代管公有股的问题。其实不仅应该在股份制企业的董事会中有公有股的代表，在股东大会这个层次上公有股也应当有充分有效的代表。股份制本身只是使不同的财产所有者能以有效的方式合作兴办企业；它至多使企业可以同时使用公有财产和私有财产，却并没有表明应当由谁代管公有财产。在股份制下，公有财产同样可能没有明确的专门代管人或代管机构；它的代管人也同样可能没有足够的动力去维护和增加公有财产。在这些情况下，股份制可能会给公有财产造成更严重的损害。如果股份制企业有一大批积极的私人股东，却没有人来积极地维护公有股的利益，则私人股东的积极活动很可能导致股份制企业具有许多奇特的行为，这些行为会损害公有财产而有利于私人股东。而如果股份制企业中的公有股代表是由政府机构任命的，则我们前文所说的政府机构任命企业负责人的各种弊病将会在股份制企业中重现。在法国的国有企业中，这种情况就表现得很明显。

上述的所有分析都说明，为了使整个经济有充分的效率，为了有效地维护和增加公有财产，我们必须建立起一种独立的、能自行运行的公有财产代管人制度。在这种制度下，由于政治和社会方面的考虑，少数公有财产可能还要留归政府机构直接管理。除了这少数公有财产外，绝大多数公有财产都应当划归独立的、非政府的公有财产代管机构代管。这种代管机构的经济收入应当取决于公有财产的净增益；应当由有足够能力的个人负责管理这些公有财产代管机构。只要不将公有财产划归这种代管人代管，我们就永远不可能摆脱下述的两难境地：要么是使用公有财产进行经营活动的企业和个人大量吞噬公有财产；要么就是由政府的官僚机构按照僵死的规章和程序来支配公有财产，造成严重的低效率，并且由掌握着"廉价选票"的政府官员任命不能维护和增加公有财产的人去经营企业。

二　获利最多的企业家：合格的公有财产代管人

有关部门最近设计的国有资产管理体制改革方案主张，将国有财产（公有财产）的管理和使用纳入一种有三个层次的组织结构：第一个层次是政府的国有资产监管机构，它就是目前的国有资产管理局或将来的国有资产管理委员会，行使政府机构的监管职能；第二个层次是国有资产的运营机构，它负责运营受托范围内的国有资产，在经济生活中行使所有者的绝大部分职责，从事营利性的资本经营活动；第三个层次是使用国有资产进行经营的企业。根据这种改革方案，许多地方已将行业主管机构改组为国有资产经营公司或对行业性总公司实行国有资产授权经营，其中的70家平均净资产为14亿元（《光明日报》1995年11月15日第4版）。上述改革方案和举措在国有资产管理体制的改革上向着本文论述的那种正确的方向迈出了重要的一步。

但是，上述改革方案和举措仍然没有解决两个根本性问题：如何激励国有资产运营机构及其负责人尽可能好地履行其职责；根据什么原则去选拔、任命和撤换那些国有资产运营机构的负责人。

国有资产运营机构的负责人享有国有资产的实际支配权，他们参与决定由谁来担任使用国有资产进行经营活动的企业的负责人。我们可以称这些国有资产运营机构的负责人为"国有资产代管人"，显然，他们的能力和努力程度在一定限度内会决定国有资产保值和增值的程度。

国有资产代管人的行为方式如果不是去追求尽可能快地使国有资产增值，国有资产的运营就不可能有效率。本文已经指出，要想使一位代管人充分负责地履行其职责，就必须使他的责任、利益与他的管理权相对称。这意味着要使他个人利益的变动与他代管的财产的保值增值情况相对应。他个人的利益包括了他的地位和经济收入。为了使国有资产运营机构和国有资产代管人有足够的动力谋求尽快增加国有资产的价值，国有资产运营机构的经营经费、国有资产代管人的个人收入都应当与他们运营的国有资产的增值情况挂钩。

但是，在这样的激励结构下，只要国有资产代管人不必抵押足够多的私人财产来承担国有资产运营的风险的话，国有资产代管人的职位就会成为一个人人都渴望得到的"肥缺"：如果运营国有资产盈利了，国有资产代管人可以得到丰厚的个人收入；如果运营的国有资产出现亏损，国有资产代管人却不必承担私人的任何财产损失，至多不过失掉了当期的个人收入。这样一来，势必有许多无能之辈出来争夺国有资产代管人的职位。许多人本来没有能力管理和经营好大笔的资产，这时也会挖空心思以致做出不可能兑现的承诺来争取担任国有资产代管人。而由这样的无能之辈来担任国有资产代管人，势必会降低国有资产的运营效率，使国有资产不能充分地保值和增值。国有资产代管人如果没有良好的素质、没有足够的能力，就不能正确地决定如何运用国有资产，就不可能选拔优秀的企业家去担任企业的负责人。这样，问题的关键就落到了选拔、任命和撤换国有资产代管人的原则上，它决定了国有资产代管人的素质，某种程度上也决定了他们的行为方式。我们的原则是必须保证尽可能让最有能力的人来担任这一职务，让最够资格的人去担任国有财产的代管人。

只要我们不让大资本家来代管国有资产，就不可能让国有财产代管人以个人财产来承担国有财产运营中的损失。这样一来，我们至多只能做到两点：让最有能力的人担任国有财产代管人；让国有财产代管人尽可能努力地为国有财产的保值和增值而工作。但是，如果我们做到了这两点，也就达到了不可能再做得更好的程度，也就没有必要让国有资产代管人去承担国有财产运营中的损失。后一点比较容易做到，方法是：让国有财产代管人代管的国有财产完全随着这笔财产的盈亏而变动；使他的个人收入完全取决于他代管的国有财产的净盈利。这样一来，不仅国有财产代管人现在的个人收入，而且他个人的地位和将来的个人收入都取决于他代管的国有财产的盈亏状况；他不可能不为国有财产的保值和增值而努力工作。剩下的问题只是如何保证让最有能力的人担任国有财产代管人。

什么人具有最强的管理和运营大笔财产的能力，这是世界上最难确定的事情之一。不仅相貌、言谈、举止、年龄不足以成为确认最好的财产管理人的依据，我们甚至不能依据学历、文化水平、工作是否勤勤恳恳等来判断某人是否能管理和运营好大笔的资产。到目前为止，我们还不能列出具体的条文来说明，符合哪些条件的人有最强的管理和运营好大笔资产的能力。在这种情况下，我们只能利用"声誉"在经济生活中的作用，建立一种"声誉机制"。作为这种机制基础的基本思想是，过去的业绩才是管理和运营财产的能力的最好证据；某人过去管理大笔资产获取了很多盈利，这应当就是最好的证据，证明他能够管理和经营好大笔的资产。但是这里会出现一个循环论证的问题：那些过去从来就没有以所有者或其代理人的身份活动过的人，又怎么能证明他是否有管理和经营好大笔资产的能力？实际经济生活对这个问题的回答是：那些直接管理着企业、利用大笔资产去经营并获得许多盈利的企业家，应该说就具备了管理和经营好大笔资产的能力。他们过去所获得的盈利就是他们拥有管理和经营大笔资产能力的最好证明。而在资本主义市场经济中，大的资本所有者最初本来也是靠经营企业成功而上升到这个地位上去的。

现代的经济靠巨型的企业做支柱，这些巨型企业的经理本人往往没有巨额的财产。在这样的经济中，完全可以从没有巨额自有财产的人中找到合格的财产代管人，而且鉴别这种人的标准也非常简单，这就是：过去在竞争环境中获得了成功的企业家必定是够格的财产代管人，他成功的标志就是他已经获得了足够多的净利润。

让在经营中长期取得成功的企业家去负责国有资产运营机构，做国有资产代管人，并且把他们的个人收入与代管国有资产的效率紧密联系起来，这也会最有效地保证让尽可能优秀的企业家去管理国有企业。我们前边的分析已经证明，即使由谁担任企业负责人不是仅仅由公有财产代管人决定的，公有财产代管人对决定由谁担任企业负责人也应该有足够的影响力。当然，判断什么人具备优秀企业家的素质，是一个更加难以解决的问题。优秀企业家素质的最可靠证据，仍然是企业经营的业绩。在给予了足够长的时间去让一位企业领导人取得经营业绩之前，没有人能够百分之百准确地判断，这位企业领导人是否具备了优秀企业家的素质，即便是最好的财产所有者或其代理人也不具备这种能力。但是，一个好的财产管理人却可以比较准确地判断，某人是否有可能具备优秀企业家的素质；他也能够成功地诱导并控制他选出的企业负责人，使其尽可能努力地为财产的增值而工作；他还能够及早发现并撤换不合格的企业负责人，及早纠正自己在选拔企业家上所犯的错误。

我们可以把优秀企业家的素质归结为两种来源，一种在一定程度上可以说是天赋，如敏锐的洞察力、及早作出盈亏计算的能力、在复杂多变的形势中及时做出正确决策的能力等，它们是做优秀企业家的潜在可能性；另一种则是学到的知识和积累的经营经验。后者是要有了经营企业的机会才能得到的。而有了经营企业经历的人当然也会有经营的成果，人们可以依据这些成果来考察他是否具备优秀企业家的素质。这样，对那些已经有过经营企业经历的人，判断他是不是个优秀的企业家是相对容易的。而对于一个财产管理人来说，最困难的问题倒是判断没有经营企业经历的人是否有足够的天赋，能够发展成优秀的企业家，从而给予他经营企业的机会。

在这方面，我们可以提出这样一个命题：在多次的接触中，负责任的内行有很大的可能性观察到个人身上具有的成为优秀企业家的天赋和潜在可能性，因而完全有可能从没有自有资本的人中选拔出可能培养成优秀企业家的人。西方市场经济的实践可以证明这一命题的可信性：如果负责任的内行不能判断出某个人是否有成为优秀企业家的潜在可能性，当代西方的那些大公司就不可能在那些本人财产不多的人中选拔出优秀的经理人员。选拔的正确与否可以由被选拔者以后的工作业绩所证明。为了减少风险并利于逐步培养工作能力，被选拔经营企业的人通常都要经历一个长期的逐步提拔过程，一步步从低级的经营管理人员上升为企业的最高领导。而在这样的提升过程中，每一步的提拔都是以前一阶段的经营业绩为依据的。这样一种根据业绩逐步提升的过程保证了尽早纠正最初选拔的错误，并使有成为优秀企业家潜在可能性的人能够逐步成长为真正的优秀企业家。从本质上说，由风险基金提供资金的风险公司也是按这条道路发展的。在这种情况下，风险基金担负的角色是选拔和培养企业家，风险公司本身则代表着主动地谋求自我发展的企业家。在风险基金为风险公司提供了最初的创业资金之后，风险公司如果经营成功，风险基金可能会进一步向它提供资金。风险基金之所以进一步提供资金，就是因为该风险公司前一阶段经营的成功说明了它极可能是一个回报率很高的企业。

要使前文所述的这一套选拔优秀企业家的机制充分发挥作用，关键的条件之一是：负责选拔企业家的人掌握的不是"廉价投票权"，他出于自身的利益而根据能否有效地维护和增加所有者的财产去选定企业的负责人。在这样一种激励机制下，那些从成功的企业家成长起来的财产管理人在选拔企业负责人上有着巨大的优势：多年积累起来的经验使他们具有敏锐的直觉，能够比较准确地判断一个没有经营企业经历的人是否可能有足够的天赋，从而给有发展前途的人以经营企业的机会；他们会成功地诱导和控制自己任命的企业负责人，使其努力增加财产的收益，并及早撤掉实践证明是不合格的企业领导。

让过去盈利最多的企业家担任国有财产代管人，这还会对使用国有资产的企业的负责人造成追求利润的巨大激励。国有财产代管人参与决定企业负责人，因而在一定程度上是企业负责人的上级或"老板"，大多数企业负责人都会愿意最终上升到这种"老板"的地位上去。如果没有表现出使国有资产增值的能力就可以升到国有资产代管人的位置上去，企业的领导就会把精力放到别的活动上，而不会集中精力去增加企业的利润。

正因为如此，应当把由成功的企业家担任国有资产运营机构负责人作为一条原则明文规定下来。经过十几年的经济改革，各地都涌现出了一批能够成功地使国有资产保值和增值的优秀企业家；应当给这样的优秀企业家以更大的权利、更高的地位，使他们掌管国有资产的运营机构。即使一个地方还没有出现非常成功的国有企业经营者，只要我们在现有的国有企业经营者中选出相对最成功者掌管国有资产运营机构，就会促使国有企业的领导更努力地为国有资产保值和增值而工作，并使成功的优秀企业家很快地大批涌现出来。

还必须指出，上述原则也应当同样适用于大多数集体所有制企业的财产管理。目前我国城市和农村的集体所有制企业，其财产在名义上是"集体"的；但是对于绝大多数这一类企业来说，作为财产所有者的那个"集体"到底包括哪些人是极其不明确的。到目前为止，这些集体所有制企业的财产实际上是由政府机构代为管理的。近几年许多乡镇企业实行了股份合作制改造。在这种改造中，一部分股份"量化"给了个人，这部分股份实际上是私有化了。而剩下的那部分仍然归"集体"所有或"公共"所有的股份到底怎样管理，对此并没有明确的解决办法。为了保证这部分集体所有的财产仍然能够保值和增值，最好也把它们划归不同的资产运营机构，由成功的企业家分别代管这些资产运营机构。这样，我们不仅要有国有资产运营机构，而且还要有集体资产运营机构，它们都是"公有资产运营机构"。全权领导这些运营机构的人应该都是过去成功的企业家,他们在领导公有资产运营机构时就是公有财产代管人。

只有让成功的企业家全权领导国有资产运营机构,才能真正贯彻好中央的"抓大放小"战略,搞好国有大企业,放开搞活国有中小企业。"抓大放小"战略允许不再维持现有的国有小企业,可以把它们承包、租赁或出售出去,也可以对它们进行重组。这样放活小企业的目的,是尽可能保全以至增加国有资产的价值。而要做到这一点,就必须让有能力、负责任的人来管理国有资产的运营。否则,"抓大"很可能并没有增加国有大企业的活力,"放小"却加剧了国有资产的流失。可以说,正是为了贯彻好"抓大放小"战略,才需要强化国有资产运营机构对小企业国有资产的管理,并让成功的企业家来全权领导国有资产运营机构。

在目前的情况下,由于卓有成效地维护和增加了公有财产的优秀企业家还不多,最初选出的公有财产代管人可能还不太够格。但是,只要我们给予公有财产代管人以足够的激励,认真从盈利多的企业家中选拔公有财产代管人并让企业家为此进行开放式的竞争,整个体制的运行就会逐渐走上健康的轨道,产生合格的公有财产代管人。

在经过一定的过渡时期之后,应当做到:只有曾经为公有企业赚取大量盈利的企业家才能担任公有财产运营机构的领导。不具备这种资格的人,不能担任公有财产运营机构的领导。这一点应该在法律上规定下来。

三 公有财产代管人制的具体操作方案

前文所说的公有财产代管人制的设想可以化为下述的具体操作办法。

(1) 将所有的企业的全部公有财产分别划归若干个公有财产运营机构,每个这样的机构分别对一笔特定的公有财产享有排他的支配权。由公有财产运营机构管理的财产应当包括企业的国有资产和旧的集体企业的资产。负责管理公有财产运营机构的人就是"公有财产代管人"。由于公有财产运营机构不直接参与企业经营,它就不必雇用许多员工,而必须十分精干。它实际上只是公有财产代管人的一个工作班子或秘书班子。

公有财产代管人是公有财产所有者的代表,他的责任仅限于维护公有财产并使其尽可能地增值,同时他拥有所有者的绝大多数权利:公有财产代管人全权支配和使用他所代管的公有财产;他可以决定如何配置和使用他所代管的公有财产,如何用它去投资,是否以及如何出租、出借他所代管的公有财产;对用他所代管的公有财产独资开办的企业,他负责决定企业的开办和关闭、资本金与利润的使用和分配以及企业家的任命和撤换;对用他所代管的公有财产参股的合伙企业和股份制企业,他行使这部分股份的股东权利。

(2) 公有财产代管人享有独特的法律地位。他既不应当是民法中普通的自然人,也不应当是国家公务员,甚至不应当是国营企事业单位的员工。公有财产代管人不是由政府直接任命的,不享受国家公务员的待遇,也不享受国营企事业单位员工的待遇。这就是说,政府并不保障公有财产代管人的工作岗位,他的工作岗位也不应当受任何人保障。公有财产代管人的个人收入不在政府开支中列支,与政府的财政开支没有任何关系。这意味着政府并不保障他的个人收入。

(3) 公有财产代管人的个人收入应当取决于他代管的公有财产的盈利额。公有财产的监管机构(相当于现在的国有资产管理局)应当发布规定,确定一个适当的比例,公有财产代管人就按照这个比例从他所代管的公有财产的净盈利中提取他的个人收入。

在现实的经济生活中,一笔资产的净盈利难免会发生波动:某一年多一些,某一年少一些。为了避免这种波动发生不良影响,可以将公有财产代管人的收入分为两大部分:日常性收入和长期中的一次性奖励。日常性收入又可以再分为两部分:一部分是每月固定数额的生活费津贴,这部分每月按时定额领取;另一部分是从其代管的公有财产的净盈利中按一定比例提取。为了保持足够的激励，前一部分固定数额的生活费津贴应当尽可能地少，其数额不能高于普通职工的工资。在长期中对公有财产代管人的一次性奖励每隔一定年限提取一次，其数额与这些年中该代管人代管的公有财产的累计净盈利成一定比例。公有财产代管人的上述两大部分（三种）个人收入的提取办法、提取比例，都应由公有财产监管机构发布指令统一规定。

（4）公有财产代管人是相应的公有财产运营机构的负责人。这种公有财产运营机构的开支就是管理和运营公有财产所需要的运营经费，它包括了这类机构所雇用的人员的费用。这类公有财产运营机构的运营经费也应当来源于它负责管理和运营的公有财产的净盈利，而且应当与这种净盈利成一定比例。公有财产运营机构经费的提取办法、它与运营的公有财产的净盈利的比例关系，都应当由公有财产的监管机构（相当于现在的国有资产管理局）发布规章统一规定。我们在前边已经指出，一笔特定财产的盈利情况在不同年份不可避免地会出现波动。为了避免这种波动对公有财产运营机构所带来的不良影响，应当为每个公有财产运营机构建立一笔运营经费基金，将净盈利多的年份所提取的过多运营经费存到这个基金中去，以供盈利少以至亏损年份运营经费不足时使用。

（5）公有财产代管人所代管的公有财产的净盈利，第一部分必须作为赋税上缴给国家，第二部分要提取做资产运营机构的运营经费，第三部分则应提取做公有财产代管人的个人收入。除去上述三部分之外，公有财产的全部净盈利都必须用于再投资，以维持并增加用于社会的再生产的资金。

（6）必须明确，公有财产代管人不是他所代管的公有财产的所有者。为了保持足够的激励，防止短期行为，公有财产代管人一旦任职就不受任何任期限制。但是，任何公有财产代管人都不能将其职位传给自己的后代或亲属，也没有指定自己继任人的法定权力。

公有财产监管机构（相当于现在的国有资产管理局）只能依据事先统一规定并颁布的法律规章，在有充分的证据证明某个代管人有故意损害公有财产的行为或对公有财产经营不善时，才能中途撤除他的公有财产代管人职务。除了上述的特殊情况之外，公有财产代管人可以在自己的职位上一直工作下去，直到其自然死亡或根据医学上的生理检查丧失了管理能力时为止。

（7）能否正确地选拔和任命公有财产代管人，是这套公有财产代管制度能否有效运行的关键。应当让成功的企业家们去竞争公有财产代管人的职位，并让最成功的企业家担任公有财产代管人。在公有财产代管人制度下，企业负责人在很大程度上是由公有财产代管人任命的，公有财产代管人在一定程度上是企业负责人的上司。在这种情况下，企业负责人多半都会愿意升到公有财产代管人的职位上去。而在众多的企业家竞争同一个公有财产代管人职位的情况下，决定由谁获得这一职位的主要依据，应当是企业家过去的业绩，这个业绩也就是该企业家在经营企业期间的累计净盈利。可以说，应当由最有资格的人担任公有财产代管人，而这个资格又主要是由企业家过去的累计净盈利决定的。

选拔公有财产代管人的工作应当由公有财产监管机构（相当于现在的国有资产管理局）来组织。公有财产代管人也应当由它正式任命。但是，就像成熟的民主国家中的选举管理委员会没有决定谁当选的实质权力一样，公有财产监管机构也不应当有决定由谁担任公有财产代管人的实质权力。它只有按选拔程序工作，根据一些客观数据和法律规章来确定候选人的资格的权力，并且自动地任命最有资格的人担任某一笔公有财产的代管人。

在决定公有财产代管人资格的因素中，最基本的因素是担任企业家时的经营业绩。公有财产代管人必须是一个成功的企业家，他必须已经在多年经营企业的过程中累计获得了大量的净盈利。要具有公有财产代管人的资格，还必须达到某一最低限度的年龄。运营财产所需要的工作量并不多，但是正确地选拔和任命企业家却需要有丰富的经验。这样丰富的经验,没有一定的年龄是不可能具有的。不过年龄只是一个限制性的必要条件,例如可以在法律规章中规定:代管某个数量金额以上的公有财产的人必须至少达到了某个年龄。除此以外,公有财产代管人资格中还需要考虑的就只是过去经营的企业的行业性:如果代管的公有财产基本上都已经投在某一行业,那么这笔公有财产的代管人就最好是经营该行业的企业出身的。这是因为当代的财产运营需要许多经营上的专业知识。

为了能让最成功的企业家自动成为公有财产代管人,公有财产监管机构必须为企业家建立档案,统计每个企业家已经获得了多少累计净盈利。所谓净盈利就是企业的毛利润减去贷款利息和固定资产折旧后所剩下的数额。多年累计的净盈利等于盈利年份的净盈利之和减去亏损年份的亏损之和。一个企业家的累计净盈利就是他的"可计算资格累计净盈利"。如果这个企业家还没有得到任何公有财产代管权,则这笔"可计算资格累计净盈利"就等于他担任公有财产代管人的"资格利润量"。在多个企业家竞争同一笔公有财产的代管人的职位时,每个企业家可以自由地决定,在他现有的"资格利润量"中拿出多少去竞争这笔公有财产的代管人职位。能够而且愿意拿出最多的"资格利润量"者自动担任这笔公有财产的代管人。当然,当选者必须满足前述的年龄、过去经营的行业等方面的条件。已当选的某一笔公有财产的代管人可能还会剩下一笔没用完的"资格利润量",但是在这一笔"资格利润量"中,必须扣除他在竞争这个职位时所使用过的那笔"资格利润量",这种扣除就是"已管财产扣除"。这样,一个企业家在争当公有财产代管人时所拥有的"资格利润量",就等于他的"可计算资格累计净盈利"减去所有的"已管财产扣除"。成功的企业家可以利用他剩下的"资格利润量"去争当别的公有财产的代管人,直到用完为止。

上述这套选拔和任命程序的实质,在于保证累计净盈利多的企业家能够自动成为公有财产的代管人。在这整个过程中,公有财产监管机构只做一些程序性的工作,如确认竞选者的资格利润量、组织竞选、办理任命公有财产代管人的手续等。它没有实质上的选择权，不能决定由谁担任哪笔公有财产的代管人。这就最大限度地排除了行政方面的干预，又保证了当选者的能力。

（8）对公有财产代管人实行"危机撤换"原则，只有在公有财产发生了管理危机的情况下才能由公有财产监管机构撤销某个公有财产代管人的职务。这种需要更换公有财产代管人的管理危机包括4种情况。

A. 现任的公有财产代管人由于死亡、重病、衰老等生理原因而没有能力再行使其代管公有财产的职权。

B. 有充分的确凿证据证明现任的公有财产代管人有故意损公肥私、欺骗所有者、侵吞公共财产等行为或其他违法行为。

C. 现任的公有财产代管人所代管的公有财产连续多年不能盈利，并且亏损到了一定的程度。这种不能盈利的状况到了什么程度才能撤换现任的公有财产代管人，这应当由公有财产监管机构事先以规章的形式统一规定。

D. 现任的公有财产代管人所代管的公有财产有净盈利，但其多年累计的数量过少，而又出现了能够并且愿意拿出多得多的"资格利润量"的人申请接替这一公有财产代管人职位。这是一种最需要用法律规章来限制的撤换方式，因为这种撤换的情况最容易成为行政机构任意撤换公有财产代管人的借口。必须由公有财产监管机构事先以法令规章形式统一规定，能拿出多少"资格利润量"的人才能接替累计净盈利少到什么程度的一个公有财产代管人的职位；一旦颁布了这种规定，公有财产监管机构就必须接受完全具备资格的人接管公有财产代管人职位的申请。

在这四种情况下，公有财产监管机构在任命新的公有财产代管人之前，都有权力将原来的代管人所代管的一笔公有财产划分成若干份，每份分别由一个新的代管人代管。这样做的目的，是避免一个公有财产运营机构所管理的公有财产过多而造成经济权力的集中。但是这样划小代管单位的具体运作规则，必须由公有财产监管机构事先发布的法律规章统一规定。

（9）公有财产代管人必须处于公有财产监管机构的严格监督之下。公有财产代管人并不是其代管的公有财产的所有者，他代管的公有财产的盈利也不可能全部化为他的个人收入。因此，公有财产代管人可能会有动机去以种种手法损害以致侵吞公有财产以肥私囊。为了防止发生这种损公肥私的行为，应当以法律规章规定。

公有财产代管人有义务定期向公有财产监管机构详细报告自己的财产和收入状况。

公有财产监管机构必须对公有财产代管人所代管的公有财产的运营情况，特别是账目进行严格的检查监督。

禁止公有财产代管人及其最亲密的亲属（子女和配偶）开设私人企业或以私人财产、私人劳务参与私营企业经营，不准他们从私营企业领取任何个人收入。

在公有财产代管人之间进行的公有财产产权交易必须报公有财产监管机构备案；在公有财产代管人（或公有财产运营机构）与私人或私营企业之间进行的任何产权交易都必须报公有财产监管机构备案，这种交易涉及的财产大于一定金额以上时就必须得到公有财产监管机构的批准。

如果发现了确凿的证据，证明某个公有财产代管人有伪造账目等欺骗行为、故意损公肥私的行为或其他违法行为时，公有财产监管机构有权根据有关的法律规章的规定撤销其公有财产代管人的职务，对有违法情节者还应提交法庭以法律惩处，但有关这方面的惩处规定必须事先由立法当局或公有财产监管机构以法律规章的形式统一规定；被中途撤职的公有财产代管人在规定的一定年限内不得在私营企业任职，这一点也应以法律规章的形式加以规定。

以上种种措施的目的都是：尽可能堵死公有财产代管人损公肥私的一切门路。只有堵死了这些门路，公有财产代管人才会为公有财产的增值而努力工作，整个经济也才会有效率。

（10）监督公有财产代管人是政府机构的职责，也是每一位公民的固有权利。但是除了有法律授权的特殊情况之外,任何政府机构及其成员都无权任命或撤换公有财产代管人,更无权干预公有财产代管人的合法经济活动。政府及其机构对公有财产代管人的监督和管理主要表现在两个方面:一方面是制定和颁布有关公有财产代管人的各项法律规章;另一方面是由公有财产监督机构来任命、监督以至必要时撤换公有财产代管人。而公有财产监管机构则是纯粹的国家机关,完全按国家机关的工作方式来开展工作。

公有财产监管机构的职责和权利是:

①根据国家的有关法律定期颁布统一适用的各种规章和规定,以便对需要由它来决定的各个事项作出统一的规定。本文前边的论述已经逐一说明了那些需要由公有财产监管机构作出统一规定的各个事项,如公有财产代管人的个人收入与其管理的公有财产净收益之间的比例关系等。

②进行统计、记录和监督,统计、记录、累计和考核公有财产代管人和企业负责人的业绩,特别是他们的盈利和亏损以及累计净盈利;监督公有财产代管人管理公有财产的各种活动,检查、发现、防止和惩处他们的任何损公肥私、侵吞公共财产的行为,以及其他各种违反法律规章的行为。

③在公有财产出现管理危机时组织对公有财产代管人的危机撤换,严格地按照规定的条件和程序更换公有财产代管人并任命新的公有财产代管人。

就其主要特点来说,这里所说的"公有财产代管人制度"就是笔者于1987年提出的"公有企业财产管理人制度"(左大培、邢国均,1987)。自那时以来,我国的公有财产管理制度已经有了长足的进步。目前全国各地都普遍建立了国有资产管理局,形成了一个国有资产管理局系统。但是现有的国有资产管理局在职能上与我们当初所提出的"公有企业财产管理人"是完全不同的,它实际上相当于公有财产代管人制下的公有财产监管机构。为了避免造成误解,我们只好不再使用"公有企业财产管理人"之类的名称,不再把我们过去所说的"公有企业财产管理人"称为"财产管理人"。

有关部门最近设计的三个层次的国有资产管理体制改革方案主张，在政府的国有资产监管机构与企业之间设立专门的国有资产运营机构，负责运营受托范围内的国有资产。这类中间性的国有资产运营机构，其职能基本上相当于本文中所说的"公有财产代管人"。有些人将这种国有资产运营机构称作"国有资产经营机构"。这种称呼极易引起误解，因为按照我国经济学界通常的习惯用法，经营性地运用资产的机构就是企业；而我们现在所要建立的国有资产运营机构是代管公有财产的机构，它所履行的基本上是财产所有者的职能。也正是由于这个原因，本文在讨论公有财产代管人的职能时尽量避免使用"经营资产"一类的词句。

本文只使用"公有财产代管人"这一名称，而不把它们称为"公有财产代理人"，是为了避免"代理人"这一名称所可能引起的误解。我们所说的"公有财产代管人"，并不就是理论上分析的"委托人—代理人"关系中的那种"代理人"（Agency）。从理论分析的角度看，公有财产代管人在与公有财产的真正所有者（财产公有集体的全体成员）之间的关系上也处于"委托人—代理人"关系中的代理人地位上。但是在英美法系中，"代理人"（Agency）多半是指企业的经理这类经营企业的人（《简明不列颠百科全书》，1985）。相应地，正统的西方经济理论在讨论"委托人—代理人"关系时，通常用"代理人"一词来指股东与企业经营者（董事长，特别是经理）关系中的企业经营者一方。而本文中所说的公有财产的"代管人"，在企业中的地位恰恰相当于企业的股东。

要实行本文所说的公有财产代管人制，就要建立与之相适应的法律制度。当代西方发达的市场经济国家已经形成了自己较完整的法律体系，但是这些以私有制为基础的法系能否完全容纳本文所说的这种公有财产代管人制度，仍然是一个问题。从西方发达国家的这些法系的角度看，本文所说的公有财产的"代管人"是一种特殊的"受托人"（Fiduciary），他享有民法法系中所说的那种"代理权"（Power of Attorney）。在英美的普通法法系中，这类代理权应归入信托权（《简明不列颠百科全书》，1985，"受托人""代理权""信托法"等条）。而在英美法系管辖下，本文所说的公有财产代管人应该是信托法（Law of Trusts）所管辖的一种特殊的受信托人（Trustee）。在英美法系中，公有财产代管人制不可能具有私人信托的地位，而只能是一种公益信托。这是因为私人信托存在的必要前提是有可鉴别的法律实体（自然人或法人）或一组人为受益人，而公益信托的受益人才是社会，不是可辨认的若干人（《简明不列颠百科全书》，1985，"信托法""受信托人""信托受益人"等条）；而公有财产代管人所代管的公有财产在许多情况下只能以整个社会为受益人，没有可辨认的若干人做受益人。

四 向公有财产代管人制的过渡：经济、政治可能性与过渡的步骤

要实行公有财产代管人制，就必须有实行这种制度的经济和政治可能性；即便具备了实行的经济和政治可能性，也还要有恰当的过渡步骤，才能真正建立起公有财产代管人制。

实行公有财产代管人制的可能性，一方面取决于它在经济上是否可行，另一方面则取决于它能否在政治上、社会上得到认可。

实行公有财产代管人制的经济上的可能性取决于这种制度能否使市场经济具有足够的效率。正如本文的开头所指出的，一种财产管理制度的效率在很大程度上取决于它能否有效地维护和增加所有者的财产。公有财产代管人制实行于市场经济条件下：根据前边的分析，它实际上是在市场经济条件下维护和增加用于经营活动的公有财产的唯一有效方法。不过，由于公有财产的收入不可能都化为公有财产代管人的个人收入，财产支配人的个人收入与财产收入的关系不像在财产私有的情况下那样密切，财产支配人维护和增加公有财产的动力仍然会大大小于财产私有者维护和增加私有财产的动

力。而且由于这种制度下的公有财产是在市场经济中实行企业化经营的,这就提供了相当多的贪污腐败、损公肥私的机会。为了消除腐败和贪污,需要由国家机构对公有财产代管人进行严格的监督,这又会在一定程度上降低公有财产运营的效率。由于上述这方面的原因,公有财产代管人制由维护和增加财产的动力所决定的效率将会低于财产私有制。但是另一方面,公有财产代管人的职位是不能世袭的;根据本文所设计的这一制度的运行原则,这一职位总是归于最能创造利润的企业家。这又保证了具有公有财产最高支配权的总是最能维护和增加公有财产的人。而财产私有制却必须死守所有者享有最高支配权,这种支配权作为家族的遗产而世代相传的原则,因而不能保证让最能维护和增加财产的人来掌握财产的最高支配权。就这一方面来说,公有财产代管人制由财产支配者的能力所决定的效率又会高于财产私有制,这至少可以部分地弥补由维护和增加公有财产的动力不足所造成的效率低下。由于上述两方面的因素起着相反的作用并且互相抵消,因此总的来说,公有财产代管人制维护和增加所有者财产的效能不见得会低于财产私有制,这使它具有并不低于私有制的经济效率,因而完全具备了实行它的经济上的可能性。

实行公有财产代管人制的政治可能性取决于它在政治上、社会上所能够获得的支持。而政治上、社会上所得到的支持和认可从根本上来说又取决于在多大程度上受到广大人民群众的赞同。在争取社会各阶层的赞同上,本文所说的公有财产代管人制确实有其弱点:一方面,它仍然是生产资料公有制,这就使它不能指望得到生产资料的私有者们(特别是资本家们)的支持;而另一方面,这种制度下所必然形成的企业经营方式,将会大体上保存资本主义市场经济中的企业的那种等级式的自上而下的统治关系,这就使实行这种代管制的企业中的工人不太可能有多大热情支持公有财产代管人制。正是由于不太相信社会上的广大群众会支持公有财产代管人制,笔者才在1987年提出并发表了有关公有财产代管人制的设想之后,没有花很多精力来宣传这种全新的制度设计。

但是，苏联和东欧的剧变向我们提供了足够多的经验教训，我国近年的改革实践也积累了大量的新经验。所有这些经验教训都使我们有理由相信，在大多数过去实行传统计划经济的国家中，各种社会力量的矛盾冲突最终导致的结果，最可能是类似于本文所说的公有财产代管人制的生产资料所有制。

迄今为止，苏联和东欧各国处理传统计划经济所遗留下的公有生产资料的主要办法是实行私有化。但是，无论以何种方式实行私有化，其迄今为止所造成的格局都与当初所预计的结果相去甚远。这些私有化措施导致的多半是对生产资料的公共管理。由于苏联和东欧各国的私有化主要有两种方式，它们导致对财产的公共管理的途径也主要有两条。

苏联和东欧各国实行私有化的主要方式之一是出售原来的国有资产。这是一种"拍卖私有化"，其典型是德国政府在德国东部地区所实行的"私有化政策"。我们因此可以将这种私有化方式称作"东德式的私有化"。原联邦德国政府作为统一后的德国中央政府，成立了专门的国有资产托管局，由它负责卖掉国有企业。拍卖私有化碰到的最大难题是，传统计划经济下的国有企业普遍雇员过多，而购买原国有企业的资本家们必定会解雇大量员工。为了维持政治上的稳定、减少反对拍卖私有化的阻力，政府不得不对被解雇的员工承担大量的社会保障义务。而为了筹措履行这些社会保障义务的资金，政府通过各类全国统筹的社会保障基金以至政府的财政预算每年在德国东部地区净花费1000亿马克以上。统一以前的联邦德国在生产、出口和财政金融上都是西方最有实力的经济强国之一，没有这样强的经济实力和充足的资金做后盾，政府根本不可能负担得起这样改造德国东部地区经济所需要的巨大开支（在统一后的最初几年，德国东部地区平均每人每年得到将近1万马克的补助）。但是"拍卖私有化"进行得也并不成功：尽管许多方面都批评"托管局"出售国有企业的价格过于低廉，被卖掉的也多半只是较小的盈利企业，巨型的大企业和亏损企业极难卖得出去。而在这样一个甩卖的过程中，德国东部地区的工业基础遭到了毁灭性的打击；失业的急剧增加引发的群众的激愤情绪迫使德国政府不得不宣布要保存德国东部的工业核心，在德国东部的国有企业还没有卖完的时候就关闭了国有资产托管局，而把尚未卖出的那些国有大企业组建成了公司式的企业。不难想象，这些尚未卖给私人资本的国有公司实际上只能按类似于本文所说的公有财产代管人制的方式来管理。

苏联和东欧各国实行私有化的另一种主要方式是平均分配式的私有化，其中最著名的形式就是"投资券私有化"。这种私有化方式的基本精神是，结合着对企业的股份制改造和建立股权交易制度，把原来的国有企业财产以股权的形式尽可能平均地分配给每一位公民。它的具体做法是：发给每一位公民数量相等的投资券，同时将国有企业改变为股份公司，个人可以用自己得到的投资券购买任何一个这类股份公司的股票，投资券与公司股票之间的兑换比率由市场上的供求关系自行决定。捷克首先系统而周密地实行了这种方式的私有化，因此我们可以把它称为"捷克式的私有化"。俄罗斯和波兰也都曾在不同程度上试图推行这种方式的私有化。表面上看，这种方式的私有化使财富的分配均等化，使全社会的资本完全平均地分散于所有的公民之中；但是实际上，由于大多数群众不熟悉甚至不想熟悉股票市场的运行，"投资券私有化"运行的结果导致了少数机构以至少数个人掌握全国的绝大部分股份资本。在俄罗斯，少数大企业、少数个人利用种种金融操作技巧以致半非法的手段，汇聚甚至购买了大批投资券，把大量股票集中在自己手里，掌握了许多大企业的控股权。而在捷克，虽然经济局势比较平稳，政策措施也比较周密而规范，但还是迅速形成了许多"投资基金会"。这些投资基金会利用各种金融手段筹措资金，购买或以有偿方式汇集了大批的投资券，再用这些极廉价得到的投资券换得了大量的企业股票，把大量股票集中在自己手里。少数基金会因此而在转瞬之间就变成了在金融市场上具有垄断地位的金融寡头。撇开对其他方面的影响不论，捷克的这些投资基金会和俄罗斯的这些大企业在以"所有者的代理人"的名义管理众多小股民委托它们掌管的个人资本时，它们实际上履行的就是财产代管人的职能，只不过它们不是公有财产的代管人，而是集合成一个集体的私有财产的共同代管人。就这方面来说，捷克式的私有化所造成的这些投资基金会与我们设想的公有财产代管人制只有一步之差；当然差别的这一步不但距离很大，而且可以说是一种本质上的差别。

总之，苏联和东欧各国的经验证明，对传统计划经济所遗留下来的公共所有的生产资料进行"私有化"并不能导致真正的生产资料私有制，而是导致了对生产资料的特殊形式的公共管理。

我国的经济改革走的是一条渐进的道路。由于过去的公有企业（国营企业和集体所有制企业）在向市场经济过渡中面临着巨大的困难，人们曾日益强调企业的经营自主权，强调优秀企业家的极端重要性。但是实际经济生活很快就证明了经济理论上的简单原理：如果没有人有效地维护和增加所有者的财产，企业和企业负责人的自主权会导致严重的无效率以致腐败。为了加强企业负责人的所有者意识和所有者约束，许多地方将公有企业改变为股份合作制企业，将企业的资本分股量化给个人；有的地方还在建立股份制企业的过程中，将一部分股权授予重要的企业负责人个人。这些措施都表明，许多人已经看到了企业负责人的所有者意识的重要性，想给他们提供一条道路，使他们能够上升为资本的所有者。但是，只要还坚持生产资料公有制，上述这些分股、赠股的做法就不可能普遍实行。人们将会逐渐认识到，要建立一个以生产资料公有制为基础的市场经济，就必须实行公有财产的代管人制度。

在我国目前的条件下，可以很容易地找到向公有财产代管人制过渡的恰当步骤。本文所说的公有财产代管人制不仅具有很强的可操作性，而且它们的实行可以纯粹是渐进的，能够做到极其平稳的过渡。我们可以将有关部门设计的国有资产管理方案运用到所有的公有财产的管理上，将公有财产的管理和使用纳入三个层次的组织结构，这三个层次分别是政府的公有财产监管机构、公有财产的运营机构和企业。一旦建立了三个层次的组织结构，实行前述的公有财产代管人制的全部措施就都可以看作一种人事管理上的改革：它们所要解决的问题只是公有财产运营机构的负责人如何产生、如何撤换，他有什么权利，他的报酬如何决定。这样，我们就可以平稳地甚至不知不觉地过渡到这种公有财产管理制度。

要实行这种公有财产管理制度，目前的主要问题是如何划定各个运营机构所运营的公有财产。我国的各级政府都有一些行业性的经济主管机构，如中央的冶金部、化工部，地方政府的对口厅局等。在过去的计划经济体制下，对企业的投资和融资在很大的程度上是直接由这些行业主管机构决定的，企业的负责人实际上也是由它们选定的。可以说，这些行业主管机构在很大程度上代行着公有财产所有者的职权。在当前的国有资产管理体制改革中，许多行业主管机构积极争取要成为国有资产的运营机构，这是可以理解的，也有一定的道理，不能把它简单地说成是"翻牌公司"而加以否定。如果翻牌公司真能良好地履行公有财产所有者的职能，而不只是简单地向下属企业收权、收钱，那么这种翻牌公司将会是一种进步，它不仅会有效地保证公有财产的保值和增值，而且会提高整个经济的效率。

问题不在于过去的行业主管机构是否可以变成公有财产运营机构，而在于由什么样的人来管理、怎样管理这些运营机构。在我们前面所述的公有财产代管人制下，过去的行业主管机构在精简掉多余的人员后，完全可以变成合格的公有财产运营机构。这里有待解决的问题只是单个的运营机构所代管的公有财产的大小。总的来说，一个公有财产运营机构所代管的公有财产数量既应有上限，也应有下限，不宜过多也不宜过少。一个运营机构所代管的公有财产过少，它就势必不易划清与企业的关系，倾向于直接经营企业；这样还会妨碍在投资上取得规模收益，也不利于公有财产监管机构监督。一个公有财产运营机构所代管的公有财产数量过大，就会使一个代管人所掌握的资产数量过大，这容易导致经济权力集中于少数人手中；如果这种公有财产运营机构是从过去的行业主管机构转变过来的，资产数量过大的公有财产运营机构还会导致行业性的经济垄断。因此，根据我国目前的经济状况，每个公有财产运营机构所代管的公有财产数量在几亿至几十亿元之间最为合适，资产超过百亿元的公有财产运营机构应该只是特例。

根据上述标准，对于过去直属中央各部的企业，原则上应该以企业为单位划分和组建公有财产运营机构。只对那些规模过小、资产较少的中央部属企业，才应该将多个企业的资产合并在一起组建一个公有财产运营机构。而对那些一直由地方政府或其下属机构管辖的国有或集体所有制企业，特别是那些小型企业，则应依据其资产数量和上述资产数量标准，以它们的上级主管机构（行业性经济主管机构，即局或局下面一级的行政性公司）为单位划分和组建公有财产运营机构。对这种组建标准可以有例外：对那些多年来资金利润率一直较高、发展很快的中型企业，应当允许它们以企业本身为单位组建公有财产运营机构，以保持企业的快速发展势头。

我国的各级政府都有一大批行业性的经济主管机构，从中央的冶金部、电子部等一直到地方的电子局或行政性公司。为了适应社会主义市场经济的需要，不能再简单地照样保持这些行业性的经济主管机构了。但是，根据过去的历史经验，简单地解散机构、让个人自谋生路不是解决这个问题的好办法，这在短期内也是行不通的。应当为这些机构的现有人员开辟去向；他们中的大多数人也具有国民经济运行所需要的某种特长，应当给他们的这些特长以用武之地。一般来说，差不多每一个这种行业性主管机构都可以分为下述三种组织机构，这些行业性主管机构的人员甚至组织单位都可以流向这三种组织机构。

第一种是在市场经济确实需要的地方建立的、为维护市场经济秩序所必要的行业性管理协会。

第二种是公有财产的管理机构。这种管理机构又分为两种：一种是公有财产监管机构的分支机构，发挥监管功能；另一种则是新组建的公有财产运营机构。

第三种是独立的营业性机构，专门受国有大银行和其他债权人委托，负责保管、维护以至出售用作贷款抵押的和破产企业的实物资产。随着市场经济的发展，银行方面从无力还债的债务人那里没收的抵押品势必越来越多，破产企业也有大量资产等待拍卖处理。不仅拍卖这些实物资产要耗费大量经营力量，就是保管和维护它们也需要大量人力。有些资产如机器设备等如果没有人维护，不久就会变得一文不值。银行方面现在就普遍反映，它们没有人力、精力去维护、保管和出售这些收来的抵押品和破产企业资产。而维护、保管以至出售实物资产，正是行业性经营主管机构中的许多工作人员的专长。因此，将行业性经营主管机构中的一部分人分离出来，成立独立的营业机构，专门负责受银行委托维护、保管和出售各类资产，或许是一个两全其美的方法：既为这种机构中的一部分人员找到了出路，又用他们的特长解决了社会经济生活中的一个难题。

参考文献

崔之元：《美国 29 个州公司法变革的理论背景》，《经济研究》1996 年第 4 期。

《简明不列颠百科全书》：词条"代理法""代理权""受托人""受信托人""信托法"和"信托受益人"，载《简明不列颠百科全书》，中文版，中国大百科全书出版社 1985 年版。

［日］小宫隆太郎：《日本企业的特征》，载今井贤一、小宫隆太郎主编《现代日本企业制度》，中译本，经济科学出版社 1995 年版。

张维迎：《西方企业理论的演变与最新发展》，《经济研究》1994 年第 11 期。

左大培：《企业的公有财产应当由成功的企业家专人管理》，征求意见稿，未发表，1995 年。

左大培、邢国均：《论公有财产管理人制度——完善社会主义经济改革模式的一个设想》，《中国社会科学院研究生院学报》1987 年第 5 期。

Alchian, Armen and Demsetz, Harold, "Production, Information Costs, and Economic Organization", *American Economic Review*, 62, December 1972.

Coase, R. H., "The Nature of the Firm", *Economica*, Vol. IV, No. 15, August 1937.

Grossman, Sanford and Hart, Oliver, "The Costs and Benefits of Ownership: A Theory of Vertical and Lateral Integration", *Journal of Political Economy*, Vol. 94, No. 4, August 1986.

(原载《社会科学战线》1997年第1—2期)

建立国有资产运营公司的思考

在市场经济中,企业使用的国有资产如果不是由专门负责的机构或个人管理和经营,就可能导致重大的资源配置扭曲,使国有资产受到严重损失。在中国目前的情况下,可以由专业的国有资产运营公司管理和运营企业所使用的国有资产,以保证整个经济和国有财产使用上的高效率。

一 为什么需要国有资产运营公司

市场经济中的企业一般应保证其使用的资金在经营周转中不亏损甚至增值。这首先是因为市场经济中的企业通常都是营利性的经济组织,这种营利性就意味着其使用的资金要得到尽可能大的增值。这是对任何有效率的市场经济的企业经营者的基本要求。让国有资产运营公司来管理和经营企业使用的国有财产,归根结底是基于这样一种需要。

企业使用国有资产的极端情况,是国有独资企业。负责这种企业的管理和经营的企业最高经营者,如国有独资工厂的厂长、国有独资公司的董事长或总经理,在企业经营中使用的当然不可能是归他自己所有的资金。企业私有的"卫道士"们通常都是基于国有企业经营者支配的不是他自己的资金这一点,断言国有企业的经营一定没有效率,一定会造成经营资金的严重亏损。不过,他们的这种断言,既没有严格理论分析的支持,也得不到经验事实的印证。

企业的最高经营者在经营企业时使用和支配的不是他自己的资金，这并不是国有企业独有的现象。即便是企业自有资金完全来自私人的私有企业，往往也会有这种情况。私有企业的出资人也可能将自己的企业委托给没有向企业出资的职业经营者经营，现代的巨型股份公司往往是由没向本公司出资入股的职业经营者经营的。这些私有的股份有限责任公司通常是股票上市的公司，其出资人股东人数众多而股权分散，股东们不直接参与企业的经营，企业的最高经营者董事长和总经理则通常都没有向自己经营的公司提供数额值得一提的资金。西方的主流经济学曾经做过严格的比较研究，认为这种由职业经营者经营的企业在资金盈利率上通常低于出资人自己经营的企业，但是那些由职业经营者经营的企业仍然通常不仅有正的利润，而且利润率也并不很低，往往足以弥补在资本市场上的筹资成本。

当代西方主流经济理论基于不对称信息所做的委托人—代理人理论分析，完全可以被照搬到将企业出资人视为委托人、企业经营者视为代理人的情况下。这样的理论分析已经足以说明促使企业经营者付出对出资人最优努力的激励性报酬方案。大体上来说，这种激励最优努力的报酬方案具有相当简单的特征，这就是使企业的职业经营者的收入适当地随着企业投资总回报的增加而增加。我们还可以证明，这样的激励经营者的报酬方案，对于解决企业经营决策上所面临的其他一些问题，通常也是接近最优的。显然，这样的企业经营者最优报酬方案不仅适用于私营企业的职业经营者，也完全适用于国有和国有控股企业的最高经营者。

这样，从理论上说，在生产和销售产品的企业这个层次上，对大量使用国有资产的企业的最高经营者的激励并不存在什么根本性的问题，国有和国有控股企业应当可以获得不次于由职业经营者经营的私营企业的资金效益。而从实际的经验事实上看，中国、新加坡、法国甚至德国都有很多资金回报率相当高的国有和国有控股企业，它们以事实证明了国有和国有控股企业完全可以做到资金回报率不低于由职业经营者经营的私营企业。

上述的理论分析和经验事实都说明，在防止企业使用的国有资金亏损并令其增值方面，主要的问题并不在企业内部，而在企业外部；不在企业内部的企业经营者，而在企业外部是否有人足够好地履行了国有资金所有者的功能。

国有资产是全国人民的财产，但是全国人民不可能都来直接履行其所有者的权利。因此，国有资金所有者在企业外部的权利和职能，只能由具体的机构和个人代表全国人民来履行。在中国目前实行的这种市场经济体制中，代表全国人民履行国有资金所有者的权利和职能的应当是两个层次的机构，一个层次的机构就是国有资产运营公司，它是国有资金的直接支配人，而另一个层次的机构则是负责监管国有资产运营公司的政府机构国有资产监督管理委员会（国资委）。

在新加坡、法国和德国这样的有许多国有和国有控股企业的国家，大多数使用大量国有资金的企业通常都分别由政府的各个专业部门直接领导，有的国有控股企业甚至由政府的首脑直接参与管理。在经济改革之前，中国的国有企业也处于这样的管理体制之下。原则上说，直接领导国有企业的政府专业部门只要行为得当，也完全可能履行好国有资金所有者的权利和职能，使国有和国有控股企业有良好的资金回报。许多国家的实际经验已经证明了这一点。但是，由政府或其专业部门的领导直接支配和调度企业使用的国有资金可能导致许多严重的弊病，在中国目前的情况下不宜普遍实行。

如果由政府或其专业部门的领导直接支配和调度企业使用的国有资金，而那些直接领导国有企业的政府专业部门又不是专门负责国有财产的保值增值的，政府或其专业部门的这些领导就很有可能出于其政治或专业管理的考虑而忽视国有资金增值和防止国有资金亏损这方面的问题。而且政府或其专业部门的领导可能给予其直接领导的国有企业过多的优惠，妨碍他们一视同仁地对待在其管理的领域中经营的私营企业。最重要的一点是，政府或其专业部门的领导人都是政府工作人员，按照政府向其工作人员发放薪酬的惯例，政府或其专业部门的领导人的个人收入、政府部门的经费和工作人员的收入，都不可能与其管理的国有资金的回报有很强的联系。长远来说，这不利于激励直接领导国有企业的那些政府工作人员采取尽可能增大国有资金回报的决策。

基于上述这些原因，又由于中国这个国家是如此之大，企业经营使用的国有资金是如此之多，支配国有资金的人使国有资金增值的动力不足会给人民群众造成重大的损害，这都决定了中国应当将国有资金所有者在企业外部的权利和职能主要交给专业的国有资产运营公司来实施，这种公司的经费和其领导者的个人收入最终都应当正向地取决于其管理的国有资金的回报。只有那些只能由政府机构行使的国有资金所有者的权利和职能，才留给政府机构国有资产监督管理委员会（国资委），它的主要任务就是对国有资产运营公司实行监管。

二　国有资产运营公司的法律定位

根据前边的论述，对经营性国有资产的管理和经营是一个由三个层次构成的完整体系。第一层是政府的监管机构，它根据法律规定，监督国有资产运营公司的运行，根据过去的经营业绩任免这种国有资产运营公司的负责人，将成功的国有企业负责人提拔为国有资产运营公司的负责人。政府的国有资产监督管理委员会应当担负的就是这样的职责。第二层是营利性的经营机构国有资产运营公司，其唯一使命是管理和经营国有资产使其尽可能盈利，并按照自己的经营业绩获取机构和个人的报酬。第三层就是使用国有资产的企业，特别是国有企业。

国有资产运营公司所管理和经营的国有资产是经营性国有资产。用于生产或销售供出售用的物品的国有资产，为经营性国有资产。经营性国有资产中包括归政府所有的股权、证券等收益资产。经营性国有资产具有可交易性。除了有明文规定为政府对企业的补贴者外，政府投入任何企业的物品与资金都为经营性的国有资产。

为了实现市场经济运行的高效率，政府应当使政府机构与市场化经营完全分离，将所有的经营性国有资产都委托给进行生产或销售活动的企业使用，同时对使用国有资产的企业享有相应的所有者权益。政府对使用国有资产的企业享有的所有者权益表现为国家对企业的所有权。

为了真正做到政府机构与市场化经营完全分离，政府应当将所有的经营性国有资产都先委托给专门的国有资产运营公司，再由这种专门的国有资产运营公司将该资产委托给进行生产或销售活动的企业使用。政府对使用国有资产的企业的所有权，首先体现为政府对专门的国有资产运营公司的所有权，然后再由国有资产运营公司代表国家对使用国有资产的企业行使其所有权。国家对使用经营性国有资产的企业的一切权益和责任，都由相应的专门的国有资产运营公司承担。

国有资产运营公司是受公法管辖的独立的特殊经营机构，既不是政府机构，又不是普通的生产流通型企业，而以尽可能保存和增加其使用的国有资产的价值为唯一经营目标。国有资产运营公司掌握国有资产的最高支配权，在政府的国有资产监督管理委员会的严密监督下运行，享有下述权利：在不同企业之间分配和收回国有资本；任命使用国有资产的企业的经营管理者；支配国有资产收益中用于积累的部分；分享企业使用的国有资产的收益。国有资产经营机构的经费依据国家相应的法律法规，从其负责经营并交企业使用的国有资产的收益中按比例提取。

国有资产运营公司代表国家对企业行使其使用的国有财产的所有者的绝大多数权利。这些权利包括：在公司法等有关企业的法律许可范围内，享有全权支配和使用其所代管的国有财产，可以决定如何配置和使用其所代管的国有财产，决定用它如何投资，是否以及如何出租、出借其所代管的国有财产。对用其所代管的国有财产独资开办的企业，国有资产运营公司负责决定企业的开办和关闭、资本金与利润的使用和分配以及企业经营管理人员的任命和撤换；对用其所代管的国有财产参股的合伙企业和股份制企业，国有资产运营公司行使这部分股份的股东权利。

由于国有资产运营公司并不是普通的企业，而是代表国有财产所有者行使其在普通的企业之外的绝大多数权利和职能，国有资产运营公司就不可能是通常意义上的公司。与其说国有资产运营公司是一个股份公司，还不如说它更像当代市场经济中的投资基金。而每一个国有资产运营公司内部的核心，也确实应当是一个完全国有的基金。这就是说，任何一个国有资产运营公司都应当是某一个国有基金的外围机构。

这意味着，每一个国有资产运营公司的绝大部分股权都应当由相应的国有基金持有，该国有基金的管理人和管理机构也就是相应的国有资产运营公司的管理者和管理机构。国有资产运营公司与相应的国有基金的唯一差别在于，国有基金持有的全部财产都是国有财产，政府对国有基金享有单独排他的所有权；而国有资产运营公司可以是一个有限责任股份公司，其绝大多数股权只能由相应的国有基金持有，但是除此之外国有资产运营公司还可以有一些私人的小股东，这些小股东所持有的该国有资产运营公司的那一小部分股权，应当全部来自该国有资产运营公司给其过去成绩卓著的高级管理人员的股权和股票期权式的奖励。这也就是说，国有资产运营公司本质上就应当是一个国有基金，只是为了给予其管理人员足够的激励，需要给国有基金成绩卓著的高级管理人员股权和股票期权式的奖励，为了使这样的奖励不破坏国有基金的纯国有性质，才需要以国有基金为核心形成相应的国有资产运营公司，以该国有资产运营公司的股权和股票期权来对成绩卓著的国有基金高级管理人员进行奖励。

在这个基础上，应当以法律形式规定，专门经营国有财产的国有基金只能归国家所有，其创设和撤销仅由国家决定。禁止任何私人获得国有基金本身的所有权或股权。

尽管国有资产运营公司应当行使国有财产所有者在普通的企业之外的绝大多数权利和职能，但是它不应当拥有一般的财产所有者在普通的企业之外的所有权利和职能。这是因为国有资产运营公司也不是其持有和经营的国有财产的真正的所有者，而仅仅是国有财产所有者在普通的企业之外的代理人。原则上说，国有资产运营公司的管理人和经营者们也有可能侵占甚至抢夺由其代管的国有财产。为了防止国有资产运营公司的管理人和经营者们侵占国有财产，督促他们尽可能好地履行其保护和增加国有财产的职责，就必须有专职的政府机构来对国有资产运营公司进行监管。

因此，有大量经营性国有财产处于其管辖下的任何一级政府，都应当设立专职的政府机构——国有资产监督管理委员会，以对经营性国有财产的使用和经营情况进行监管。国有资产监督管理委员会代表国家行使监督经营性国有财产的使用和在必要时最终收回国有财产的权利，其监督的主要对象是负责经营相应一级政府所管理的经营性国有财产的各个专业的国有资产运营公司。

国有资产监督管理委员会具有下述权力和职责：对经营性国有财产的使用情况进行监督，包括有权力和义务执行严格细密的财务和会计管理、审计和统计监督；最终收回对经营性国有财产的支配权，也就是撤换和惩处有故意侵害国有财产行为的国有资产运营公司负责人；规定经营性国有财产的财产收益（利润）以何种比例分配；按照上述规定的比例收取用于社会消费的那部分国有财产收益。这些用于社会消费的国有财产收益可以用于各种社会福利事业，如养老、教育补助、科技资助等。国有资产运营公司负责人的个人收入、国有资产运营公司经费的提取办法、它与经营的国有财产的总回报的比例关系，都必须由政府的国有资产监督管理委员会发布规章统一规定。

为加强监管，国有资产运营公司与国有财产占资本某一比例以上的大型企业的总会计师或首席财务官，必须由政府的国有资产监督管理委员会任免。政府的国有资产监督管理委员会必须制定和公布规章制度，规定国有财产占自有资本何种比例以上、何种规模以上的企业，其总会计师或首席财务官必须由政府的国有资产监督管理委员会任免。总会计师或首席财务官独立于国有资产运营公司的首席经营者和企业的领导，只负责按照国家规定保证国有资产运营公司和企业的账目准确、完整、清楚。国有资产运营公司和企业的任何造假账的行为、在总会计师或首席财务官主管的账目体系之外进行的任何经营活动，皆为非法。

政府的国有资产监督管理委员会的主要职责之一是，按照规定的条件和程序选拔国有资产运营公司的负责人或撤销其职务。国有资产监督管理委员会应当依据事先统一规定并颁布的法律规章，在企业经营管理人员之间依据业绩进行的竞争中选拔国有资产运营公司的负责人，并任命业绩最好的前企业经营管理人员担任国有资产运营公司的负责人。这种选拔所依据的业绩是过去经营企业所获得的资金回报。这样的选拔标准意味着，只有曾经获得过大量的企业经营回报的专业经营管理人员才有资格担任国有资产运营公司的负责人。对于有效率地这样选拔公有财产代管人的具体做法，笔者在《混乱的经济学——经济学到底教给了我们什么？》一书的第六章第四节和《不许再卖——揭穿企业"改制"的神话》一书的第十七章第一节中都做过详细的论述。

另外，为了鼓励在国有财产的经营上做长远考虑，国有资产运营公司的负责人应当不受任何硬性的任期限制，可以一直担任其职务到按规定必须退休之日。不过，政府的国有资产监督管理委员会应当可以依据事先统一规定并颁布的法律规章，在有充分证据证明国有资产运营公司的负责人有故意损害国有财产的行为或对国有财产经管不善时，中途撤除其在国有资产运营公司中的经营管理职务。

政府的权力属于人民，国有财产归根结底是全体人民的财产。为体现全体人民对国有财产的最终所有权，任何一级政府的国有资产监督管理委员会都应当直接对该级政府的人民代表立法机构——人民代表大会负责，任何一级政府的国有资产监督管理委员会的负责人都应当由该级政府的人民代表大会选举任命。国有资产运营公司及相应的国有基金的设立、撤销、合并及由其所管理的国有财产的变动，由管辖该国有财产的政府中的人民代表立法机构人民代表大会讨论决定。此种决定必须以表决通过的法令规章形式正式公布。对于那些对该级政府管辖范围内的整个经济有重大影响的国有资产运营公司，其负责人也可以由该级政府的国有资产监督管理委员会提名，由该级政府的人民代表大会任命。

为了防止企业的重组和企业所有权的买卖造成国有财产的重大损失，使用国有财产的企业对外进行的任何股权投资或另外设立的任何独立核算单位，都必须报管理该国有财产的国有资产运营公司批准，并报相应的政府的国有资产监督管理委员会备案。在国有资产运营公司之间进行的国有财产产权交易（代管的企业所有权的交易）必须报政府的国有资产监督管理委员会；在国有资产运营公司与私人或私营企业之间进行的任何产权交易（企业所有权的交易）都必须获得政府的国有资产监督管理委员会批准。

同样是为了保证全体人民对国有财产的最终所有权不受侵犯，应当以法律条文的形式规定，国有独资企业所有权的任何转让、对企业的国有股权的任何转让，都必须首先报请相应的政府的国有资产监督管理委员会批准。转让国家所有的任何企业所有权，包括转让国家所有的对任何企业的股权，其金额大到超过大型企业资本金数额以上者，必须经过相应级别政府中的人民代表立法机构人民代表大会的讨论和批准，并在讨论前广泛征求和听取全体公民的意见，在转让完成后向人民代表立法机构报告转让结果。

对于任何国有资产运营公司，当然也应当适用以下各项适用于任何经营性国有财产的规章制度。

——有权直接支配用于企业经营的国有财产的机构、其企业的所有权部分或全部归国家所有的企业，必须对全体公民公开其财务状况。对有权直接支配用于企业经营的国有财产的机构、其所有权部分或全部归国家的企业，任何公民都有权利就国有财产的收益和增值情况提出询问、质疑和批评，上述机构和企业有义务回答公民的上述询问、质疑和批评。

——转让国家所有的任何企业所有权，都必须向全体人民公示。公告中必须说明转让了哪些企业的所有权、被转让企业的财务状况、转让的条件特别是售价以及受让方的详细情况；任何公民都有权就国家所有的企业所有权的转让情况向主管转让的机构和人员提出询问、质疑和批评，上述机构和人员有义务回答公民的上述询问、质疑和批评。

——转让国家所有的任何企业所有权，都必须经过同级人民代表大会的讨论和批准，并在讨论前广泛征求和听取全体公民的意见。任何公民就此类转让提出的异议，都必须提交同级人民代表大会讨论，讨论应涉及被转让所有权的企业、被转让企业的财务状况、转让的条件特别是售价以及受让方。

——出售国家所有的企业所有权的任何收入，都必须再投入企业中以形成新的国家对企业的所有权，只有在同级人民代表大会有决议专门指定了出售国家所有的企业所有权收入的用途时可以例外。

参考文献

左大培：《混乱的经济学——经济学到底教给了我们什么?》，石油工业出版社2002年版。

左大培：《不许再卖——揭穿企业"改制"的神话》，中国财政经济出版社2006年版。

（原载《经济导刊》2014年第4期）

对外经济关系

波动的全球化与全球化的波动

"经济全球化"这一术语概括的是这样两个事实：国际贸易占各国总产出的比重日益增大；资本在国际上的流动性越来越强。这种"经济全球化"与波动有两方面的关系：一方面，经济全球化使各国的经济波动具有同步性，特别是使主要西方国家的经济波动全球化；另一方面，经济全球化本身也会发生波动——它不可能直线性地发展下去，特别是不可能以同样的速度发展下去，而完全可能出现停滞乃至倒退。

经济全球化与各国经济波动的同步性呈正相关关系，这是一个十分明显的事实。19世纪下半期到20世纪初，曾经有过一个经济全球化相当发达的时期，而就在那个时期，主要工业化国家的经济波动具有极强的同步性，以至于人们谈起那个时期的经济衰退时，几乎从来不说它是哪一个国家的经济衰退，而总说它是"世界经济危机"。直到1929年的经济大萧条为止，那半个多世纪中的每一次经济衰退几乎总是会在相距极近的时间内波及英、美、法、德等西方主要工业国，使这些国家的经济和工业几乎是同步发生波动。

第二次世界大战后，这种经济波动的同步性在很大程度上消失了。除了1973—1975年的世界性的经济衰退之外，经济的繁荣和萧条常常只是一个国家至多是一个地区局部的现象；甚至美国的多次经济衰退也没有把别的国家拖入萧条的泥潭。现在回头来看，人们在过去许多年中经常谈论的"经济周期的同步性消失"这一现象，根源于两个点：一个是第二次世界大战后西方国家普遍接受了凯恩斯主义的调节总需求的政策，而这种调节的主体迄今为止还是各国的政府而非国际性的权力机构；另一个就是战后最初几十年中经济全球化程度的倒退。而现在，当经济全球化程度重新上升、各国政府都越来越无法控制资本在国际上的流动时，各国经济波动的同步性、经济波动的全球化几乎肯定要卷土重来。

经济全球化为各国经济波动的同步性提供了传导的基础：当一国（特别是大国）发生经济衰退时，它总收入的下降将直接减少别国对它的出口；它的名义汇率的下降或通货膨胀率的下降也都会降低它的实际汇率，从而进一步减少别国对它的净出口；由于全球化使这些"别的国家"的经济在极大程度上依赖出口，净出口的下降将这些"别的国家"也拖入总需求下降的衰退之中。当然，经济全球化也可能提供降低经济波动同步性的因素：发生衰退的国家资本的净流出会大增，而这些流到国外去的资金可能很快就会变为"别的国家"的投资，从而扩大这些"别的国家"的总需求，在一定程度上抵消这些国家净出口下降的影响。但是，这样一种抵消力量所起的作用一般来说很小：这些"别的国家"的净出口减少所造成的总需求减少更可能造成投资者对盈利前景悲观，从而减少而不是增加这些国家的投资。更不要说支配投资者的情绪往往具有传染性，一国的经济衰退在全球化的那种紧密的经济联系下很可能使别国的投资者仅仅因为情绪变悲观而减少投资。这样，从发生衰退的国家流出的资金多半不会变成别的国家中的投资，而只是变成了地道的游资——在这样的条件下，经济全球化简直必然要使经济波动全球化。

从经验上看，近年经济全球化的趋势似乎并没有造成经济波动的全球化——亚洲金融危机到现在为止也只是影响了亚洲地区，并没有造成全球性的经济衰退。但是，我们不要忘记，如果美联储不是在美国股市暴跌时连续降低利率以刺激经济，如果中国顺应当时的潮流而让人民币贬值，就没有人能够保证亚洲金融危机不演变为一场世界性的经济萧条。经济全球化造成经济波动同步化的威胁是实实在在的。归根结底，只有美国政府和中国政府的那种"逆潮流而上"的自主经济政策，才可能阻止经济波动的全球化。而在经济进一步全球化的大背景下，很难想象亚洲金融危机中美国和中国政府的那种"反潮流"的自主政策能够永远继续下去。

19世纪和20世纪前半期的历史清楚地告诉我们：全球化并不是不可逆转的趋势，它本身也会出现严重的波动。在20世纪30年代大萧条之后，许多西方工业化国家对外贸易占总产出的比重都大幅度下降，直到第二次世界大战后很久才恢复到30年代之前的最高水平。这可以说是一次地地道道的"全球化的大倒退"。在倒退的原因中，除了第一次世界大战造成的西方工业化国家经济自给自足程度提高之外，主要的就是各国政府在30年代大萧条面前竞相以货币贬值刺激出口，结果使各国之间的贸易战愈演愈烈，最终导致各国都转向保护本国国内市场的贸易保护主义，导致了国际贸易的衰落。当时从国际分工向本国自给自足的倒退是如此之严重，以至德国历史学派的著名代表桑巴特把"经济民族化"说成是不可逆转的历史潮流。当然桑巴特的这一说法也没有变为现实，但是它实实在在地指出了与全球化完全相反的另一种历史潮流。我们从这一段历史中得出的教训是：任何这类的"不可逆转的历史潮流"都是不存在的；经济全球化的趋势是否会逆转，在很大程度上取决于是否发生世界性的经济大萧条，世界性的经济萧条越严重，经济全球化逆转的可能性就越大；19世纪70年代的世界性经济萧条使德国转向了保护关税政策，20世纪30年代的大萧条干脆葬送了那一次的经济全球化。

当然，许多人会安慰我们说，现在的发达国家政府已经有足够的宏观调节能力，能够防止发生任何严重的经济萧条。但是，恰恰是经济全球化的发展在严重地削弱任何一国政府对本国经济实行宏观调节的能力，而我们仍然没有一个有效的对全球经济进行宏观调节的机制。事态再这样发展下去，就会造成灾难性的局势。其实这种灾难的征兆已经出现。近年"经济全球化"所取得的进展，在很大程度上是由美国巨额的贸易逆差造成的。美国已经维持了近20年的贸易逆差，2000年的逆差达到其GDP的4%—5%。这意味着仅美国的贸易逆差就占全世界一年总产出的1%。而这种贸易逆差表现的是外国资金持续不断地大量流入美国。就是在"全球化"的宣传甚嚣尘上的最近几年,全球资金流入美国的步伐明显加快。但是这种流入完全是以美国投资回报率高的预期为基础的,而近年美国投资回报率高在很大程度上是美国宏观经济过热造成的。这样一个过程迟早会逆转。一旦美国盈利率高的神话消失、全球资金流入美国的速度放慢,世界经济就会进入一个艰难的调整时期。那时候会发生什么,这绝不是迷信"全球化"的人所能预料的。

(原载《世界经济》2001年第2期)

当代的全球化与利益格局

20世纪90年代以来出现的全球化浪潮，是国际资本与发达国家的政府相互合作的产物。它们在考虑并适当照顾发达国家工人群众当前利益的前提下，为国际资本的利益而做了一系列努力，这就构成了当代的全球化浪潮。

到目前为止，当代的经济全球化都没有摆脱一个最明显的特征，这就是：它仅仅包括商品市场的全球化和资本市场的全球化，而不包括劳动力市场的全球化。诸如美国前财政部部长鲁宾那样的经济界权威人士在专门谈及经济全球化问题时，都只是说，全球化意味着商品越来越在全球范围内交换和流通，商品在全球范围内的流动越来越自由，资本越来越在全球范围内流动，而且资本在全球范围内的流动也越来越自由。但是他们都绝口不提那第三个经济上最重要的市场——劳动市场，不提劳动市场的全球化，更不提劳动力在全球范围内的自由流动。

这绝不是言论上的疏忽，而是反映了发达国家及其政府的普遍情况和普遍的政策。由于交通运输的发展，目前已经具备了劳动力在全球范围内迅速流动的客观条件，也有着这种流动的强烈压力和愿望；但是发达国家的政府除了有针对性地允许本国企业雇用落后国家的少数专业人才之外，至今还在原则上禁止发展中国家的劳动力流入本国。这种政策已经造成了无数的人间悲剧，但是发达国家却没有任何愿意放弃这种政策的表示。这是由发达国家内部的利益格局决定的。

一般来说，落后国家流入的劳动力往往在发达国家干最苦的活，挣最低的工资，但是在一直存在失业问题的发达国家中，劳动力的竞争确实恶化了发达国家相当一部分劳动者在劳动市场上的竞争地位。再加上发达国家中一部分人的恶意宣传，就在发达国家中造成了严重的排外情绪。这种排外情绪在德国和奥地利等德语国家中特别严重，在受失业威胁最厉害的一部分文化低的年轻人中最突出。在这样的失业劳工利益集团的压力下，就产生了当代全球化浪潮中的怪现象：所有的发达国家政府都在谈论商品流通的全球化和资本流动的全球化，但是它们却都害怕劳动力流动的全球化，想尽一切办法来防止落后国家劳动力的流入。

仅此一点就足以说明，目前意义上的全球化只是单方面地适应了发达国家的要求，是发达国家内部的各种利益集团与国际资本相互协调利益的产物。在这样的全球化进程中，真正被忽视的是发展中国家的大多数人的利益，而它却照顾了发达国家的工人群众的当前利益。当然，在这种全球化过程中得到最大好处的是国际资本，特别是美国等少数最发达国家的跨国公司：它们借口商品流通的全球化而要求所有的国家都向它们开放商品市场，以便它们从自己生产和销售的商品中得到最大的利润；它们借口资本流动的全球化而要求所有国家都让它们自由地投资，以便它们抢走最好的投资机会；资本市场的全球化还使它们可以以最有利的条件得到金融资金，并且将自己掌握的资金投到全球任何一个对它们最有利可图的地方去。

西方国家的跨国公司也极力宣扬经济全球化给落后国家带来了好处：消费者可以买到最便宜的产品；外国的投资给工人带来了工作和工资；而资本所有者们则可以将自己的资金投到全球范围内回报最高的地方去。但是他们最不敢提及的是：如果允许落后国家的劳动者自由流入发达国家，那会最快地改善落后国家全体劳动者的处境。但是现在的全球化恰恰不允许这一点。全球化的鼓吹者们也不敢告诉人们：资本流动的全球化现在只是使全球的资金流向少数最富的国家，特别是美国。全球化的鼓吹者们还闭口不谈这样的巨大危险：取消对本国企业的保护可能阻碍发展中国家的产业升级和技术进步，而这将使发展中国家永远落入低生产率和低收入的恶性循环；发达国家的商品和跨国公司的分公司可能挤垮发展中国家的民族企业，从而使发展中国家企业的利润都变为发达国家的收入，将落后国家变为低收入、低工资的为发达国家提供利润的源泉；在这样的经济格局下，落后国家的经济上层将变为发达国家证券的持有者和公司下层职员，不会发展出自己的企业家队伍，而落后国家的穷人不可能都得到工作，更不可能有高的工资和收入。

即使发达国家的工人群众最终也会间接地受当前的全球化之害：跨国公司向外投资仍然减少了他们的工作机会，从发展中国家进口的廉价低技术产品在生产低技术产品的部门中造成了严重的失业。而如果不提这一切，对当代全球化的任何论述都将是脱离实际的。

[原载《首都师范大学学报》（社会科学版）2001年第4期]

外向型经济刍议

所谓外向型经济，是对外贸易和国际资本流动相对本国总产出的比例比较大的经济。要形成一个外向型的经济，首先出口占本国总产出的比重要高，而经验事实和经济分析都会说明，出口的规模大必定导致进口的规模大，这就导致外向型经济中对外贸易占整个总产出的比重高。而外向型经济的另一个标志是外国资金在本国所占的比重大。

近20年来，人们普遍认为外向型经济一定优于内向型经济。在这种心理支配下，产生了对外经济政策上的三大倾向：首先是出口导向的经济政策，以一切可能的政策手段鼓励出口；其次是推进贸易自由化，力图以实行自由贸易来扩大对外贸易的规模；最后是努力吸引外国投资，特别是鼓励外国企业的直接投资，想靠外国跨国公司的投资来推动经济增长。

与这种外向型导向的经济政策相对立的是内向型的经济发展战略，这种战略力图以各种贸易壁垒包括高关税来保护国内市场，发展替代进口品的本国产品生产，防止外国企业占据过多的本国经济领域。这样的战略一般都会降低本国的对外贸易规模，从而降低一国经济对对外贸易的依存度。最近20年的流行思潮认为，这样的保护性内向型经济是没有效率、不利于本国人民的福利的。

可实际上，这种"外向型经济政策一定比内向型经济政策好"的观点并没有什么可靠的理论依据。就是当代主流的西方经济理论也不能证明，外向型的经济发展、外向型的经济政策一定比内向型优越。本文将依据当代西方主义经济学的标准教科书，说明西方主流经济学已经从理论上承认了外向型经济的那些弊端,并且以历史上和现实中的事例来证明这些弊端确实存在。

按照西方主流经济学的看法,外向型经济对一国可能带来的害处,首先在于它可能使该国的贸易条件恶化。一国的贸易条件是其出口产品对进口产品的相对价格,它也就等于该国的一单位出口产品所能够交换到的进口产品数量。显然,一国的贸易条件下降使它的每单位出口产品所交换到的进口产品减少,从而对该国不利。对其出口占世界市场比例很低的小国来说,增加出口所能够引起的出口价格下降是微不足道的,因而大力增加出口不会使自己的贸易条件显著恶化。但是对一个出口占世界市场比例很大的大国来说,出口的大幅度增加就可以引起本国贸易条件的显著恶化,从而反过来伤害该国自己。

从这个角度看,如果一国的经济增长是"出口偏向型"的,也即原出口产品生产能力的扩张程度相对大于原进口产品生产能力的扩张程度,该国的贸易条件就会恶化,因为它的原出口产品在世界市场上相对于原进口产品的相对供给增加了。而如果一国的经济增长是"进口偏向型"的,也即它的原进口产品生产能力的扩张程度相对大于原出口产品生产能力的扩张程度,该国的贸易条件就会改善,因为它的原出口产品在世界市场上相对于原进口产品的相对供给减少了。

这一分析表明,"出口偏向型"的经济增长是对一国有害的,而"进口偏向型"的经济增长才对一国有利。而经济增长向哪个部门偏向,是受政府的经济政策影响的。因为决定各种产品生产能力增长速度的,是其生产过程中投入的生产要素和技术进步的速度,这两者完全可以受政府的政策影响。

发展外向型经济的政策常常把各种形式的出口补贴当成促进出口的有力武器。但是西方主流经济理论的分析却坚定不移地认为,对出口给予补贴的国家从补贴中得到的好处远远小于补贴带来的坏处。这种补贴刺激原本在国内销售的一部分产品转向对外销售,从而必定使这种产品在国内的售价上升，同时又使这种产品在国外的销售价格下降。这是因为出口补贴增加了本国的出口品在世界市场上相对于本国进口品的相对供给，从而使本国的贸易条件下降。这本身就给实行出口补贴的国家造成了损失。

在政府给予出口补贴的条件下，同种产品在国内销售的价格高于其在国外销售的价格的部分，只能完全由政府的补贴来弥补。国内销售价格的上升会使消费者受到损失，这些损失完全变成了国内生产者的利润；而国内的生产者除了从这个途径增加一部分利润之外，还由于出口补贴使它的每单位出口的平均收益达到国内被抬高的价格而增加了另一部分利润。但是国内生产者增加的这另一部分利润完全来自政府的补贴，而政府给予的出口补贴远远大于国内生产者所增加的这部分利润。补贴的出口使出口品在国外的价格下降，由此而给国内企业造成的损失只能由政府的出口补贴弥补。此外政府给予出口的补贴还要弥补国内企业为扩大生产所提高的边际成本，靠国内销售价格上升损害消费者而增加的国内生产者的利润中，也有一部分来自政府的补贴。这后三部分是政府补贴出口给本国造成的净损失，它使补贴出口对一国造成的损害大于收益。

有一部分外向型经济的支持者主张实行自由贸易，而自由贸易政策的标志之一是对进口产品实行零关税。在西方的主流经济学中，历来占统治地位的观点都是，自由贸易对任何国家都是最优的对外贸易政策。主流经济学发展了好几代理论模型来论证自由贸易的最优性质。但是西方经济理论近几十年来的发展越来越表明，在许多情况下，零关税的自由贸易政策并不是对本国最优的政策，以一定程度的关税来保护本国产业的对外贸易政策可能更有利于本国。正因为如此，克鲁格曼等承认，"经济学理论并没有像人们经常指责的那样为自由贸易提供任何教条式的辩护"（克鲁格曼和奥伯斯法尔德，1998）。

西方主流经济学承认，对进口品征收关税会使进口品的国内价格高于其国际市场价格，从而使本国的进口品对出口品的国内相对价格高于其在国际市场上的相对价格。这会刺激本国增加进口品对出口品的相对产量，从而减少国际市场上本国出口品对进口品的相对供给。这会使本国的贸易条件上升。一个小国影响国际市场供给的能力极低，它提高关税对自己的贸易条件的影响也微不足道；但是大国可以明显地影响国际市场上的相对供给，因而大国征收关税可以改善自己的贸易条件，这本身就对该国有利。

不仅如此，西方主流经济学还在这一分析的基础上发展起了有关"最优关税"的理论，它基于大国征收关税可以改善自己的贸易条件这一原理，断定大国的最优关税率应当大于零。

根据这一理论，征收关税会使进口品的价格上升，使消费者受到损失，同时又增加本国生产进口竞争产品的企业的利润。但是由于进口品的本国产量必定小于其国内销售量，国内企业增加的利润必定小于消费者所受的损失。生产者增加的利润小于消费者的损失的差额，可以看作关税造成的"私人部门净损失"。不过，生产者增加的利润小于消费者的损失的差额有很大一部分变成了本国的关税，它是本国的收入，因而并不是关税给本国所造成的净损失。但是，如果一个国家对进口品征收关税并不能压低进口品在国际市场上的价格，政府的关税收入就必定比关税造成的私人部门净损失小。关税造成的私人部门净损失中，除了政府征收的关税之外，还包括国内企业增加进口竞争品的生产所提高的边际成本，以及进口品涨价使消费者减少消费给消费者造成的损失。最后的这两项就是在一国征收关税不能影响国际市场上的进口品价格的前提下，征收进口关税使本国所受到的净损失。从这个角度所做的分析证明，对于征收关税不能影响国际市场上的进口品价格的小国来说，征收进口品关税是有害的。

但是，大国增加进口品的生产可能降低国际市场上的进口品价格。对于这样的大国来说，征收关税会降低国际市场上的进口品价格，而它从每单位进口品中征收的关税将等于进口品的国内价格高于国际市场价格的部分，而征收关税给消费者造成的损失和增加进口竞争品生产企业的利润，都只是来源于关税提高了进口品的国内价格。因此，这样的大国对进口品征收关税，完全可能使增加的关税收入比关税造成的私人部门净损失大，这是通过降低进口品的国际市场价格而产生的。在这种情况下，保护贸易的进口关税对大国有好处。

中国是一个大国，许多产品国内产量的改变都对世界的供给量有重大影响。在这种情况下，出口偏向型的经济增长只会大大降低中国出口品的价格，从而恶化中国的贸易条件。而多年来由于热衷于追求出口偏向型的经济增长，中国对外的贸易条件已经在不断恶化。如2001年我国出口的兔肉价格就从每吨4000多美元降到了1200—1300美元。结果是出口数量增加了，出口的金额却没有增长。而对于中国这样的大国来说，对进口品征收关税既可以增加本国的收入，又可以大大改善本国的贸易条件，增加本国人民的福利。出于这样一些考虑，我们不仅不能再降低关税，而且应当设法提高实际的关税。我国不应当再继续出口偏向的经济增长方式，而应当转向进口偏向的经济增长方式。

西方的主流经济学历来以比较优势原理来论证自由贸易政策的优越性。它以理论分析模型证明，如果各国都按照自己的比较优势加入国际分工，各自生产并出口自己的相对成本比较低的产品，国际分工就会使加入分工的所有国家都得到好处；而如果各国都实行自由贸易政策，各个国家就都会按照自己的比较优势加入国际分工。自李嘉图以来，比较优势原理就是西方主流经济学论证自由贸易优越性的最根本的理论基础。

但是当代的西方主流经济学已经承认，经济生活中的"外部性"或"外部经济"可能使上述比较优势原理失灵。这些外部经济可能导致一国被"锁定"在某种不利的专业化生产模式之中，甚至可能导致该国因国际贸易而蒙受损失。

在这些生产上的外部经济中，最重要的是边干边学所带来的"学习效应"。这种外部经济源于生产实践中的知识积累。由于学习效应的存在，生产成本不再与生产的历史无关，而是取决于经验，而生产的经验则随着历史上的累积产量而增加。历史上累积的产量越高，单位产品的生产成本越低。这种成本随着累积产量而下降的情况，被主流经济学称作"动态收益递增"。

目前西方主流的国际贸易理论已经承认，这种由学习效应带来的"动态收益递增"潜在地有利于保护本国产业的主张。如果一国只要有更多的生产经验就可以生产出成本足够低的产品来出口，当目前由于缺乏经验而生产的产品缺乏竞争力时，这样的一个国家完全可以为了增进社会的长期福利，通过补贴来鼓励该产品的生产，或者排除外来竞争以保护该行业，直到它能在国际市场上站稳脚跟。这种认为通过暂时性的保护能使落后产业获取生产经验的观点就是著名的幼稚产业论。克鲁格曼承认，根据这一理论，用关税或进口配额作为工业化起步的暂时措施是有现实意义的。在历史上，美国、德国和日本这3个世界上最大的市场经济国家都是在贸易壁垒的保护下开始它们的工业化进程的。

为保护本国幼稚产业而采取的政策手段，有政府的补贴和进口关税。当代西方的经济理论强调，自由贸易政策之所以不利于发挥幼稚产业中的"学习效应"，是因为资本市场不完善，或者本国幼稚产业中的后起企业可以无偿占用先行企业耗费成本学到的技术。巴格瓦蒂等人由此而发展起来了最优干预理论，把自由贸易政策产生弊病的所有原因都归结为经济中存在扭曲和市场失灵，要消除自由贸易下的弊病就应当直接校正经济中的扭曲，消除产生弊病的原因。按照这种说法，补贴应当是政府扶植幼稚产业的最好方式，进口关税并不是一个好办法。但是，这种论点没有考虑到，政府筹集补贴资金的任何方法本身都会造成扭曲。考虑到这一点之后，进口关税可能还是保护幼稚产业的最佳方法（Findlay，1992）。而且发展中国家的特性决定了它们不可能有完善的资本市场，先行企业也无法防止后起企业无偿占用其获得的技术。这就决定了自由贸易政策必定无法保证落后国家幼稚产业的健康发展。

当然，克鲁格曼等西方主流的国际贸易理论家仍然在极力贬低幼稚产业论的现实意义。他们还在宣扬保护本国产业的"进口替代"经济发展战略如何不成功,而闭口不谈19世纪拉美国家在国际经济关系上的惨痛教训;那时拉美国家极力按照当时的比较优势加入国际分工,实行外向型经济发展,结果是落入了不发达国家的行列。

其实现在的那些比较大一点的发达国家,在它们的制造业远远落后于别国时,都是实行贸易保护主义的对外贸易政策的。即便是第一个资本主义工业强国——英国,在没有完成产业革命、其制造业还落后于某些国家之时,对外也实行贸易保护主义。现今的发达国家一般都是在其制造业发展到了世界第一流的水平之后,才放弃对国内企业的保护,转向自由贸易政策。

拉丁美洲国家则是按照比较优势原则发展外向型经济而陷入不发达的典型。19世纪中叶拉丁美洲大陆达成了一种共识,认为发展经济的希望在于通过出口商品、进口资本而更加密切地融入世界经济。19世纪下半期拉丁美洲发展外向型经济的做法确实是遵循比较优势原则的;拉美各国出口的商品主要是它们具有明显的比较优势的矿产品和农产品。某些拉美国家也确实从这种发展战略中得到暂时的好处,阿根廷在20世纪20年代还曾经在人均实际收入上跻身于世界前12位。但是30年代的大萧条使阿根廷的出口购买力下降了40%,从此阿根廷落入了落后国家的行列。这证明了当代国际贸易理论的那条原理:出口偏向的增长会导致贸易条件的恶化,外向型经济不一定是最优的发展战略。正如一位经济史学家所说:"一些最贫穷的拉丁美洲国家(如洪都拉斯)一直处于世界上最最开放的经济之列"(布尔默—托马斯,2000)。阿根廷的普雷维什在20世纪50年代之所以主张进口替代的经济发展战略,就是因为他的祖国的外向型经济发展确实由于贸易条件的恶化而失败。

近年来赞成外向型经济的另一主张是鼓励外国直接投资,特别是鼓励跨国公司的直接投资。其理由之一是这样可以增加本国的资本存量。但是只有当一国的总需求大于充分就业的总供给、投资需求大于国内储蓄时,该国才需要外国投资以弥补总需求与总供给的缺口。而近年来困扰我国的最大问题之一一直是总需求小于充分就业的总供给，投资需求小于意愿的储蓄。在这种情况下，外国投资只是夺走了本国资金的投资机会，造成本国投资减少，最终将本国资金挤往国外。实际上，自1994年以来我国的资金就在净外流，每年我国都有相当大的经常账户顺差。2001年我国的资本账户有300多亿美元的顺差，这是大量外国直接投资的结果；但是同时我国又有近200亿美元的经常账户顺差。每年我国都有至少这样规模的经常账户顺差，表明我国是资本净外流的国家。外国直接投资并不能起到增加国内资本存量的好处，而只是挤走了本国的国内资金。

对于目前的我国来说，外国直接投资唯一可能带来的直接好处只能是带来先进的技术，加快我国的技术进步。但是，外国的直接投资，特别是大的跨国公司所进行的直接投资到底能不能加快一个国家的技术进步，这在经济理论上其实并没有得到肯定的回答。

克鲁格曼等（克鲁格曼和奥伯斯法尔德，1998）根据现有的经济分析成果解释了为什么跨国公司会向别的国家进行直接投资。跨国公司对别国进行直接投资，一方面是因为这些国家具有进行自己的一部分生产经营活动的比较优势；另一方面是因为将这些活动"内部化"，即由跨国公司自己直接进行这些活动对它好处更大。这种"内部化"的好处对跨国公司在别国的直接投资极其重要，如果没有这种内部化的好处，跨国公司就不会在别国直接投资，而会将技术转让给别国的厂家并购买其产品。

为了解释将在别国的一部分经营活动内部化的好处，当代西方经济学家们强调了内部化给技术转移带来的种种好处。技术转移会遇到极大的困难。首先，技术中的许多东西（例如经营工厂的技术）是无法记录下来的，它体现在一组个人的知识中，并且无法被包装和出售。其次，对一个潜在客户而言，要知道技术知识值多少钱也是很困难的——如果它与卖主知道得一样多，就没有必要去购买技术了。最后，知识产权经常难以界定。如果一家美国公司允许一个中国企业使用它的某项技术，其他的中国企业可能会合法地模仿这一技术。但是如果这个美国公司不是出售技术而是通过在中国设立子公司来获取技术带来的收益，就可以避免上述的所有问题。

所谓的"经营活动内部化"给技术转移带来的这些好处，也就是跨国公司的直接投资给技术转移带来的好处。但是仔细审视这几项好处就可以发现，跨国公司对别国进行直接投资在技术转移上所起的作用，恰恰是将在别的国家使用的技术保留在跨国公司内部不扩散，恰恰是为了不向别国的企业转让技术，甚至是为了防止别国的企业学到自己的技术。因此，让外国的跨国公司进行直接投资，更可能是妨碍了本国企业学到外国的先进技术，而不是加快了本国学习外国先进技术的速度。

仅仅是从当代西方国际经济学理论中引证的上述论点就足以说明，认为"外向型经济"或自由贸易必定是最优的对外经济政策的观点，不仅缺乏足够的理论根据，而且是源于对当代西方主流国际贸易理论新发展的无知。简单地把问题概括为"自由贸易解决效率问题，保护贸易政策解决公平问题"，也是错误的。当代西方国际经济学理论承认保护性的进口关税可以改善一国的贸易条件，使该国获得"动态收益递增"，这主要是保护关税提高一国经济的效率的作用，而不是解决有关再分配的公平问题。

参考文献

［美］保罗·克鲁格曼、茅瑞斯·奥伯斯法尔德：《国际经济学》，黄卫平译，中国人民大学出版社1998年版。

［英］维克托·布尔默—托马斯：《独立以来拉丁美洲的经济发展》，张凡等译，中国经济出版社2000年版。

Findly, R., *Free Trade and Protection*，载《新帕尔格雷夫经济学大辞典》，经济科学出版社1992年版。

（原载《经济学动态》2002年第7期）

外资企业税收优惠的非效率性

本文所说的"外资企业",是指由非本国常住单位的自然人和法人投资的企业,包括由它们独资或与本国企业合资或合作经营的企业,也就是人们通常所说的"三资企业"。最近20年来,这类外资企业在我国享受到了不少税收优惠,这些税收优惠使适用于这些外资企业的企业所得税和流转税的税率都明显低于本国企业(许善达,1999)。本文使用数学模型进行的理论分析将说明,这样的税收优惠是无效率的,其净结果是降低了本国居民所享受的福利。

为了能够进行严格的数量化分析,我们必须把外资企业税收优惠的影响分成两个不同的方面:总收入效应和资源配置效应。总收入效应由投资效应和税收效应构成,资源配置效应则分为要素需求效应和要素供给效应。

一 对外资作用的评价

评价外资企业税收政策是否有效率,应以它是否增加了本国居民的福利为标准,而不能以是否增加了本国总产出做尺度。这是因为任何国家的政府都只对本国居民的福利负有义务,一项增加本国总产出却减少本国居民福利的政策对该国不能说是有效率的。

从理论上说,一国经济政策的目标应是本国居民的福利最大化,它不但要求使本国居民的实际总收入最大化,而且要求在这一实际总收入下资源配置达到最大限度的帕累托效率。但是在宏观总量的分析中，很难用简单的数量指标来衡量整个经济接近帕累托效率的程度。这样，我们的总量分析将只限于说明外资企业税收优惠对本国总收入的影响。好在这种分析对于说明这一类政策的绝大多数影响来说已经足够。

根据上述标准，我们在评价国外投资的作用时，不应当看它是否增加了一国的总产出，而必须看它是否增加了一国居民的实际总收入。以统计指标来近似地表示，一国的总产出体现为国内生产总值（GDP），总收入则表现为国民生产总值（GNP），二者之间的差额就是净国外要素收入，主要是净国外投资收益。自 1995 年以来，我国的 GNP 每年都小于 GDP 1000 亿元左右，相应的国外投资者在中国的净收益每年都为 100 多亿美元（国家统计局，1999）。这意味着中国 1998 年总产出中约 1.5% 为外国人所享有，我们已经不能再无视总产出与总收入之间的差别。

这样，评价外资和外资企业政策的标准，应当是它们是否增大了以式（1）表示的本国实际总收入：

$$Y = Q - \pi \cdot (1-t_y) = Q_d + Q_f - \pi \cdot (1-t_y)$$
$$= Q_d + Q_f \cdot t_f + t_y \cdot (1-t_f) \cdot Q_f + (1-t_y) \cdot C \quad (1)$$

上式中的 Y 是本国实际总收入，Q 是总产出，$\pi = (1-t_f) \cdot Q_f - C$，为外资企业缴纳企业所得税之前以实物量表示的利润，$\pi \cdot (1-t_y)$ 为外资企业的税后利润，其中的 t_y 为外资企业的企业所得税占其利润总量的比例。在这里我们以外资企业的税后利润代表国外要素在本国所得到的一切收益。在上式中，总产出 Q 分为内资企业的产出 Q_d 和外资企业的产出 Q_f，外资企业缴纳的销售税是其产出数量乘销售税率：$t_f \cdot Q_f$，这里的 t_f 为外资企业的销售税税率，C 则是以产品数量衡量的外资企业使用国内资源所付出的成本。

在式（1）中，

$$t_f \cdot Q_f + t_y \cdot [(1-t_f) \cdot Q_f - C] = T \quad (1.1)$$

为一国由外资企业所得到的实际税收总量。

依据式（1）给出的总收入，以 K_f 表示外资企业使用的国外要素（主要是资本），可知外资流入对本国总收入的影响为：

$$\frac{\partial Y}{\partial K_f} = \frac{\partial Q_d}{\partial K_f} + \frac{dQ_f}{dK_f} \cdot$$

$$[t_f + t_y \cdot (1 - t_f)] + (1 - t_y) \cdot \left(\frac{\partial C}{\partial K_f} + \frac{\partial C}{\partial Q_f} \cdot \frac{dQ_f}{dK_f}\right) \quad (2)$$

在上式中，$\frac{\partial C}{\partial Q_f} \cdot \frac{dQ_f}{dK_f} > 0$ 为"外资对本国生产要素的边际需求"（以要素的实际报酬表示），反映了在本国生产要素的给定价格下，外资流入增加外资企业使用的本国生产要素的作用。$\frac{\partial C}{\partial Q_f} \cdot \frac{dQ_f}{dK_f} > 0$，是由于外资的流入将增加外资企业的产量 $\left(\frac{dQ_f}{dK_f} > 0\right)$，外资企业增加产量时也要增加其使用的本国要素数量 $\left(\frac{\partial C}{\partial Q_f} > 0\right)$。上式中的 $\frac{\partial C}{\partial K_f} > 0$ 为外资的流入通过提高本国要素的价格所增加的外资企业为使用国内资源所付出的实际成本。这一作用是由于外资的流入通过增加国内资本而提高了本国其他要素的边际产量，从而使这些要素的相对价格上升。

式（2）中的 $\frac{\partial Q_d}{\partial K_f}$ 为负，表示外资流入减少内资企业产量的不利影响。产生这一影响有两个原因：第一个原因是外资企业吸走了本来可以由内资企业使用的生产要素从而降低了其产量。在这方面，前边所说的以要素的实际报酬表示的外资对本国生产要素的边际需求可以很好地度量外资流入所减少的内资企业产量：在竞争性的市场经济中，外资企业付给本国要素的实际报酬将等于这些要素对内资企业的边际产量，因此外资企业增雇本国要素所增加的实际成本应当等于它们所减少的内资产量。当然，如果本国要素就业不足，外资企业增雇本国要素就不见得会相应地减少内资企业使用的本国要素，可能使要素流失所造成的内资企业产量损失小于外资企业成本的增加。但是在这种情况下，一定会存在严重的产品总需求不足，外资企业产量的增加会夺走内资企业的市场,从而相应地减少内资企业产量。这是外资流入减少内资产量的第二个原因。在这第二种情况下,外资企业产量的增加可能就是内资企业产量减少的最好度量。由于外资企业产量的增加必定大于其国内要素成本的增加,夺走市场所造成的内资企业产量减少必定会大于外资企业国内要素成本的上升。这样,我们有:

$$\frac{\partial Q_d}{\partial K_f} < 0, \quad \left|\frac{\partial Q_d}{\partial K_f}\right| \geq \frac{\partial C}{\partial Q_f} \cdot \frac{\mathrm{d}Q_f}{\mathrm{d}K_f} \tag{8.1}$$

将上述两因素相互抵消之后,式(2)变为:

$$\frac{\partial Y}{\partial K_f} \leq g + (1 - t_y) \cdot \frac{\partial C}{\partial K_f}$$

其中,$g = \frac{\mathrm{d}Q_f}{\mathrm{d}K_f} \cdot t_f \cdot (1 - t_y) + t_y \cdot \left(\frac{\mathrm{d}Q_f}{\mathrm{d}K_f} - \frac{\partial C}{\partial Q_f} \cdot \frac{\mathrm{d}Q_f}{\mathrm{d}K_f}\right)$ (2.1)

上式的右边概括了一国可以从外资流入中得到的两种真正的好处:前一项 g 是政府税收的增加,后一项是本国要素价格上升带来的居民个人收入的增加。但是,不等号表明,就是这样两项好处也要受到内资企业市场丧失程度的限制:外资企业夺占的内资企业市场越多,外资流入带来的好处越小。

二 外资企业税收政策的作用

尽管外资流入通常会给一国带来好处,但是这绝不意味着对外资企业的税收优惠就对一国有利。其原因在于外资企业税率变化所能够吸引的外资数量要受到流入的外资的机会成本约束,而这种税率的变化除了通过吸引外资而发生投资效应之外,还会通过其他方面的效应影响一国的总收入,这些其他方面的效应不但包括资源配置效应,而且包括总收入效应中的税收效应。

在分析外资企业销售税率和所得税率变动的这些效应时,可以根据式(1)将总收入看成外资数量和相应的外资企业税率两者的函数:

$$Y = Y(K_f, t_i) \quad i = f, y \tag{3}$$

其中的外资数量又是外资企业税率的函数。外资企业税率变化通过影响外资数量而对总收入发生的影响,就是它的投资效应。

可以把外资企业税率不通过外资数量而直接对总收入所发生的影响表示为 $\frac{\partial Y}{\partial t_i}$,这种影响分为两个方面:一方面是外资企业税率变动的资源配置效应 e,它是外资企业税率通过影响资源配置效率而对总收入所发生的影响,这种影响是通过对总产出的影响而发生的。由式(1)可得:

$$e = \frac{\partial Q_d}{\partial t_i} + (t_f + t_y - t_f \cdot t_y) \cdot \frac{\partial Q_f}{\partial t_i} \qquad \begin{array}{l} i = f,\ y \\ t_f + t_y - t_f \cdot t_y < 1 \end{array}$$

$$= \frac{\partial Q_d}{\partial Q_f} \cdot \frac{\partial Q_f}{\partial t_i} + (t_f + t_y - t_f \cdot t_y) \cdot \frac{\partial Q_f}{\partial t_i} \qquad 因为 \begin{array}{l} t_f < 1 \\ t_y < 1 \end{array}$$

(3.1)

另一方面是外资企业税率变动的税收效应,即它对实际税收总量的影响 $\frac{\partial T}{\partial t_i}$($i = f,\ y$),它是外资企业税率变化的总收入效应的一部分。根据式(1.1)可推得改变外资企业销售税率和所得税率对实际税收总量的直接影响分别为:

$$\frac{\partial T}{\partial t_f} = (1 - t_y) \cdot Q_f \qquad (3.2)$$

$$\frac{\partial T}{\partial t_y} = (1 - t_f) \cdot Q_f - C = \pi \qquad (3.3)$$

这样,可由式(3)推得外资企业销售税率或所得税率变化对本国总收入的全部影响:

$$\frac{dY}{dt_i} = \frac{\partial Y}{\partial K_f} \cdot \frac{dK_f}{dt_i} + \frac{\partial Y}{\partial t_i} = \frac{\partial Y}{\partial K_f} \cdot \frac{dK_f}{dt_i} + \frac{\partial T}{\partial t_i} + e$$
$$i = f,\ y \qquad (3.4)$$

上式右边的第一项就是外资企业税率变动的投资效应,它与第二项合起来构成了税率变动的总收入效应 h_i。

外资企业税率变化所能够吸引的外资数量要受外资企业的盈

利率与流入外资的机会成本影响。理论上可以把流入的国外要素中实际报酬率最低的那一小部分视为"流入的最后一单位外资",它所获得的利润率(也就是最低的外资利润率)为"外国资本的边际效率"。根据利润率的定义,我们可得"外国资本的边际效率":

$$r = MQ \cdot (1 - t_f) - MC \qquad (4)$$

在上式中,MQ 为这一边际资本的产出,MC 则是为上述边际资本使用的本国生产要素所付出的实际成本。外资增加所导致的外资企业使用的本国要素价格上涨,本身会增加外资企业的成本,减少其利润。这一影响可以表示为:

$$\frac{\partial \pi}{\partial K_f} = -\frac{\partial C}{\partial K_f} < 0 \qquad (4.1)$$

外国资本的边际效率 r 随着流入的外国资本数量的增加而递减。这有两个原因。第一个原因是流入外资的增加提高了本国要素的边际生产力,从而提高了本国生产要素的实际报酬率。本国要素价格上升一方面增加了每单位外资的产品中本国要素报酬所占数量,另一方面会迫使外资企业减少每单位国外要素结合的本国要素数量,降低每单位国外要素的产量,从而减少外国资本的边际效率。第二个原因是,给定外资企业使用的本国生产要素的实际报酬率,外国资本的边际效率也会随着流入的外国资本数量的增加而递减。这是因为在上述的给定条件下,最初流入的外资所选择的必定是回报率最高的投资项目,而以后增加的外资则只能抢到回报率低一些的项目。这样我们就有:

$$\frac{dr}{dK_f} = \frac{dMQ}{dK_f} \cdot (1 - t_f) - \frac{dMC}{dK_f} < 0 \qquad (4.2)$$

而外资以及国外其他生产要素的流入要受到其流入一国的机会成本约束:它们在一国所获收入不能低于它们留在国外所可以得到的最高收入,例如流入一国的国外资金预期可获得的利润率不能低于国际市场上的利息率。当美国资本市场上的利息率是5%时,一国不可能以低于5%的预期利润率吸收国外的可以自由流动的资本和资金。[①] 因此，从长远来说，外资流入中国的数量必定服从下述的均衡条件：

$$(1-t_y) \cdot r = (1-t_y) \cdot [MQ \cdot (1-t_f) - MC] = \alpha \quad (5)$$

式中的 α 为外资流入的机会成本。当外资的流入已经达到上式表示的程度时，就达到了一种均衡状态。我们对外资企业税收政策的研究必须从这样的均衡状态出发，因为在达到均衡状态之前，外资的流入是由于各国的成本水平不同之类的客观原因，而不能看作由于税收政策的作用。

三 税率变动的总收入效应

将式（5）两边对 t_f 求导可得：

$$\frac{dK_f}{dt_f} \cdot \frac{dr}{dK_f} - MQ = 0$$

整理上式，可得外资企业销售税率变动对外资数量的影响：

$$\frac{dK_f}{dt_f} = MQ \cdot \left(\frac{dr}{dK_f}\right)^{-1} < 0 \quad (5.1)$$

用同样的方法可推得：

$$\frac{dK_f}{dt_y} = r \cdot (1-t_y)^{-1} \cdot \left(\frac{dr}{dK_f}\right)^{-1} < 0 \quad (5.2)$$

上述两式表明，降低外资企业的销售税和利润税的税率都确实可以增加流入的外资。但是要根据以上两式和式（2.1）、式（3.4）来判定改变外资企业税率的总收入效应，先必须判定式（2.1）中 $\frac{\partial C}{\partial K_f}$ 一项的数量界限。根据式（4.1）可推得：

[①] 由此可知，以"中国人均资本少"来论证"应当引入外资"是无稽之谈：外资是否流入中国，根本不取决于中国是否人均资本少，是否"需要"外资。在国际市场上，起决定作用的是"需求"，而不是"需要"。外资是否流入中国，取决于中国能否使外资在中国的边际生产力高于国际市场上的资本利息率，取决于中国是否能对外资形成真正有效率的需求。当然中国也可以通过给外资某些特殊的优惠来将外资的利润率硬拉到国际通行的利息率之上，但是这样形成的对外资的需求不会是真正有效率的需求。本文将证明，这类做法是损害中国的经济利益的。

$$\frac{\partial C}{\partial K_f} = -\frac{\partial \pi}{\partial K_f} = -\frac{\partial \pi}{\partial r} \cdot \frac{\mathrm{d}r}{\mathrm{d}K_f} \tag{6}$$

如果所有外资企业都有同样的一次齐次生产函数,产品市场和资本市场又都是完全竞争的,所有外资的利润率就都只能等于资本边际效率,资本边际效率的下降会同等影响每一单位外资,式(6)中的 $\frac{\partial \pi}{\partial r} = K_f$。但是现实中的市场并不完全,资本边际效率的下降不会对任何单位外资的利润都产生同样数额的影响。详细的讨论可以证明,只有在很例外的情况下才可能有 $\frac{\partial \pi}{\partial r} > K_f$。因此,一般可假定:

$$0 < \frac{\partial \pi}{\partial r} \leq K_f \tag{6.1}$$

根据式(3.4)、式(2.1)、式(3.2)、式(5.1)和式(6),外资企业销售税率变化的总收入效应为:

$$h_f = \frac{\partial Y}{\partial K_f} \cdot \frac{\mathrm{d}K_f}{\mathrm{d}t_f} + \frac{\partial T}{\partial t_f} \geq g \cdot \frac{\mathrm{d}K_f}{\mathrm{d}t_f} + (1 - t_y) \cdot \\ \left(Q_f - \frac{\partial \pi}{\partial r} \cdot MQ \right) \tag{7.1}$$

如果每单位外资面临同样的一次齐次生产函数,且整个经济是完全竞争的,就会有 $\frac{\partial \pi}{\partial r} = K_f$,平均每单位资本的产量也等于边际资本的产量,因而 $\frac{\partial \pi}{\partial r} \cdot MQ = Q_f$。这种情况具有典型性。根据式(7.1)所做的详尽讨论可以证明,由于各种效应相互抵销,通常会有:

$$\frac{\partial \pi}{\partial r} \cdot MQ \approx Q_f \tag{8.2}$$

于是可以断定

$$f_f = (1 - t_y) \cdot \left(Q_f - \frac{\partial \pi}{\partial r} \cdot MQ \right) \approx 0 \tag{8.3}$$

而根据式(2.1)和式(5.1)有 $g \cdot \frac{\mathrm{d}K_f}{\mathrm{d}t_f} \leq 0$。据此可以将式(7.1)化为:

$$h_f \geq g \cdot \frac{dK_f}{dt_f} + f_f \geq g \cdot \frac{dK_f}{dt_f} \quad (7.2)$$

式（7.2）表明，降低外资企业销售税税率的总收入效应是增加还是减少一国的总收入，即 h_f 是负还是正，是无法事先确定的，它取决于 h_f 在多大程度上大于 $g \cdot \frac{dK_f}{dt_f}$。由式（2）、式（2.1）和式（7.1）可知，这取决于外资企业在多大程度上靠挤占本国企业的市场而增加产量。

而根据式（3.4）、式（2.1）、式（5.2）、式（3.3）和式（6），外资企业利润税税率变化的总收入效应为

$$h_y \geq g \cdot \frac{dK_f}{dt_y} - \frac{\partial \pi}{\partial r} \cdot r + \pi \quad (9.1)$$

上式中，外资的资本边际效率 r 不会高于每单位外资平均的利润率 q，对式（6.1）的分析，除了极端情况之外，一般可以认定 $\frac{\partial \pi}{\partial r} \leq K_f$。于是可得：

$$\frac{\partial \pi}{\partial r} \cdot r \leq \pi \quad (9.2)$$

由此可得：

$$f_y = \pi - \frac{\partial \pi}{\partial r} \cdot r \geq 0 \quad (9.3)$$

而根据式（2.1）和式（5.2），有 $g \cdot \frac{dK_f}{dt_y} \leq 0$。据此可以将式（9.1）化为：

$$h_y \geq g \cdot \frac{dK_f}{dt_y} + f_y \quad (9.4)$$

上式表明，降低外资企业利润税税率的总收入效应是增加还是减少一国的总收入，即 h_y 是负还是正，也是无法事先确定的，它不仅取决于外资企业在多大程度上靠挤占本国企业的市场而增加产量，而且取决于 $g \cdot \frac{dK_f}{dt_y}$ 与 f_y 的绝对值有多大差距。

式（7.2）和式（9.4）都表明，无论是降低外资企业的销售税率还是降低外资企业的利润税税率，其总收入效应都是无法事先确定的，我们无法先验地判定它们是增加还是减少一国的总收入，这取决于几个起相反作用的因素中哪一个的作用更大。在一般情况下，由于外资企业所增加的产量可能显著大于它所造成的内资企业产量的减少，降低外资企业两种税率的总收入效应可能都是增加一国的总收入。但是式（2.1）告诉我们，$g \cdot \dfrac{\mathrm{d}K_f}{\mathrm{d}t_f}$ 和 $g \cdot \dfrac{\mathrm{d}K_f}{\mathrm{d}t_y}$ 的绝对值取决于外资企业销售税和利润税的税率。当这两种税率都接近 0 时，h_f 和 h_y 将肯定大于 0。这就是说，如果外资企业的税率极低的话，降低税率将肯定通过总收入效应减少本国的总收入，这样的外资企业税收优惠必定是有害于本国人民的。而由于 h_f 与 $g \cdot \dfrac{\mathrm{d}K_f}{\mathrm{d}t_f}$、$h_y$ 与 $g \cdot \dfrac{\mathrm{d}K_f}{\mathrm{d}t_y}$ 之间的差距取决于外资企业产量增加在多大程度上以内资企业产量下降为代价，当外资企业产量的增加在很大程度上以内资企业产量的下降为代价时，降低外资企业税率的总收入效应必为正，这时的外资企业税收优惠也必有害于本国人民。

四 配置效应：完全竞争的产品市场

在分析外资企业税收优惠的资源配置效应之前，必须首先说明税收的投入效应，它是税收对消费者将其禀赋（劳动时间和实际储蓄等）自己消费还是投入企业生产其他物品的决策的影响。

资源配置达到帕累托最优的条件之一是，任何一种生产要素生产任何一种产品的边际产量都等于消费者在这两者之间以绝对值计的边际替代率（Henderson and Quandt，1980）。如果税收造成的资源配置不合乎这一标准，消费者投入生产中的生产要素数量就会偏离帕累托最优。而任何与产出或收入成比例的税收都有扭曲性的投入效应。

以销售税为例：如果追求利润最大化的企业在产品市场和要素

市场上都处于完全竞争之下,则企业的目标是:

$$\max. \ (1-t_i) \cdot p \cdot y - \sum_{j=1}^{n} w_j \cdot x_j \tag{10}$$

其中的 t_i 为该企业所必须缴纳的销售税的税率(销售税额占销售总值的百分比),y 为其产量,p 为其产品价格,x_j 为其使用的第 j 种要素的数量,w_j 为该要素的价格。将上式对 x_j 求导并令其等于 0,再稍作变换,得企业在使用第 j 种要素上所必须遵守的利润最大化一阶条件:

$$(1-t_i) \cdot \frac{\partial y}{\partial x_j} = \frac{w_j}{p} \tag{10.1}$$

上式中的 $\frac{\partial y}{\partial x_j}$ 为该要素的边际产量,而要素价格与产品价格比 $\frac{w_j}{p}$ 在消费者的最优行为下必等于两者之间的边际替代率。这就表明,只要销售税率不等于 0,要素的边际产量就必定大于要素对产品的边际替代率。这会导致消费者向生产领域投入的要素数量偏离帕累托最优,一般是提供给生产领域的生产要素过少,而留供自己消费的要素则过多。

从表面上看,给外资企业税收优惠可以降低上式中的税率,至少在外资企业领域中减少扭曲性的投入效应。但是,政府总是需要税收的,只要政府仍要靠比例性的征税来为自己筹措资金,对外资企业降低税率就只能导致对内资企业提高税率,从而在内资企业领域造成更大的扭曲性投入效应。不仅如此,对外资企业的这种销售税上的优惠还会进一步造成另一种更严重的扭曲性资源配置效应:要素需求效应。

经济效率的要求之一是以给定数量的生产要素生产尽可能大的产量。令 y_i 为第 i 个企业的产量,x_{ij} 为该企业使用的第 j 种生产要素的数量,这一要求意味着:

$$\max. \sum_i y_i$$
$$\text{s. t.} \sum_i x_{ij} = x_j \tag{10.2}$$

依据上式建立拉格朗日函数再求总产量最大化的一阶条件并做

变换，可知要使总产量达到最大，任何一种生产要素 j 在任何两个企业 h 和 k 之间的配置必须满足条件：

$$\frac{\partial y_h}{\partial x_{hj}} = \frac{\partial y_k}{\partial x_{kj}} \tag{10.3}$$

这就是著名的生产上的帕累托最优条件：任何一种生产要素在任何两个企业中的边际产量都相等。但是，在完全竞争条件下，企业必须为同种生产要素支付同样的价格，销售同种产品也只能以同样的价格；这样，由式（10.1）可推知，任何两个企业 h 和 k 之间对同种生产要素的实际需求必定满足条件：

$$(1 - t_h) \cdot \frac{\partial y_h}{\partial x_{hj}} = (1 - t_k) \cdot \frac{\partial y_k}{\partial x_{kj}} \tag{10.4}$$

上式清楚地证明，只有当各个企业缴纳销售税的税率相同时，各企业对生产要素的需求才合乎产量最大化的要求。当不同的企业有不同的销售税率（$t_h \neq t_k$）时，企业对生产要素的需求被扭曲，总产量低于没有扭曲时的产量。这样，在销售税率上对外资企业的优惠虽然会靠降低税率增加其产量，使 $\frac{\partial Q_f}{\partial t_f} < 0$，但它同时必定降低了总产量，产生了负的要素需求效应，使式（3.1）中的 $\frac{\partial Q_d}{\partial Q_f}$ 小于 0 且 $\left|\frac{\partial Q_d}{\partial Q_f}\right| > 1$。

如果以 h 代表本国企业，k 代表外资企业，则根据式（10.4），在销售税率上对外资企业的优惠必然导致外资企业在要素边际产量上低于内资企业 $\left(\frac{\partial y_h}{\partial x_{hj}} < \frac{\partial y_k}{\partial x_{kj}}\right)$，因为 $t_h < t_k$。注意到上式中的利润最大化一阶条件是在二阶条件满足时才成立，二阶条件要求要素在任何企业中的边际产量都递减，这就造成与产量最大化的资源配置相比，外资企业需求过多的生产要素，内资企业则需求过少的生产要素，生产要素从效率高而税负重的内资企业流向效率低而税负轻的外资企业。多年来我国大量的本国人才流进了外资企业，甚至本国常住单位的大量自有资金也通过银行贷款、合资等途径流进了外资企业。

这种流动的很大一部分是降低经济效率的，其原因之一就是外资企业享有税收优惠。

上述有关外资企业税收优惠作用的分析只能直接适用于流转税（包括增值税）的情况，原则上不适于用来说明企业所得税（利润税）的影响。为分析利润税的影响，可以以 t 代表利润税的税率，将企业的税后利润表示为 $(1-t) \cdot (p \cdot y - \sum_{j=1}^{n} w_j \cdot x_j)$。按照这种理论模式，如果企业中要素的边际产量递减，企业追求的又是税后利润最大化的话，利润税的高低应当对资源配置，特别是企业的要素需求和产量没有影响，不同企业利润税税率的不统一也应当不会扭曲资源的配置。理论上的这一结论当然不合乎实际的经验，回答这一难题因此成了财政理论上的一大课题，Musgrave 等财政理论专家都为此付出了不少心血（Musgrave，1958）。不过对我们现在所分析的问题，答案却相当简单：流转税的配置效应最明显地体现在它对要素需求的影响上，我们上边的分析讨论的恰恰是税收优惠的要素需求效应；而企业所得税（利润税）的配置效应则主要体现在生产要素的供给上。

看起来企业的利润是一种剩余，但是在市场竞争的环境中，利润实际上是享有剩余索取权的生产要素经营企业所得到的报酬。这些生产要素通常包括开办和经营企业的企业家、企业的自有资本，在许多大企业中甚至包括企业的一大部分员工。在参与分享利润的限度内，这些生产要素实际上是企业的所有者，因而它们之所以进入一个企业，不是由于企业对它们的需求，而仅仅简单地是由于它们自己向企业的供给。但是它们在决定进入一个企业时，也必定要考虑这样做的代价。只有当这一类生产要素进入一个企业所分享的利润大于它为此所付出的机会成本时，它们才会将自己提供给一个企业。不需用任何数学模型证明就很清楚的是，如果不同的企业有同样的效率（即有同样的需求函数和成本函数）并有同样的分享利润的生产要素，但是它们有不同的利润税税率，则它们的分享利润的生产要素所得到的报酬（分享的税后利润）会不同，例如股东分得的税后利润的利润率会不同：税率低的企业索取剩余的要素的报酬高，税率高的企业索取剩余的要素的报酬低。这会使所有者们过多地向税率低的企业供给这种要素，过少地向税率高的企业供给这种要素，就像投资人会将资本从税率高的企业中抽出来投入税率低的企业。税率高的企业因此而会由于企业家、资本以及员工的流失而灭亡。

我们也可以以数学模型近似地表示企业所得税对资源配置的影响。假定企业所得税不考虑分享税后利润的企业自有资本的机会成本（例如企业所有者——股东们将资金存入银行可以得到的利息），但是企业本身对分享利润的生产要素没有任何数量限制，接受任何这种要素的供给。这时决定企业使用的分享利润的生产要素数量的一阶条件，也就是下列目标函数的最大化一阶条件：

$$\max_{x_{j2}}\ (1-t_i)\cdot\left(p\cdot y-\sum_{j=1}^{n}w_j\cdot x_{j1}\right)-\sum_{j=1}^{n}w_j\cdot x_{j2} \quad (10.5)$$

在上式中，x_{j1}和x_{j2}都是同一种生产要素（例如资本）的数量，只不过x_{j1}的成本在计算利润税时已从税基中扣除（如在缴纳利润税时将银行贷款的利息从税基中扣除），而x_{j2}的机会成本（如企业自有资金应得的利息）在缴纳利润税时没有被从税基中扣除。在做了这样的处理之后，利用上式所做的分析将导致与式（10.4）同样的结论：税率高的企业将使用过少的生产要素（现在是分享利润的要素），将它转移到税率低的企业中或将资金存入银行。不过，由于这里的分析中影响要素流动的代价是分享利润的要素的机会成本，分析中所得出的企业使用的要素数量就不取决于企业对要素的需求，而是体现了对企业的要素供给。这样，不同企业的利润税税率不同仍然会造成资源配置的扭曲，影响企业使用的要素数量与产量。

类似的模型分析同样可以证明，企业负担的流转税税率的不同也有同样的作用：它也会使对税率低的企业供给的分享利润的生产要素过多，而对税率高的企业则供给过少。

所有这一类的要素流动都是降低经济效率、减低总产量的，因为分享剩余的要素不是从效率低的企业流向了效率高的企业，而是相反。外资企业的税收优惠所起的正是这样一种作用。这就是这种税收优惠在资源配置上的"要素供给效应"。

综上所述,在完全竞争条件下,外资企业税收优惠在要素需求和要素供给上所起的作用是一致的:它们都产生了不利的资源配置效应,使式(3.1)中的$\frac{\partial Q_f}{\partial t_i}<0$,$\frac{\partial Q_d}{\partial Q_f}<0$且$\left|\frac{\partial Q_d}{\partial Q_f}\right|>1$。这就造成了式(3.1)中的配置效应$e>0$:降低外资企业税率通过扭曲资源配置而减少了本国的总收入。再与式(7.2)和式(9.4)结合在一起考虑,可以得出结论:在竞争条件下,对外资企业的税收优惠一般来说都会损害本国居民的利益,因为它会使本国的实际总收入与外资企业的税率同方向变动。

五 配置效应:垄断性的产品市场

如果外资企业在产品市场上具有卖方垄断地位,对它们的税收优惠在资源配置上也会产生同样不利的要素供给效应,这是不需证明的。但是对它们在流转税上的税收优惠会产生怎样的要素需求效应,却取决于外资企业与内资企业哪一个的垄断程度大。

垄断企业的产品价格要取决于其生产和销售的数量。因此,尽管垄断企业的目标函数也可表达为式(10),但是由该式推导出的企业i在使用生产要素x以生产产品i时所必须遵守的最大化一阶条件却是:

$$(1-t_i) \cdot p_i(y_i) \cdot \left[1-\frac{1}{\varepsilon(y_i)}\right] \cdot \frac{\partial y_i}{\partial x} = w \qquad (11)$$

上式中的w是该要素的价格,ε则是该垄断企业产品的需求弹性(它本身通常都是负的,但是本文中都取它的绝对值,使其为正)。式中的$p_i \cdot \left[1-\frac{1}{\varepsilon}\right]$也就是该企业产品的边际收益$p+\frac{dp}{dy} \cdot \frac{y}{p}$(Varian,1992)。企业本身面对的产品需求弹性是企业在产品市场上的垄断程度的一个尺度:显然它的绝对值越大,企业的产品边际收益越接近其价格，企业越处于竞争之下；而由于企业生产的边际成本为正，它的产品需求弹性不可能小于1。

上式表明了垄断企业的存在本身就会造成不利的投入效应：即使销售税率为0，由于产品的边际收益低于价格，垄断企业也会使生产要素的边际产量大于要素对产品的边际替代率。这会导致消费者向生产领域投入的要素数量偏离帕累托最优。

但是，给定这种不利的投入效应，让垄断性大的企业享受较低的销售税率却会造成一种帕累托改进。如果两个在产品市场上具有垄断地位的企业 I 和 J 各自生产产品 i 和 j，同时又必须为同种要素支付同样的价格，则可以根据式（11）将它们使用要素 x 时所必须满足的最大化一阶条件合并，再稍做变换可得：

$$\frac{\partial y_j}{\partial x} \bigg/ \frac{\partial y_i}{\partial x} = \frac{p_i}{p_j} \cdot \frac{\left(1 - \frac{1}{\varepsilon_i}\right) \cdot (1 - t_i)}{\left(1 - \frac{1}{\varepsilon_j}\right) \cdot (1 - t_j)} \quad (11.1)$$

上式是企业追求利润最大化的行为的必然后果。该式左边的 $\frac{\partial y_j}{\partial x} \big/ \frac{\partial y_i}{\partial x}$ 表示要素 x 在 I 与 J 两个企业间的流动所造成的产品 i 与 j 之间的边际转换率；消费者的最优化行为会使该式右边的产品价格比 $\frac{p_i}{p_j}$ 等于消费这两种产品的边际替代率。这样，在上式所描述的企业行为下，不考虑销售税率的影响，如果生产产品 i 的企业的垄断程度高于生产产品 j 的企业（$\varepsilon_i < \varepsilon_j$），则这个因素本身就会造成消费者用产品 i 替代产品 j 的边际替代率大于增加生产产品 i 对必须减少生产的产品 j 的比例（边际转换率）。

套用帕累托最优的条件——两产品之间的边际替代率必须等于它们之间的边际转换率（Varian, 1992），我们可以得出结论：在这种情况下，使垄断程度高的企业 I 负担的销售税率适当低于垄断程度低的企业 J 的税率（$t_I < t_J$），将会补偿这两个企业垄断程度不同所造成的效率损失，造成一个帕累托改进。其原因在于：根据式（11），

较低的销售税率会使高垄断的企业多使用一些要素 x 以降低其边际产量，从而从低垄断的企业吸引一些该要素以多生产产品 i 并减少产品 j 的生产。高垄断的企业在增加 i 的产量时必须降低其价格，这会诱使消费者多消费一些产品 i 而少消费一些产品 j。由于产品 i 替代 j 的边际替代率大于它们之间的边际转换率，为增产 i 所必须减少的 j 产量小于消费者福利不变的条件下消费者所情愿牺牲的 j 数量，这样一种做法将会增加消费者的福利。

多数人会感到，外资企业的垄断程度通常高于内资企业。这样，从"好的政策是给高垄断企业低销售税率"这个观点出发，似乎可以得出"应当给外资企业税收优惠"的结论。这是外资企业的税收优惠可以找到的最有利的理论依据。但是，仔细考虑却会告诉我们，即使是在产品市场垄断性的条件下，给外资企业税收优惠对一国经济总的来说也是有害的。

第一，有效率的政策只要求给高垄断的企业低销售税率，而垄断程度高低的差别与外资内资企业的差别是两回事：外资企业也有不少垄断程度很低的，内资企业也有垄断程度很高的。真正有效率的政策只应当规定垄断程度高的企业销售税率低。尽管当外资企业垄断性多时，外资企业可能相对较多地享受这种优惠政策，但这样的税收优惠本身应当是对外资企业和内资企业一律平等的。这与给外资企业特殊的优惠政策是完全不同的。在外资企业一律享受税收优惠的政策下，必定会出现外资的竞争性企业税率低而内资的垄断性企业税率高的情况，而根据上边的分析，这恰恰是降低经济效率的。这就是说，不加区分的外资企业税收优惠同样会造成有害的要素需求效应。

第二，给垄断性的外资企业税收优惠虽然会造成资源配置上有利的要素需求效应，但同时也会造成资源配置上极其不利的要素供给效应，因而总的权衡不见得会带来有利的资源配置效应。此外，根据式（2.1），外资企业销售税率低会减少外资流入增加税收的效应。根据式（11.1），即使内资企业只有一个行业处于完全竞争条件下（这使企业的产品边际收益 $p_j \cdot \left(1 - \frac{1}{\varepsilon_j}\right)$ 等于其价格 p_j），而某外资企业所面对的产品需求弹性小于6，在目前增值税率为17%的条件下，要达到边际替代率等于边际转换率的资源配置效率条件（即使 $\frac{\partial y_j}{\partial x} / \frac{\partial y_i}{\partial x} = \frac{p_i}{p_j}$），就必须将外资企业的产品销售税率降到0。但是根据式（2.1）、式（7.2）和式（9.4），这样一来，由销售税而来的降低外资企业税率的有利效应就完全消失了。根据式（7.2）和式（9.4）做总的权衡，在这种情况下降低外资企业的销售税率只会有害于本国居民。这样，就是在垄断条件下，外资企业的税收优惠也有害于本国经济；而且税收优惠程度越大，害处就越大。

第三，为提高效率而给予垄断企业销售方面的税收优惠或补贴显然是有损公平的。为了消除这一弊端，正统的福利经济学主张以一次总付税将垄断企业由政府的优惠而多得的利润全部收走（Henderson and Quandt，1980）。由于对外资企业增加的税收是一国人民的净所得，我们就更应当如此做。但是这样一来，从总体上看就是对垄断性的外资企业也不可能再有什么税收优惠了。

第四，经济政策可以在很大程度上影响一个行业的垄断程度。要想消除垄断所造成的资源配置扭曲，一国的经济政策更应该想办法防止外资企业垄断，而不是让它们垄断了该国的某个行业后再去给它们税收优惠。

外资企业的税收优惠造成了降低经济效率的资金在国内外的过度双向流动。最明显的例子是：为了享受外资企业的税收优惠，某些国内的资金先流到国外变成外资，再以外资的身份投资国内。更具一般性的情况是，如果一国储蓄多而资金回报低，以至投资等于国内储蓄时税后的边际资本利润率已经低于国外投资的正常回报，外资企业的税收优惠就会在引进一些低效率的外资企业的同时将过多的国内资金挤到国外，造成资金在国内外的过度双向流动。这正是我们今天发生的事情。

还有一个为外资企业的税收优惠辩护的似是而非论点：这样会

加快引进国外的先进技术。这种论点恰恰把问题的逻辑说反了。外资企业可以使用很先进的技术，也可以使用不那么先进的技术，甚至可以使用比内资企业还落后的技术。在市场经济中，企业采用先进技术是为了在争夺市场的斗争中压倒对手。税收优惠使外资企业不必采用先进技术就具有对内资企业的竞争优势，它们还会有那么多的动力去使用高技术吗？恰恰是不加区别的税收优惠才降低了外资企业采用先进技术的积极性。正是为了加快引进先进技术，才不应该给外资企业税收优惠，而是应当使它们的税率高于内资企业。

以上分析所得出的总的结论是：在市场经济的环境中，给外资企业税收优惠通常是不利于本国居民的。正因为如此，一般市场经济国家至多也只给予外资企业与内资企业同样的政策待遇。

参考文献

国家统计局编：《中国统计年鉴 1999》，中国统计出版社 1999 年版。

许善达：《中国税收负担研究》，中国财政经济出版社 1999 年版。

Henderson, J. M. and Quandt, R. E., *Microeconomic Theory, A Mathematical Approch*, McGraw-Hill Co. Third Edition, 1980.

Musgrave, R. A., *The Theory of Public Finance*, McGraw-Hill, 1958.

Varian, H. R., *Microeconomic Analysis*, W. W. Norton & Company, Third Edition, 1992.

（原载《经济研究》2000 年第 5 期）

数量化模型分析视野下的李斯特命题

本文所说的"李斯特命题",是他在《政治经济学的国民体系》一书中详细论述的以下原理:"财富的生产力比之财富本身,不晓得要重要到多少倍;它不但可以使已有的和已经增加的财富获得保障,而且可以使已经消失的财富获得补偿。"(李斯特,1981)这种生产力在现代直接体现于国家的工业生产能力上,"机械力量加上现代的完善运输设备,就可以使工业国比纯农业国具有无比的优越性"(李斯特,1981)。"只有以促进和保护国内工业力量为目的时,才有理由采取保护措施。"(李斯特,1981)"保护关税在初行时会使工业品价格提高;但是经过相当时期,国家建成了自己的充分发展的工业以后,这些商品由于在国内生产成本较低,价格是会低落到国外进口品价格以下的。因此,保护关税如果使价值有所牺牲的话,它却使生产力有了增长,足以抵偿损失而有余。"(李斯特,1981)

以下将以尽可能简洁的数量化模型阐释上述的"李斯特命题"。

一 基本模型

本文在两类国家、两种产品的基本框架下以数量化的模型分析来说明"李斯特命题"。这个模型中有两种产品:x 为新产品(如制造业生产的工业品),y 为老产品(如农业和畜牧业的产品)。新产品的产量主要取决于投入的劳动和资本的数量以及生产者的技术水平,我们可以将生产者掌握的技术称作他拥有的人力资本。老产品的产量不仅取决于投入的劳动和资本的数量、生产者的技术水平,还受国家的自然状况、资源如可耕地数量的影响。

一国各种产品的人均产量都受该国当时拥有的人均资源制约。人均资源不仅包括一国平均每人的劳动,而且包括该国拥有的平均每人的土地等自然资源、平均每人的机器设备等物质资本,还包括平均每人拥有的技能等人力资本。

我们将 19 世纪初期的德国、美国、日本等经济上落后的国家标为 A 国,将 19 世纪初期的英国这样的经济上先进的国家标为 B 国。Ax 表示 A 国人均资源所生产的新产品数量,Ay 表示 A 国人均资源所生产的老产品数量。Bx 表示 B 国人均资源所生产的新产品数量,By 表示 B 国人均资源所生产的老产品数量。A 国是落后国家,B 国是先进国家,是因为 Bx 显著地大于 Ax,也即先进国家人均资源所生产的新产品数量大大高于落后国家人均资源所生产的新产品数量。Ay 则既可能大于 By,也可能小于 By,这是因为落后国家在农产品这样的老产品的生产上掌握了与先进国家同样的生产技术,但是农产品的人均产量更多地取决于一国人均可耕地的数量。在美国、加拿大这样的人均可耕地明显多于英国的国家,19 世纪初人均农产品产量仍然可以高于英国这样的先进国家;而在日本这样的人均可耕地少于英国的国家,19 世纪初人均农产品产量就只能低于英国这样的先进国家。

显然一国人均资源所能够生产的产品数量就是由李斯特所说的"生产力"的数量显示。不过李斯特最注重的"生产力"数量显示是一国人均资源所能够生产的工业产品的数量。他的论述表明,在他看来,Bx 显著地大于 Ax,就是先进国家的生产力大大高于落后国家生产力的表现。

假定各国各种不同产品的价格和各国货币之间的汇率总是能够使每个国家产品进口与出口的总金额大致相等。这个进口恒等于出口的假定不太合乎实际,做这个假设是为了排除实际上很罕见而理论上完全可能出现的一种极端情况:与所有产品的国内外比价相比一国货币的汇率都太低,以至该国出口任何产品都合算,从而只出口不进口。而在产品进口与出口总金额大致相等的情况下,一国若出口老产品,则必进口新产品。

新产品和老产品的国际贸易价格通常以某种国际货币计。但是无论以哪种国际货币计价,国际贸易中每单位老产品能够交换的新产品数量,为老产品对新产品的贸易条件 $\frac{x}{y}$。i 国人均资源所生产的新产品数量与其人均资源所生产的老产品数量之比,则为老产品转化为新产品的转换率 $\frac{ix}{iy}$。如果 $\frac{ix}{iy} < \frac{x}{y}$,$i$ 国为本国利益就应当生产并出口老产品且进口新产品,而如果 $\frac{ix}{iy} > \frac{x}{y}$,$i$ 国为本国利益就应当生产并出口新产品且进口老产品,因为这样可以增加以该国给定的资源所能够享有的产品数量。下文只对 $\frac{ix}{iy} < \frac{x}{y}$ 的情况做一论证。

以 p 表示 i 国人均资源用于生产老产品的比例,如果 i 国人完全使用自己生产的产品,则平均每人可享用 $p \cdot iy$ 的老产品和 $(1-p) \cdot ix$ 的新产品。在 $\frac{ix}{iy} < \frac{x}{y}$ 的情况下,如果 i 国将前边所说的用于生产新产品的那部分资源也用于生产老产品,则根据老产品转化为新产品的转换率 $\frac{ix}{iy}$,原来生产人均新产品 $(1-p) \cdot ix$ 的那部分资源,就可以人均生产出 $(1-p) \cdot ix \cdot \left(\frac{ix}{iy}\right)^{-1}$ 的老产品,按照老产品对新产品的贸易条件 $\frac{x}{y}$,这些老产品在国际贸易中可以换入 $(1-p) \cdot ix \cdot \left(\frac{ix}{iy}\right)^{-1} \cdot \frac{x}{y}$ 的进口新产品。由于 $\frac{ix}{iy} < \frac{x}{y}$,则有 $(1-p) \cdot ix \cdot \left(\frac{ix}{iy}\right)^{-1} \cdot \frac{x}{y} > (1-p) \cdot ix$,那么满足 $\frac{ix}{iy} < \frac{x}{y}$ 的 i 国完全生产老产品并将其出口以换入进口的新产品,可以增加该国以给定的资源所能够享有的产品数量。

按前边的给定条件,Bx 显著地大于 Ax,Ay 则既可能大于 By,也可能小于 By。如果 $Ay > By$,则必有 $\frac{Bx}{By} > \frac{Ax}{Ay}$;即便 $Ay < By$,也可

能有 $\frac{Bx}{By} > \frac{Ax}{Ay}$。本文讨论的是只有 $\frac{Bx}{By} > \frac{Ax}{Ay}$ 的情况。这是因为本文讨论的是近代产业革命时的世界经济形势。在 18 世纪末产业革命开始时，农产品这种老产品的有效生产技术已经在全世界普遍传播开来，人口在全世界范围内的迁徙和一国人口随粮食产量同比例增长的马尔萨斯式增长都使 Ay 不可能比 By 小很多，以至即便 $Ay < By$，通常也只能有 $\frac{Bx}{By} > \frac{Ax}{Ay}$。而 $\frac{Bx}{By} > \frac{Ax}{Ay}$ 意味着人均资源所生产的新产品数量更多的先进国家在新产品生产上相对于落后国家有比较优势或更低的比较成本，反之意味着落后国家在老产品生产上相对于先进国家有比较优势或更低的比较成本。

假定任何国家任何产品的生产都处于完全竞争下，这样，在国家 i 中，用人均资源分别生产老产品和新产品时，分别生产出来的 iy 老产品和 ix 新产品都会有一个相同的总成本 Ci。这样，i 国单位老产品的生产成本就为 $\frac{Ci}{iy}$，单位新产品的生产成本则为 $\frac{Ci}{ix}$，单位老产品与单位新产品的生产成本之比则为 $\frac{ix}{iy}$。完全竞争下长期总产品价格之比必定等于它们的长期平均成本之比，因此没有对外贸易时，i 国单位老产品与单位新产品的价格之比也为 $\frac{ix}{iy}$。这可以称为 i 国老产品与新产品的国内价格比。这种价格比意味着，在 i 国国内，任何人在没有对外贸易时都可以通过在市场上先卖出老产品再买入新产品，用 1 单位老产品换入 $\frac{ix}{iy}$ 单位的新产品，而这个 $\frac{ix}{iy}$ 也是该国老产品转化为新产品的转换率。

在这种情况下，如果 i 国政府不干预国际贸易而实行自由贸易，则若 $\frac{ix}{iy} < \frac{x}{y}$，$i$ 国会生产并出口老产品且进口新产品，因为这时在 i 国国内购买老产品出口再用出售所得按 $\frac{x}{y}$ 的国际比价购入新产品进口到 i 国，比用同样多的钱直接购买 i 国生产的新产品所得到的新产品更多。

同理，如果 $\dfrac{ix}{iy} > \dfrac{x}{y}$，$i$ 国会生产并出口新产品且进口老产品。

在这样的情况下，如果在任何先进国家与落后国家之间都有 $\dfrac{Bx}{By} > \dfrac{Ax}{Ay}$，就必定会有 $\dfrac{Bx}{By} > \dfrac{x}{y}$，$\dfrac{x}{y} > \dfrac{Ax}{Ay}$。这是因为，如果 $\dfrac{x}{y} > \dfrac{Bx}{By}$，由于又有 $\dfrac{Bx}{By} > \dfrac{Ax}{Ay}$，不仅落后国家会生产并出口老产品且进口新产品，连先进国家也会生产并出口老产品且进口新产品，所有的国家都要生产并出口老产品且进口新产品，却没有任何国家供给新产品，这样的不均衡国际贸易条件不可能长期维持下去。而如果 $\dfrac{x}{y} < \dfrac{Ax}{Ay}$，由于又有 $\dfrac{Bx}{By} > \dfrac{Ax}{Ay}$，不仅先进国家会生产并出口新产品且进口老产品，连落后国家也会生产并出口新产品且进口老产品，所有的国家都要生产并出口新产品且进口老产品，却没有任何国家供给老产品，这样的不均衡国际贸易条件也不可能长期维持下去。

这样，如果各国政府都不干预国际贸易而实行自由贸易，则 $\dfrac{Bx}{By} > \dfrac{x}{y}$ 会使先进国家生产并出口新产品且进口老产品，$\dfrac{x}{y} > \dfrac{Ax}{Ay}$ 又会使落后国家生产并出口老产品且进口新产品。而 $\dfrac{Bx}{By} > \dfrac{x}{y}$ 且 $\dfrac{x}{y} > \dfrac{Ax}{Ay}$，归根结底是由 $\dfrac{Bx}{By} > \dfrac{Ax}{Ay}$ 决定的，这样，如果各国政府都不干预国际贸易而实行自由贸易，$\dfrac{Bx}{By} > \dfrac{Ax}{Ay}$ 就必定会造成先进国家生产并向落后国家出口新产品且从落后国家进口老产品、落后国家生产并向先进国家出口老产品且从先进国家进口新产品的国际贸易格局。

根据前边的分析所证明的原理，在 $\dfrac{Bx}{By} > \dfrac{x}{y}$ 的情况下先进国家为本国利益就应当生产并出口新产品且进口老产品，在 $\dfrac{x}{y} > \dfrac{Ax}{Ay}$ 的情况下，落后国家为本国利益计，则应当生产并出口老产品且进口新产品。这样，在 $\frac{Bx}{By} > \frac{Ax}{Ay}$ 的情况下，先进国家生产并向落后国家出口新产品、落后国家生产并向先进国家出口老产品，就会使先进国家和落后国家都以给定的资源得到了更多的能够享用的产品。而如果各国政府都实行不干预对外贸易的自由贸易政策，$\frac{Bx}{By} > \frac{Ax}{Ay}$ 也必定会造成先进国家生产并向落后国家出口新产品、落后国家则生产并向先进国家出口老产品的国际贸易格局。在这种情况下，每个国家都生产并出口自己的相对成本比较低从而具有比较优势的产品，这样的国际贸易增加了每个国家的享受品总量，这就是李嘉图关于对外贸易的比较优势原理（李嘉图，1981）。

二 发展工业生产能力的富国意义

尽管在自由贸易下落后国家以其生产的老产品交换先进国家生产的新产品目前对双方都有利，但是，就是在由此形成的国际贸易条件下，依靠在新产品生产力上的比较优势生产并出口新产品的先进国家，通常仍然是相对富裕的国家。

我们可以按照国际贸易条件将一国通过本国生产和对外贸易所获得的所有产品都折算为新产品的数量，用它来量化地表示李斯特所说的"财富"或"价值"。假定按照上述比较优势原理形成的国际贸易格局，使落后的 A 国只生产并出口老产品 y，而先进的 B 国则只生产并出口新产品 x，则按照国际贸易条件将所有获得的产品折算为新产品的数量，B 国平均每人的收入相当于 Bx 的新产品，A 国则平均每人生产了 Ay 的老产品并通过国际贸易获得了相当于 $Ay \cdot \frac{x}{y}$ 新产品的平均每人收入。由于 $\frac{Bx}{By} > \frac{x}{y}$ 且 $Bx = By \cdot \frac{Bx}{By}$，如果 $Ay \leqslant By$，$Ay \cdot \frac{x}{y}$ 就必定会小于 Bx；即便 $Ay > By$，也可能有 $Ay \cdot \frac{x}{y} < Bx$。在这种情况下，专门生产新产品（工业品）的先进国家是人均收入高的

富国，而专门生产老产品（农业品）的落后国家则是人均收入低的穷国。

当然，国际贸易条件 $\frac{x}{y}$ 可能使人均耕地多从而 Ay 大大高于 By 的国家有 $Ay \cdot \frac{x}{y} > Bx$。在这种情况下，专门生产老产品（农业品）的落后国家成了人均收入高的富国，专门生产新产品（工业品）的先进国家人均收入倒比较低。

上述简单的数量比较表明，尽管政府不加干预的国际贸易可以发挥每个国家的比较优势，使每个国家都用其给定的资源得到更多享用的产品，用李斯特的术语说，自由贸易确实使每个国家都有了更多的"财富"或"价值"，但是，人均资源新产品生产率高的先进国家在这种环境下仍然是人均收入高的富国。这种相对高得多的人均资源新产品生产率就是李斯特所说的较高的"财富的生产力"。就是在自由贸易下生产力即新产品生产能力高的国家也是富国，这导致李斯特强调财富的生产力比一时的"财富"或"价值"更重要。他的这一论断实际上指明了，发展新产品生产（工业）的生产能力是几乎一切落后国家大幅度提高人均收入的主要途径。

这里首先说明，如果原来的落后国家（A 国）将其人均资源的新产品生产率提高到原来的先进国家（B 国）的水平，原来的落后国家的人均实际收入将会有怎样的提升？在我们的模型中，原来的落后国家将其新产品生产如工业的生产能力发展到先进国家的水平，就是 A 国人均资源所生产的新产品数量上升到了 Bx。在这种情况下，原来的落后国家可以从国际贸易中得到多少好处，首先取决于新的老产品转化为新产品的转换率 $\frac{Bx}{Ay}$ 与旧的国际贸易条件 $\frac{x}{y}$ 的关系。

由于 $\frac{Bx}{By} > \frac{x}{y}$，如果 $Ay \leq By$，就必有 $\frac{Bx}{Ay} \geq \frac{Bx}{By}$，从而 $\frac{Bx}{Ay} > \frac{x}{y}$；即便 $Ay > By$，也可能会有 $\frac{Bx}{Ay} > \frac{x}{y}$。我们首先研究 $\frac{Bx}{Ay} > \frac{x}{y}$ 的情况。在这种

情况下，如果国际上的贸易条件仍然是 $\frac{x}{y}$，按照比较优势原理，老产品转化为新产品的转换率变成了 $\frac{Bx}{Ay}$ 的 A 国应当转变为仅仅生产并出口新产品并进口老产品，这样可以增加以该国人均资源能够得到的产品数量。如此情况下 A 国只生产产品 x，平均每人收入了相当于 Bx 的新产品。

一国从供给老产品需求新产品变为供给新产品需求老产品，通常都会改变新产品对老产品的国际贸易条件。但是，如果原来的落后国家是个小国，它从供给老产品变为供给新产品对国际贸易条件所发生的影响就会很小。

假设一个极端的情况：原来的落后国家很小，它从供给老产品变为供给新产品没有改变原来的国际贸易条件 $\frac{x}{y}$。在这种情况下，有了先进国家人均新产品生产率的 A 国从供给老产品变为供给新产品，如果按照比较优势原理专门生产新产品，折算为新产品的人均收入就为人均资源所生产的新产品数量 Bx，按国际贸易条件 $\frac{x}{y}$ 折算为老产品的人均收入则为 $Bx \cdot \left(\frac{x}{y}\right)^{-1}$；而如果它像在新产品生产率提高以前那样专门生产并出口老产品，它按国际贸易条件折算为新产品的人均收入为 $Ay \cdot \frac{x}{y}$，折算为老产品的人均收入则为 Ay。由于 $\frac{Bx}{Ay} > \frac{x}{y}$，则 $Bx > Ay \cdot \frac{x}{y}$，则 $Bx \cdot \left(\frac{x}{y}\right)^{-1} > Ay$，原来的落后国家提高新产品生产率并从专门生产老产品变为专门生产新产品，使其折算为老产品的人均收入与折算为新产品的人均收入都增加。19 世纪德国实现工业化所造成的变化，20 世纪日本工业劳动生产率赶上美国所造成的变化，都接近于这种情况。

但是，如果原来的落后国家足够大，则它由生产老产品转向生产新产品会使国际市场上新产品的供给相对于老产品的供给大大增加，由此降低国际贸易中新产品对老产品的相对价格，提高老产品对新产品的贸易条件。记老产品对新产品的新的贸易条件为 $\left(\frac{x}{y}\right)'$，原来的落后国家由生产老产品转向生产新产品所造成的贸易条件变化总是使 $\left(\frac{x}{y}\right)' > \frac{x}{y}$。这样的贸易条件变化会如何影响相关的原来落后的国家的人均收入，这首先取决于 $\left(\frac{x}{y}\right)'$ 是否会大于 $\frac{Bx}{Ay}$。

在先进国家与落后国家之间本来有 $\frac{Bx}{By} > \frac{Ax}{Ay}$。但是如果原来的落后国家的 Ay 小于 By，$\frac{Bx}{Ay}$ 就会大于 $\frac{Bx}{By}$，原来的落后国家人均新产品生产率的提高，使它在老产品转化为新产品的转换率上由小于先进国家变为大于先进国家。如果这个原来的落后国家人口极为众多，以至它的新产品生产充分发展起来之后，世界市场上的国际贸易条件主要是由它与原来的先进国家之间的贸易决定，新的国际贸易条件 $\left(\frac{x}{y}\right)'$ 就会处于 $\frac{Bx}{Ay}$ 和 $\frac{Bx}{By}$ 之间，这意味着 $\left(\frac{x}{y}\right)'$ 将小于 $\frac{Bx}{Ay}$。由于 A 国新的老产品转化为新产品的转换率 $\frac{Bx}{Ay}$ 大于新的国际贸易条件 $\left(\frac{x}{y}\right)'$，按照比较优势原理，A 国会转向专门生产并出口新产品并进口老产品。

在这种情况下，A 国折算为新产品的人均收入就为人均资源所生产的新产品数量 Bx，按新国际贸易条件 $\left(\frac{x}{y}\right)'$ 折算为老产品的人均收入则为 $Bx \cdot \left(\frac{x}{y}\right)'^{-1}$；而如果它像在新产品生产率提高以前那样专门生产并出口老产品，它按国际贸易条件 $\frac{x}{y}$ 折算为新产品的人均收入为 $Ay \cdot \frac{x}{y}$，折算为老产品的人均收入则为 Ay。由于 $\frac{Bx}{Ay} > \frac{x}{y}$，$Bx >$

$Ay \cdot \dfrac{x}{y}$，而只要 $\left(\dfrac{x}{y}\right)'$ 不大于 $\dfrac{Bx}{Ay}$，就有 $Ay \leq Bx \cdot \left(\dfrac{x}{y}\right)'^{-1}$。

当然，若 Ay 显著大于 By，则 $\dfrac{Bx}{Ay}$ 会明显小于 $\dfrac{Bx}{By}$。在这种情况下，A 国人均新产品生产率提高到 Bx 并大量生产新产品对国际贸易的影响可能足够大，使得新的国际贸易条件 $\left(\dfrac{x}{y}\right)'$ 仍然会提高到 $\dfrac{Bx}{Ay}$ 和 $\dfrac{Bx}{By}$ 之间。但是由于 $\dfrac{Bx}{Ay} < \dfrac{Bx}{By}$，这个新的国际贸易条件满足 $\left(\dfrac{x}{y}\right)' > \dfrac{Bx}{Ay}$。

A 国在这种情况下仍然可以由转向大量生产产品 x 增加人均实际收入。如果在旧的国际贸易条件 $\dfrac{x}{y}$ 下 A 国专门生产老产品时人均消费 $(1-p) \cdot Ay$ 自己生产的老产品，将自己生产的其余的老产品用于在国际市场上交换新产品，可以人均享有 $p \cdot Ay \cdot \dfrac{x}{y}$ 的新产品。A 国人均新产品生产率提高到 Bx 后，它可以用人均资源中 p 的部分生产新产品，其余的 $1-p$ 部分生产老产品，从而仍然人均消费 $(1-p) \cdot Ay$ 自己生产的老产品，同时又人均享有 $p \cdot Bx$ 的新产品。由于 $\dfrac{Bx}{Ay} > \dfrac{x}{y}$，$p \cdot Bx > p \cdot Ay \cdot \dfrac{x}{y}$，$A$ 国享有了比人均新产品生产率提高前专门生产老产品时更多的新产品。

如果在 A 国人均新产品生产率提高且人均生产了 $p \cdot Bx$ 的新产品之后，国际贸易条件提高到了那个高于 $\dfrac{Bx}{Ay}$ 的 $\left(\dfrac{x}{y}\right)'$，那么，由于新的国际贸易条件 $\left(\dfrac{x}{y}\right)'$ 高于 $\dfrac{Bx}{Ay}$，按照比较优势原理，A 国生产且出口老产品应当能获得更多的人均实际收入。但是，这个新的国际贸易条件 $\left(\dfrac{x}{y}\right)'$ 是在 A 国由专门生产老产品转向人均生产了 $p \cdot Bx$ 的新产品的情况下形成的，一旦 A 国不再生产新产品而又专门生产并出口老产品，国际市场上新产品供给的相对减少就会使国际贸易条件又落回到低于 $\dfrac{Bx}{Ay}$ 的 $\dfrac{x}{y}$ 上去，那又使人均生产 $p \cdot Bx$ 的新产品对 A 国更有利。

这是一种类似于没有纯战略均衡的博弈的情况。这种悖论式的情况使得在生产新产品造成的新国际贸易条件下违反比较优势原理生产新产品成了一个国家的最优选择。这种情况可以达到一个最极端的状态，在这种状态下，A 国以高生产率 Bx 专门生产新产品之后，它在国际市场上所增加的新产品的相对供给使国际贸易条件由 $\frac{x}{y}$ 升高到了那个高于 $\frac{Bx}{Ay}$ 的 $\left(\frac{x}{y}\right)'$。它可以将生产的新产品中的 p' 部分用于自己国内消费，另一部分出口以按新的国际贸易条件 $\left(\frac{x}{y}\right)'$ 换取老产品。这样，它有人均新产品消费 $p' \cdot Bx$，老产品人均消费 $(1-p') \cdot Bx \cdot \left(\frac{x}{y}\right)'^{-1}$。而在它专门生产且出口老产品进口新产品的情况下，它将生产的老产品的 $(1-p)$ 部分用于国内自己消费，另一部分出口以按旧的国际贸易条件 $\frac{x}{y}$ 换取新产品，从而人均消费 $(1-p) \cdot Ay$ 自己生产的老产品并人均享有 $p \cdot Ay \cdot \frac{x}{y}$ 的新产品。如果 $(1-p) \cdot Ay = (1-p') \cdot Bx \cdot \left(\frac{x}{y}\right)'^{-1}$，则 A 国这样转向专门生产且出口新产品使它人均享有的老产品与它专门生产且出口老产品时一样多。这样就有：$\frac{1-p}{1-p'} = \frac{Bx}{Ay} \cdot \left(\frac{x}{y}\right)'^{-1}$。因为 $\frac{Bx}{Ay} < \left(\frac{x}{y}\right)'$，$p$ 必定大于 p'。在这种极端的状态下，由于 $\frac{Bx}{Ay}$ 足够大于 $\frac{x}{y}$，虽然 $\frac{p'}{p} < 1$，却仍然有 $\frac{p'}{p} \cdot \frac{Bx}{Ay} > \frac{x}{y}$。这意味着 $p' \cdot Bx > p \cdot Ay \cdot \frac{x}{y}$。在这种情况下，尽管 A 国转向以高生产率 Bx 专门生产并出口新产品之后使国际贸易条件升到高于 $\frac{Bx}{Ay}$ 的 $\left(\frac{x}{y}\right)'$，这样，转向专门生产并出口新产品仍然使 A 国能够比专门生产且出口老产品人均既享有更多的新产品，又享有更多的老产品。

以上的分析都只限于一类情况：原来的落后国家在新产品生产

率上升到 Bx 后，$\frac{Bx}{Ay}$ 高于旧的国际贸易条件 $\frac{x}{y}$。但是，原来的落后国家 A 国的 Ay 可能是如此之大，以至 A 国的新产品生产率由 Ax 上升到 Bx 后，$\frac{Bx}{Ay}$ 仍然小于 $\frac{x}{y}$。原来的 A 国老产品转化为新产品的转换率 $\frac{Ax}{Ay}$ 就小于当时的国际贸易条件 $\frac{x}{y}$，现在新的转换率 $\frac{Bx}{Ay}$ 仍然小于 $\frac{x}{y}$，表明由于 A 国的老产品生产率 Ay 太高，A 国新产品生产率上升所造成的老产品转化为新产品的转换率的提高，并没有改变 A 国老产品转化为新产品的转换率低于旧的国际贸易条件的局面。

由于 $\frac{Bx}{By} > \frac{x}{y}$，这种 $\frac{Bx}{Ay} < \frac{x}{y}$ 的国家显然有 $\frac{Bx}{Ay}$ 明显小于 $\frac{Bx}{By}$，这只能是由于 Ay 显著大于 By。但是只要 A 国足够大，大量生产新产品时能够足够明显地提高老产品换新产品的国际贸易条件，这样的国家仍然可以由以提高了的新产品生产率 Bx 生产新产品而增加其人均获得的实际收入。当该国专门生产并出口老产品时，按这种情况下的国际贸易条件，它获得了相当于 $Ay \cdot \frac{x}{y}$ 新产品的人均收入。而当该国以提高了的新产品生产率 Bx 和比例 p 的人均资源生产新产品后，新产品在国际市场上相对供给的增加使国际贸易条件上升到 $\left(\frac{x}{y}\right)'$，这里 $\left(\frac{x}{y}\right)' > \frac{x}{y}$。这种情况下 A 国用其人均资源的 $(1-p)$ 部分生产老产品，按新的国际贸易条件 $\left(\frac{x}{y}\right)'$，人均收入相当于 $p \cdot Bx + (1-p) \cdot Ay \cdot \left(\frac{x}{y}\right)'$ 的新产品。只要 $\left(\frac{x}{y}\right)'$ 充分地大于 $\frac{x}{y}$ 且 p 足够小，就会有 $p \cdot Bx + (1-p) \cdot Ay \cdot \left(\frac{x}{y}\right)' > Ay \cdot \frac{x}{y} > Bx$。这种情况下 A 国可以使其人均生产的新产品 $p \cdot Bx$ 少于其人均消费的新产品，而将其人均生产的老产品 $(1-p) \cdot Ay$ 的一部分出口交换新产品，使生产新产品时真正人均享有的产品高于专门生产老产品时。

在这种情况下，由于 $\frac{Bx}{Ay} < \frac{x}{y}$ 且 $\left(\frac{x}{y}\right)' > \frac{x}{y}$，当然必定会有 $\frac{Bx}{Ay} >$ $\left(\frac{x}{y}\right)'$。按照比较优势原理，$\frac{Bx}{Ay}$ 小于新的国际贸易条件 $\left(\frac{x}{y}\right)'$ 时，A 国生产并出口老产品应当能获得更多的人均实际收入。但是，正像前边讨论过的那种情况一样，这个新的国际贸易条件 $\left(\frac{x}{y}\right)'$ 是在 A 国由专门生产老产品转向人均生产了 $p \cdot Bx$ 的新产品的情况下形成的，一旦 A 国不再生产新产品而又专门生产并出口老产品，国际市场上新产品供给的相对减少就会使国际贸易条件又落回到低于 $\frac{Bx}{Ay}$ 的 $\frac{x}{y}$ 上去，那又使人均生产 $p \cdot Bx$ 的新产品对 A 国更有利。

在本节上边所讨论的这些情况中，最后两个情况下都有 $\frac{Bx}{Ay} <$ $\left(\frac{x}{y}\right)'$。在这两种情况下，国内生产上新产品对老产品的转换率低于国际上的贸易条件，这必定导致国内生产新产品的相对成本高于国际市场上新产品的相对价格。在所讨论的国家进出口大致平衡的情况下，这会导致国内新产品的相对价格要比较高，才能保证国内企业生产新产品不赔本而愿意生产新产品。在这种情况下，进口的新产品价格会低于国内企业生产新产品所必须有的价格，政府如果不设法扶植国内的新产品生产，国内就不会生产新产品。而如果该国政府对进口的新产品征收足够高的关税，使缴关税后的进口新产品与国内老产品的相对价格不低于国内生产新产品的相对成本，该国的国内就会主动地生产出足够的新产品来替代进口的新产品。该国新产品进口的减少增加了国际市场上新产品的相对供给，降低了国际市场上新产品的相对价格，提高了该国出口的老产品的贸易条件，由此增加了该国的人均实际收入。在这两种情况下，对进口的新产品征收关税改善了相关国家出口的贸易条件，这类似于国际贸易理论中赞成关税的贸易条件改善论。根据这种理论的分析，对一个能够影响出口品价格的大国而言，关税可以改善其出口产品的贸易条件从而对

该国有利（Krugman and Obstfeld，1998）。

美国在 19 世纪末 20 世纪初的情况很接近本节所论述的最后这两种情况。农产品在整个 19 世纪美国出口商品中的比重都超过 70%，一直到第一次世界大战还是主要出口商品。而美国建国后最初有超过一半的制成品需要进口，到 20 世纪初美国才不再是一个制成品的净进口国（Engerman and Gallman，2008）。而到这时美国的工业产品产量早已超过英国。这个时期美国主要出口农产品，表明尽管此时美国工业的人均生产率已经赶上英国，美国仍然是一个农业有比较优势的国家，此时美国仍有 $\frac{Bx}{Ay} < \left(\frac{x}{y}\right)'$。而美国这时以极高的关税保护国内的工业生产，靠着主要供应国内市场的工业而发展为世界最大工业国。

本节所讨论的这些情况都表明，几乎在所有情况下，将落后国家新产品生产（工业）人均生产率提高到先进国家水平，都会大大地增加落后国家的人均实际收入，这种人均实际收入的增加是落后国家单纯通过国际自由贸易发挥比较优势而能够增加的实际收入所无法比拟的。这清楚地证明了李斯特命题的第一部分："财富的生产力比之财富本身，不晓得要重要到多少倍"；"工业国比纯农业国具有无比的优越性"；"只有以促进和保护国内工业力量为目的时，才有理由采取保护措施"。

三 以保护关税促进工业发展

上一节的分析表明，将本国人均资源的新产品生产率提高到先进国家水平，是落后国家显著提高人均实际收入、变为富国的关键。只要人均资源的新产品生产率远远低于先进国家，那么无论如何通过国际自由贸易来发挥比较优势，落后国家通常都还是人均实际收入低的穷国。对人均可耕地少、人均资源的老产品生产率低的落后国家来说，更是如此。因此，落后国家经济发展和致富的核心问题，是如何发展工业生产、尽快将本国的人均新产品生产率提高到先进国家水平。

但是，第一节的分析表明，如果国际实行自由贸易，落后国家因为其老产品转化为新产品的转换率 $\frac{Ax}{Ay}$ 低于国际贸易条件 $\frac{x}{y}$，会生产并出口老产品且进口新产品。更糟糕的是，当国内所生产的新产品对老产品的转换率低于国际上的贸易条件，必定导致国内生产新产品的相对成本高于国际市场上新产品的相对价格。在落后国家进出口大致平衡的情况下，这会导致只有国内新产品的相对价格比较高，才能保证国内企业生产新产品不赔本而愿意生产新产品。在这种情况下，进口的新产品价格会低于要保证国内企业生产新产品所必需的价格，使得落后国家的国内企业根本就不想生产新产品。而落后国家的政府对进口的新产品征收足够高的关税，则可以使缴关税后的进口新产品对国内老产品的相对价格不低于国内生产新产品的相对成本，促使国内企业主动地生产新产品。

落后国家对进口的新产品征收足够高的关税可以促使本国国内生产新产品，这没有疑问。而这里需要说明的是，对进口的新产品征收关税本身是否有促使落后国家人均资源的新产品生产率提高的作用。

像制造业的产品这类新产品的生产受可耕地数量的影响极小，因此落后国家人均新产品生产率低主要是由于人均物质资本（机器设备之类）少或生产者缺乏生产新产品的技能。企业主和员工具有的产品生产和经营技能有一个时髦的名字叫"人力资本"。这些技能中的很大一部分可以由个人耗费时间和精力甚至物质资料而学得，我们称这种可以专门花学费学得的技能为"可个人购得人力资本"。先进国家的工作者已经普遍掌握了高水平的新产品生产技能，但是随着现在能工作的人日益老去并失去劳动能力，不断需要这种国家的新一代工作者耗费时间和精力甚至物质资料去学习别人已经有的高水平新产品生产技能。我们把为这种学习新产品生产技能而专门花费的时间、精力和物质资料称作掌握新产品生产技能的"常规学习费用"。

如果落后国家人均新产品生产率低仅仅是由于它的人均物质资本和生产者缺乏付出"常规学习费用"就"可个人购得人力资本"少，落后国家根本不需要向进口新产品征收关税就能够将人均新产品生产率提高到先进国家的水平。先进国家以高人均生产率生产的新产品在国际市场上有足够的竞争力，这本身就足以证明，向新产品的生产投入先进国家那么多的人均物质资本和以"常规学习费用"去获得"可个人购得人力资本"都是有利可图的。因此会有足够多的人向落后国家的新产品生产投入足够多的资金以增加其物质资本和"可个人购得人力资本"，国内资金如果不足，还可能有国外资金流入从事这样合算的投资。而人均物质资本和人力资本有了足够的增加后，原来的落后国家人均新产品生产率立刻就会上升到先进国家的水平。这整个过程的每个环节都不需要对进口新产品征收关税的帮助。

但是实际上，落后国家人均的新产品生产率之所以低，并不仅仅是由于它的人均物质资本和生产者付出"常规学习费用"就比"可个人购得人力资本"少。掌握新产品生产技能的"常规学习费用"是在先进国家中再生产用于新产品生产的人力资本的费用。在先进国家，已经有许多人掌握了高水平的新产品生产技能，任何人只需要在既有的教育机构、已经以高生产率生产新产品的企业中学习和工作，甚至只需要向身边的人请教，就可以学到高水平的新产品生产技能。而在落后国家却没有这样的学习条件。还没有生产过新产品的落后国家的人要掌握与先进国家的人一样的高水平新产品生产技能，就必须进行国内首创性的学习，需要专门为这种学习付出的费用会远远高于先进国家中的"常规学习费用"。我们称在落后国家中这样首创性地学习高水平新产品生产技能所必须专门付出的费用中大于"常规学习费用"的部分为"国内首创的学习费用"。

由于将落后国家人均的新产品生产率提高到先进国家水平需要额外付出这种"国内首创的学习费用"，落后国家要达到先进国家的人均新产品生产率，就必须为与先进国家一样多的人均物质资本和人力资本付出更多的资源。这反过来使落后国家投入了与先进国家一样多的人均物质资本与"常规学习费用"等实物资源后，得到的用于生产新产品的人均人力资本及技能仍然少于先进国家，由此而使人均新产品生产率仍然低于先进国家。

还有一个因素，使落后国家投入了与先进国家一样多的人均物质资本和"常规学习费用"等实物资源后，人均新产品生产率仍然低于先进国家。这个因素就是"干中学"的学习效应。"干中学"(Learning by Doing)指的是在从事产品生产活动的同时就自动地积累知识、增加经验和工作技能。技能的提高又会反过来提高相应产品在给定人均实物资源下的人均生产率。这样，"干中学"使得从事某种产品的生产本身就自动提高了给定实物资源下人均该种产品产量，这也被称为生产的"学习效应"(Learning Effect)。

"干中学"就是中国人所说的"熟能生巧"，它是任何人都可以从其生活经验中体会到的普遍规律。阿罗（Arrow）曾经援引技术人员精确记录的统计数据来形象地说明"干中学"的学习效应：在美国航空工业中，在一架机身的生产中所耗费的劳动小时数是同种型号机身以前生产过的全部数目的减函数；这可以严格地表述为：为了生产该型号机身开始生产以来所生产的第 N 架机身，所需要的劳动量与 $N^{-\frac{1}{3}}$ 成比例（Arrow，1962）。这里表达的是这样一种生产函数，在这种生产函数中，在最后一件产品生产上耗费的劳动随着该产品累积产量的增加而递减。我们的生活经验告诉我们，这种生产函数其实适用于任何一种新产品的生产。

本文中所讨论的"老产品"已经有了足够的累计产量，因而其在给定实物资源下的人均生产率 iy 就是常数。先进国家新产品的生产已经成熟，可以认为它生产的"新产品"也已经有了足够的累计产量，使得"干中学"的学习效应也已经完全发挥出来，从而先进国家在给定实物资源下生产新产品的人均生产率也已经是一个常数，它就是 Bx。而落后国家则没有生产过新产品，从而无从获得新产品生产中"干中学"的学习效应，它人均资源生产新产品的生产率 Ax 就是它国内累计生产的第一单位新产品的人均生产率，其中没有包含任何"干中学"的学习效应，因而在人均使用同样实物资源的情况下，必定远远小于先进国家的新产品生产率 Bx。

由于没有获得学习效应所造成的低生产率与"国内首创的学习费用"所造成的低生产率有一个共同点，那就是它们都会随着一国进行新产品的生产而逐渐消失。只要一国开始了新产品的生产，就必定有人为它付出了"国内首创的学习费用"，使其国内有一部分人掌握了高水平的新产品生产技能。这部分掌握了高水平的新产品生产技能的人会逐步使原来的落后国家有了学习新产品生产技能的足够环境，此后其国内的人只要付出"常规学习费用"就也能获得高水平的新产品生产技能。而一国不断进行新产品的生产更会使新产品的累计产量不断增加，由此获得"干中学"的学习效应，不断降低该国生产新产品的平均生产成本，提高以给定实物资源生产新产品的人均生产率。

而正是这种进行生产就能提高新产品生产率的动态前景，使落后国家陷入两难困境：进行生产才能提高生产率而变为富国，但是开始生产时亏本；想避免开始时的亏本而不生产，生产率就永远不会提高，落后国家就永远不会变为先进的富国。

落后国家对新产品的进口实行保护关税，可以使落后国家打破这种恶性循环的两难困境：落后国家的政府对进口的新产品征收足够高的关税，使缴关税后的进口新产品对国内老产品的相对价格不低于国内生产新产品的相对成本；这样的高关税保护使落后国家国内生产新产品的企业用销售新产品的收入就足以补偿"国内首创的学习费用"和没有"干中学"效应时的高成本，使国内企业愿意主动地生产新产品。随着落后国家国内新产品生产的发展，技能学习的正常化和"干中学"效应的发挥都会降低落后国家生产新产品的成本，这又使为保护本国生产而设置的新产品进口关税可以随之降低。

当然，落后国家的政府对进口的新产品征收高关税，大大减少了落后国家进口新产品的数量,使落后国家不能充分享受外国新产品相对便宜的好处,妨碍了充分发挥当下的比较优势以增加本国可以享有的物品数量。本质上,这是以牺牲现在的物质享受来换取国家生产力的发展和未来更高的物质福利。现代工业国相对于落后国家的高富裕程度表明,保护关税造成的这种当前的福利损失对落后国家是值得的。这正如李斯特所指出的,"保护关税在初行时会使工业品价格提高;但是经过相当时期,国家建成了自己的充分发展的工业以后,这些商品由于在国内生产成本较低,价格是会低落到国外进口品价格以下的。因此,保护关税如果使价值有所牺牲的话,它却使生产力有了增长,足以抵偿损失而有余"(李斯特,1981)。

在李斯特那个时代,西方的主流经济学也不得不承认,李斯特以保护关税来促进落后国家新兴产业发展的主张是有道理的。约翰·穆勒说:"只有在以下情形下课征保护性关税才是正当的,即为了把完全适合于外国情况的产业移植到本国而暂时课征保护性关税(特别是在正在兴起的年轻国家)。就某一生产部门来说,某一国家优于另一国家,常常只是因为这个生产部门在前一个国家建立得较早。固有的优势或者劣势是不存在的,有的只是已经获得的技术和经验这种当前的优势。尚未获得这种技术和经验的国家,也许在其他方面比先走一步的国家更适合于这种生产。……但我们不能指望生产者尚未受到充分训练,没有熟练掌握生产技术时,私人会甘冒风险或在明知会遭受损失的情况下,引入一种新的制造业并承受经营这种制造业的负担。在适当时间内课征保护性关税,有时是国家支持这种试验的最为便利的方法"(Mill, 1997)。

凯姆坡(Kemp, Murray C.)将约翰·穆勒的上述观点称作"穆勒—巴斯塔布尔幼稚产业教条"(the Mill-Bastable Infant-industry Dogma)。不过,凯姆坡定义的"穆勒—巴斯塔布尔幼稚产业教条"意味着,应当以关税保护而直到其能够自立的国内产业,不仅必须通过"穆勒检验"(Mill Test),还必须通过"巴斯塔布尔检验"(Bastable test)。能够通过"穆勒检验"的产业是这样一种产业:确有把握对它的扶植过一段时间后就会使该产业能够自立而不再需要这种扶植；能够通过"巴斯塔布尔检验"的产业在保护提高效率后最终的成本节约能够足以补偿国家在该产业受保护的学习时期所承担的高成本（Kemp，1960）。

凯姆坡力图通过对国内新兴产业学习过程的分析限制"穆勒—巴斯塔布尔幼稚产业教条"适用的范围。他认为，就是在那些能够通过"穆勒检验"和"巴斯塔布尔检验"的产业中，最适用"穆勒—巴斯塔布尔幼稚产业教条"的也只是企业内静态成本递增的情况；而且就是在这种情况下，也要靠对学习过程做特殊的假设才能不伤害"穆勒—巴斯塔布尔幼稚产业教条"的结论（Kemp，1960）。

凯姆坡对此所做的论证是，当企业有静态递减的成本时，国内新兴产业将只有一个垄断企业；即使在企业有静态递增的成本因而国内新兴产业可以有许多企业相互竞争的情况下，也可能是每个企业都只能从它自己的经验中学习。在这些情况下，新兴产业在进行了足够多的生产并提高了生产效率且将成本降到低于进口品之后，也不可能有新企业以同样的平均成本进入该产业与已有企业竞争，该产业中的已有企业可以将产品售价卖得比平均成本高足够多以获得明显的超额利润。由于这种产业能够通过"穆勒检验"和"巴斯塔布尔检验"，这种获得学习效应后得到的超额利润将足以抵偿每个企业最初生产时会有的亏损。在这些情况下，企业自己会有足够的动力去从事最初有亏损的新兴产业的生产，不需要对进口征收关税的保护。而在企业内静态成本递增的情况下，如果企业可以仅仅从其他企业的经验中学习，则在先进入新兴产业的企业进行了生产，并将成本降到低于进口品价格之后，新企业就可以没有障碍地以和已有企业一样高的平均成本进入该产业，将该产业的产品价格压到没有任何超额利润，使先进入新兴产业生产的企业无法以后来的超额利润弥补最初生产时遭受的亏损。在这种情况下，最初以进口关税对该产业实行保护才是建立该产业的绝对必要的条件（Kemp，1960）。

但是，就是在凯姆坡所说的那种先进入新兴产业的企业能够用后来的超额利润弥补最初的亏损的情况下，企业也必须在最初进入新兴产业时有足够的资金来填补亏损以维持最初的生产。在通常的情况下，没有新兴产业的落后国家的企业所面临的金融市场都不会给这些企业提供足够的资金以应对新兴产业初期的亏损，这不仅是因为落后国家的金融市场一般都很不发达，而且是因为发达的金融市场常常也不能为真正需要而有偿付能力的企业提供足够的资金。由于金融市场不能提供足够的资金以弥补生产初期的亏损，以进口关税进行保护仍然是落后国家促进本国新产品生产的最有力手段。

尽管如此，围绕凯姆坡等人的这一类分析所做的讨论仍然说明了，保护幼稚产业的需要归根结底来自两种类型的市场失灵：一是不完全的资本市场，它使落后国家没有高效的股票市场和银行这样的金融机构将其他方面的储蓄用于为制造业这样的新兴部门融资，使得新兴部门即使未来回报较高，它当前的低利润也会造成它缺乏经营的资金。二是无偿占用问题造成新兴产业产生的社会福利没有得到补偿：首先进入新兴产业的企业必须承担为适应具体环境而进行的技术改造或开辟新市场的"起步"成本，其他企业则可以跟随先驱者而不必承担起步成本，这使先驱者不能从自己的投资中获得足够的收益。这类问题的典型例子就是，在生产某种产品中积累的经验可以提高整个社会的技术水平，但是该部门中的厂商却不能获取这一收益。在具有这样的市场失灵问题时，以关税等来保护幼稚产业不失为次优的政策选择。幼稚产业的保护必须与一种具体的市场失灵相联系，这种市场失灵使得私有市场不能以应有的速度发展这一产业（Krugman and Obstfeld，1998）。

不过，即使承认了现实当中的市场失灵，纠正市场失灵的最优干预理论仍然为反对以关税保护幼稚产业提供了依据。这种最优干预理论是由巴格瓦蒂（Bhagwati）和拉马斯沃米（Ramaswami）在哈伯勒（Haberler）和哈根（Hagen）重要的早期贡献的基础上发展起来的，约翰逊（Johnson）、巴格瓦蒂和科登（Corden）对该理论做了进一步的发展。该理论的基本原则是，如果从国家的立场出发，完全竞争均衡不是帕累托最优的,那么,一定是因为在世界和国内的产品和要素市场中存在"扭曲"。最好的干预是消除这些作为"起因"的扭曲,而不是试图通过干预将它们隔离——这将导致其他的扭曲(Findlay,1992)。这种最优干预理论为处理国内市场失灵提出的一个普遍原则是:尽可能直接地处理国内市场失灵,因为间接的政策会无意中导致对社会其他部分行为的扭曲。因此,使用对外贸易政策来处理国内市场失灵永远都不是最有效的对策,它们只是"次优"而非"最优"(Krugman and Obstfeld,1998)。

这种最优干预理论主张以给予新兴产业生产补贴来代替对这种产业的进口关税保护,理由是这样就把目标直接针对了希望鼓励的行为,可以避免由关税带来的一些附带损失(Krugman and Obstfeld,1998)。这种理论认为,即使制造产品有"干中学"造成的外部性,"最优"的干预也应当是生产补贴而不是关税,因为补贴像关税一样对技能学习有同样的有利影响,却没有对进口和消费的限制性影响,因此社会福利会更高一些。这种理论也反对以关税保护来帮助企业度过最初的亏损时期,认为这一任务可以通过资本市场来完成,最好的是直接处理新兴产业的任何不完善(Findlay,1992)。

而在实际上,以生产补贴而不是进口关税来扶植新兴产业,要求政府有非常巨大的财政净收入,而现实生活中的政府几乎不可能获得这样大的财政净收入。给企业生产补贴会增加政府的财政支出,征收进口关税则增加了政府的财政收入。取消进口关税而给企业发放生产补贴必定会在减少政府财政收入的同时增加政府的支出。只要政府对国内新兴产业给予明显的扶植,它就无法获得以生产补贴而不是进口关税进行这种扶植所需要的巨额资金。

R. 芬德利(R. Findlay)指出,最优干预理论假设,使国家福利最大化的那些必要的补贴可以通过一次总付的税收这样非扭曲的方式获得,并假设征税和支出没有成本。如果考虑到这些情况,再认识到获取补贴资金的任何手段本身就会成为扭曲的,那么,相对于最优干预理论无视政府现实的预算约束而主张的对产出的轻率补贴,作为"次优"手段的关税将很可能成为更有力的措施（Findlay, 1992）。

落后国家的一个基本特征是政府的管理能力不足。在这样的国家中，进口关税通常是政府最容易获得的财政收入。正因为如此，不受自由贸易规则限制的落后国家往往以进口关税作为政府财政收入的主要来源。19世纪关税成为拉美所有国家政府收入的主要来源。而在19世纪的美国，在征收所得税之前，除了几个大量出售土地的短暂时期外，关税通常占联邦政府收入的80%—90%（Engerman and Gallman, 2008）。对面临着这样的财政形势的落后国家政府，要它们放弃征收进口关税而大规模地给予国内企业生产补贴以扶植新兴产业的主张，无疑是不可能实行的纯粹的空想甚至梦呓。

综合以上所有的因素，我们仍然无法否认李斯特提出的基本命题：对进口的新兴产业产品征收保护性的关税是促进落后国家发展的最有力手段。正因为如此，以国际贸易理论研究上的创新著称的克鲁格曼才说："经济学理论并没有像人们经常指责的那样为自由贸易提供任何教条式的辩护"（Krugman and Obstfeld, 1998）。美国、日本和德国是20世纪90年代世界上3个最大的市场经济国家，克鲁格曼承认，历史上它们"都是在贸易壁垒的保护下开始它们的工业化进程的"（克鲁格曼和奥伯斯法尔德，1998）。

本文最恰当的结束语，应当是再一次援引的李斯特的著名论断："保护关税如果使价值有所牺牲的话，它却使生产力有了增长，足以抵偿损失而有余，由此使国家……在物质财富的量上获得无限增进。"

参考文献

Arrow, Kenneth J., The Economic Implications of Learning by Doing, *The Review of Economic Studies*, Vol. 29, No. 3, Jun., 1962.

Engerman, Stanley L. and Gallman, Robert E., *The Cambridge Economic History of the United States*, London: Cambridge University Press, 2000. 中译本：[美] 斯坦利·L. 恩格尔曼、罗伯特·E. 高尔曼主编《剑桥美国经济史》，中国人民

大学出版社 2008 年版。

Findlay, R., Free Trade and Protection, In: *The New Palgrave*, A Dictionary of Economics, 1987. 载《新帕尔格雷夫经济学大辞典》第二卷，中译本，经济科学出版社 1992 年版，第 451—452 页。

Kemp, Murray C., The Mill-Bastable Infant-Industry Dogma, *The Journal of Political Economy*, 68, 1960.

Krugman, Paul R. and Obstfeld, Maurice, *International Economics: Theory and Policy*, Fourth Edition, 1997. 中译本：[美] 保罗·克鲁格曼、茅瑞斯·奥伯斯法尔德《国际经济学》（第四版），中国人民大学出版社 1998 年版。

Mill, John Stuart, *Principles of Political Economy, with Some of their Applications to Social Philosophy*, The Colonial Press, 1900. 中译本：[英] 约翰·穆勒《政治经济学原理及其在社会哲学上的若干应用》，商务印书馆 1997 年版。

Ricardo, David, On the Principles of Political Economy and Taxation, 1821. 中译本：[英] 大卫·李嘉图《政治经济学及赋税原理》，商务印书馆 1981 年版。

Romer, David, *Advanced Macroeconomics*, 1996. 中译本：[美] 戴维·罗默《高级宏观经济学》，商务印书馆 1999 年版。

（原载《当代经济研究》2015 年第 8 期）

竞争和保护并用,培植和发展造船工业

长期以来,我国的远洋运输船队主要使用外轮,国内各大船厂则主要面向军工。近些年来,由于军事订货不足,许多大船厂改为主要生产民用船只,并开始努力打入国际船舶市场。以大连造船厂为例,1980年以来,该厂先后与外商、港商签订了新造出口船舶17条、大修国外船舶1条的合同,总吨位62.4万吨,合同价款2.8亿美元。这一成就标志着我国的造船工业具备了一定实力,已开始走向世界。

大连造船厂打入国际船舶市场不久,适逢世界性的海运业和造船业萧条。大连造船厂也因此受到打击,经济效益急剧下降。1984年以前,该厂为香港的船舶公司建造了8艘2.7万吨散装货轮;其中6艘于1984年以前交货。按当时2.8元人民币兑换1美元的汇率,该厂从这6条船中共获得利润2691万元。但当最后两艘2.7万吨货轮于1984年10月完工时,香港货主却破产弃船。大连造船厂只在与货主签订合同时,收到相当于这两条船订货价格10%的订金,造好的船只无人接受,其余货款自然也无法收回。这两只船虽于一年以后卖给了一家西德公司,但因卖价太低,造成了2825万元的亏损。本来至少可以从建造这8艘货轮中盈利4000万元,结果却亏损134万元。不久,该厂又为挪威一家公司建造两艘滚装船,原定于1985年10月和1986年4月交货;但在订货之后,货主也由于海运业萧条而破产弃船,使该厂再次蒙受巨大损失。

长期以来,国家对用来制造出口船舶的国产原材料、设备、零部件等,给造船厂以退税的优惠;对进口原材料则减免关税80%—

100%。1984年以来，又对造船业的出口创汇按成交价格给予一定数额的人民币补贴。据大连造船厂估算，该厂新近为挪威建造的一艘油轮，由于有这两项优惠，可获利润 1120 万元；如无这两项优惠，则将亏损 520 万元。可见，给予造船业一定的特殊优惠，已成为推动建造出口船舶的必要条件。

今后，我国将面临一个需要大力发展造船工业的时期。这是因为，我国人均占有的耕地面积和各种自然资源远远低于世界平均水平。要使我国的经济现代化，就必须大大提高加工制造业在我国经济中的比重，而造船业正是当前需要我们大力扶植的制造行业之一。在当今世界上各种制造业当中，造船业已属于劳动密集型产业，并且是最适于新兴工业国家大力发展的产业之一。这个行业是露天作业，劳动条件艰苦，加之资本有机构成相对较低，需要的只是中等水平的科学技术。正是由于这些原因，发达国家在这个行业中一般反而处于相对劣势。第二次世界大战后，在造船业中占相对优势的，总是那些所谓的"中进国"。20世纪60年代的日本，今天的韩国，都是这样的国家。我国沿海地区经济现在正处于向"中进"水平推进的阶段，大力发展造船工业的时机已经成熟。目前我国的远洋货轮大部分还依赖进口，出口的船只数量还很少。我们应当努力争取在以后的几个五年计划期间，逐步发展成为远洋船舶的净出口国。为此，就要逐步使我国出口船舶的总吨位超过进口船舶的总吨位，就要以适当的扶植政策加快我国造船业的发展，特别是增加船舶的出口。

目前，大连造船厂仍靠国家的特殊优惠维持出口。这是由当前的经济条件决定的：第一，新兴产业，特别是新兴的出口产业，总是需要政府以某些优惠政策加以扶植的。这种优惠政策是一个国家为发展生产力而必须付出的代价。日本和韩国的造船业，在发展初期都曾受到政府多方面优惠政策的扶植。我国的造船工业也不应例外。第二，当前造船业正处于世界性经济萧条之中。在这种情况下，作为反行情波动政策的一部分，亦应由政府对受经济萧条打击的产业给予扶植。历史经验证明，一个行业的世界性萧条，通常会大大改变该行业在全世界的生产布局。当前造船业的世界性萧条，必将使造船业的中心进一步向"中进国"转移。在这种情况下，如果我们不以特殊的优惠政策大力扶植本国的造船工业，使其及时在世界市场上占据一席之地，我国就将失去发展造船业的大好时机。

目前，我国远洋船队所用货轮大部分靠进口。根据国家计划的要求，"七五"计划期间，新增的沿海运输船只全部要国产，远洋轮船则仅由国内生产一半。与此同时，国内几大船厂又都承接国外订货，为国外生产远洋运输船只。一方面，国内造船厂大量为国外造船；另一方面，我们又大量进口国内能造的船只。从我国的经济全局来看，这种供求格局显然是不合理的，理应纠正。不过，这种供求格局的形成，是有其历史的和经济的原因的。

首先，国内的海运部门不愿购买自己建造的船只。这主要是由于国内的船厂仍然存在轻视本国顾客、重视外国顾客的偏向，为国内造船时交货不及时，售后服务也不够周到，对国内船东也不像对国外船东那样尊重。因而，国内的交通部门宁肯买国外的稍微贵一些的远洋船舶，也不愿买国内的船只。

其次，国内船厂也偏爱为国外造船，而不愿为国内造船。其原因除了国内订货谈判时间长之外，主要是因为国内造船时不能享受造出口船所享有的各种优惠，没有退税、出口创汇补贴，连进口的原材料和设备也不能减免关税。这样，为国内所造的某些远洋船只，订货价格便低于实际成本，自然降低了船厂为国内造船的积极性。

由此可见，恰恰是我国造船企业的经济行为和国家的经济政策，造成了我国远洋船只的上述供求格局。要改变这种格局，就必须使造船企业像对待国外船东那样对待国内的订货单位，同时，还必须使造船厂为国内交通部门造船时获得的盈利不低于为国外造船时的水平。采用行政手段，强迫国内交通部门买本国造的船，显然无助于达到上述目的。因为只有供货者之间的竞争，才能强迫供货者向买主提供周到的服务。我国只有几家大船厂，基本上是垄断性生产，船舶供货者之间的竞争主要来自国外。这就是说，国内交通部门应该有权在国内和国外供货者之间自由作出选择。否则，国内交通部门只能买本国船，消除了国外的竞争，就会使国内造船企业在改善服务方面缺少足够的压力。同时，大连造船厂的经验还证明，只有制造过出口船只，才能提高自己的生产能力，熟悉有关船舶质量的各种国际规定，学会按国际标准高质量地造船，从而也才能使为国内建造的远洋船舶真正达到国际先进水平。当然，为了取得这种生产力上的巨大进步，在企业盈利和国家税收上需要适当作出一些牺牲。不过，这种牺牲是完全值得的。

基于以上两点考虑，我认为，我们应该在一段时期内、一定程度上继续保存目前的这种供求格局。就是说，一方面继续努力为国外建造出口船只，另一方面仍要进口一些国内能造的船只。但与此同时，我们又应该利用一切可能利用的经济杠杆，逐步纠正目前这种不合理的供求格局，即一方面使国内海运部门尽量不再向国外购买国内能造的船只，另一方面又要促使国内船厂首先为本国海运部门供货，然后才向外出口船只。为此，我们应该保护和竞争并用：在允许国外竞争的同时，以适当的措施实施保护，培植和发展我们自己的造船工业。具体地说，应当从两方面着手：要设法减少目前造出口船和为国内造船之间利益不均的现象，例如适当降低出口换汇补贴、减少退税优惠等，以避免形成过大的出口诱力。出口诱力过大，会使造船企业忽视国内市场，转向国际市场。这是一种扭曲了的市场导向。用退税、补贴等办法培植出口诱力，实际上是用本国财政去补贴国外船主。当这种诱力过大，扭曲了市场方向时，就会造成国家财力的浪费。但这只是问题的一个方面。当前更迫切需要的，是采取各种经济措施，鼓励海运部门购买更多的本国船只。为此，可考虑采取下述两项措施：①进一步调整汇率，降低人民币对美元的比价。这样就会降低国产远洋船与进口船的比价，使国产船的价格对国内交通部门更具吸引力。②在调整汇率的同时，提高进口船只的关税税率，使国产远洋船舶的价格水平既能给国内造船企业带来适当的利润，在市场上又有足够的竞争力。这两项措施互相配合，就能在很大程度上扭转国内海运部门的订货格局。

以上两方面政策，目的都在于刺激国内海运企业更多地使用本国船舶。只是，前一种政策恶化了造船企业的经营条件，是迫使它们转向国内市场的做法；后者才是鼓励海运企业购买国产船的政策。今天，在整个国际造船业都不景气的环境下，恶化我国造船企业经营条件的余地已经很小。因此我们主张，目前应该侧重于采用后一种政策。如能把这些政策与我国现有的一系列政策配套使用，便会形成一套完整的保护与竞争相结合的经济政策，从而极大地推动我国造船工业的发展。

（原载《经济管理》1987年第10期）

经济区位研究

近现代市场经济中的沿海优势

一 地理优势：沿海经济发展的根本原因

改革开放以来，山东以南的中国沿海地区出现了经济发展的奇迹，中国经济增长最快的地方几乎都集中在这个沿海地区。对于这个现象人们有种种解释。有人说，这是由于中央给了这些省市以特殊优惠政策；有人说，这是由于这些省市的领导敢于打破旧框框，政策措施和领导方法得当；还有人说，这是由于这些省市的人观念更新了，思想方式适合现代的市场经济。应当说，这些因素在沿海经济发展中都起了一定作用，但是我认为，这些说法又都忽视了沿海发展快的根本原因——在近现代市场经济中沿海地区的地理优势。

沿海地区的地理优势表现在：只要解除了强制的管制和禁令，沿海地区就会首先从自给自足的小农经济中发展出现代的市场经济；在国际性的近现代市场经济中，经济发达的富裕地区和经济中心通常分布在沿海。这是在近现代的经济史中反复出现的一条规律。

当然，沿海具有地理优势，并不意味着海边的每一块地方都能成为经济发达的富庶地区。沿海的地理优势靠的不是海水，而是海上交通的便利。在近现代的技术条件下，海运成本低于任何一种陆上运输的成本，再加上辽阔的海洋又使一个港口能够很方便地同全球的许多地方往来，这就使贸易货物都尽可能地通过海路运输。这样，在最主要的海运路线与广大的陆地交通网相联结的地方就形成了重要的枢纽港口，这些港口成为近现代市场经济的重要贸易中心。海运优势还使大量制造业向主要的海上交通线附近集结，这些海上交通线附近的沿海地区形成了发达的制造业。因此,有地理优势的沿海地区主要是在重要的海上交通线附近,特别是海上交通线与广阔的陆上交通网相联结的地方。近代的国际性市场经济就是从这样的沿海地区发展起来的。

二 历史轨迹:海运商路繁荣了沿"路"地区

(一) 地中海商路和波罗的海商路

近现代国际性的市场经济是从欧洲中世纪晚期的工商业中发展起来的。在盛期和晚期中世纪,欧洲的工商业主要是围绕着两条海运商路发展的:一条是地中海商路,它的枢纽地区是北意大利;另一条是北欧波罗的海商路,这条商路上的各个城市结成了以德意志的吕贝克为领导的"汉萨同盟"。地中海商路上从事着著名的香料贸易,欧洲由此而得到了香料等来自亚洲的各种东方特产。地中海商路与欧洲大陆上的交通网联结的枢纽是北意大利的著名港口威尼斯和热那亚,这两个城市成了当时欧洲的主要商业和金融中心;而在这两个城市附近的北意大利地区则出现了一系列繁荣的工商业城市,如佛罗伦萨、米兰等,在那里形成了当时欧洲最发达的纺织业,出现了最早的资本主义萌芽。与地中海商路和波罗的海商路这两大商路连接的交通网交汇于佛兰德,今日的比利时一带和荷兰,这使英吉利海峡边的布鲁日成了当时的又一大枢纽港口,并且在该港附近的整个佛兰德地区发展起了繁荣的毛纺织业。不过,在中世纪的晚期,工商业最发达的仍然是北意大利地区,那里因此而成了当时最富庶的经济发达地区。这种经济上的繁荣为后来的文艺复兴奠定了社会基础。我们今天还能够从威尼斯和佛罗伦萨的名胜古迹中看到它们昔日的辉煌。

(二) 大西洋商路

近代的资本主义市场经济是在欧洲人发现美洲新大陆以后成长起来的。地理大发现使欧洲的主要商路从地中海沿岸移到了大西洋沿岸，造成了北意大利经济的衰落，但却使大西洋沿岸的欧洲国家兴盛起来。意大利的各城市远离新的主要商路，失去了独占东方贸易和欧洲商业中心的地位，从此陷入了长期的衰落。而这条新的主要商路从16世纪起就通向葡萄牙、西班牙、佛兰德和荷兰的各港口，特别是塞维利亚、里斯本和安特卫普。欧洲主要商路和商业中心的这种变化，是葡萄牙、西班牙、荷兰和英国经济相继兴盛的根本原因，也为荷兰和英国首先进入资本主义市场经济奠定了基础。

欧洲大西洋沿岸各国在近代的经济繁荣也经历过一个此盛彼衰的交替过程。16世纪发现美洲新大陆后首先兴盛起来的是葡萄牙和西班牙，那时它们曾是称霸世界的超级大国。拉丁美洲各国人民至今还讲葡萄牙语或西班牙语，就是这两个国家当时瓜分了中南美洲的后果。但是这两国不久以后就衰落了。历史学者归纳它们衰落的原因通常是：它们是靠掠夺美洲殖民地繁荣的，本国原有的工商业基础薄弱；再加上封建贵族的奢侈生活挥霍尽了从殖民掠夺来的财富，使这两国的经济繁荣未能持久。但是在笔者看来，更重要的原因还是地理上的，这两国的半岛地理位置使它们不可能成为大西洋海路与欧洲大陆交通网相联结的枢纽点，而只是大西洋海路联结欧洲大陆的第一站。大西洋海路与欧洲大陆交通网相联结的枢纽点只能处于佛兰德和荷兰地区，因为这里是最接近欧洲中部的大西洋海岸地区，横贯欧洲中部的莱茵河就在这里入海。因此，在经过一个短暂的过渡时期之后，欧洲主要商路转向大西洋海路导致佛兰德和荷兰的极度繁荣。佛兰德的布鲁日此时虽然衰落了，安特卫普却成了世界贸易的中心，葡萄牙和西班牙殖民地的商品都从这两国的各港口集中到安特卫普，再转销到整个欧洲。以转运贸易为依托，当时在佛兰德和荷兰都出现了不少新的工商业中心，在那里迅速发展起了各类手工工场。16世纪晚期荷兰独立以后，它的对外贸易和工场手工业都有了巨大的发展，以至荷兰成了17世纪标准的资本主义国家。它拥有庞大的商船队，成了"全世界的海上马车夫"。它不但垄断了东印度贸易，而且独占了西南欧与东北欧之间的贸易。在17

世纪，荷兰的阿姆斯特丹成了世界的商业中心和国际信贷中心。荷兰就这样靠着海运上的霸权而成了当时的世界第一经济强国，并在这个基础上建立了自己的殖民地网。时至今日，荷兰的鹿特丹仍然是世界货物吞吐量最大的海港。这就说明，大西洋商路与西欧大陆交通网连接的枢纽点只能位于今日的比利时和荷兰境内。

从17世纪末开始，英国取代荷兰而成为世界第一经济强国，这一地位一直保持到19世纪末20世纪初。英国夺得世界第一的经济霸权，最初靠的是在殖民战争中战败了荷兰，以武力保障了它对海洋运输和殖民地贸易的保护制度，18世纪以后则主要依靠它强大的工场手工业，特别是在工业革命以后发展起来的现代工业。但是英国能以这些手段成为世界第一经济强国，靠的却是它特殊的地理位置。英国同样处在大西洋商路的旁边，与佛兰德—荷兰只隔着一个狭窄的英吉利海峡。英国之所以同荷兰争夺海上霸权，是因为它的地理位置决定了它可以通过发展海上运输和转口贸易来致富；这一地理位置尤其有利于英国发展出口导向的加工工业。英国发达的工场手工业和后来的大工业都是在强劲的出口需求拉动下发展起来的，若没有处在世界主要航路上的地理位置，英国的工业品在世界市场上就不会有那么强的竞争力。没有英国的优越地理位置，就没有英国持续200年之久世界第一的经济地位。

美国从20世纪初开始取代英国而成为世界上最发达的经济强国。美国经济发展的历史也是经济发达地区沿着大西洋商路进一步扩展的历史。现在的美国是从18世纪北美大西洋沿岸的13块英国殖民地发展起来的，这个地区是美国工商业最早繁荣的地方。大西洋沿岸的波士顿、纽约、巴尔的摩、费城在19世纪初先于其他地方发展了工商业；在很长时期里，这4个城市之间的那块海滨地区都是美国无可置疑的工商业中心。纽约至今仍是美国的贸易和金融中心，这就是大西洋商路带动的发展道路所留下的历史积淀。

（三）对内陆经济中心的分析

当然，对近代市场经济中的沿海优势也不能作绝对的理解。在铁路发展起来以后，在离海岸较远的地方也出现了一些经济中心和工商业发达地区，如法国的巴黎、德国的鲁尔工业区、美国的五大湖工业区，甚至20世纪上半期的德国、捷克和波兰交界地区。不过这些地方能成为经济中心和发达地区，往往是因为当地蕴藏着丰富的当时工业主导部门所需要的自然资源（如煤和铁）。巴黎之所以一直是法国的经济中心，则是因为法国一直保持着中央集权主义传统，法国的市场经济一直是在国家的强烈干预、严厉的保护主义措施、国家的指导性计划以及庞大的国有经济之下发展的。尤其值得注意的是，这些处于内陆的经济中心和工商业发达地区往往又可以通过便利的水上交通与沿海地区相联结：德国西部鲁尔区到斯图加特的工业发达地区分布在莱茵河—内卡河沿岸，顺莱茵河而下很快就可以到达荷兰的鹿特丹—阿姆斯特丹地区；美国五大湖的工业区不仅通过加拿大境内的圣劳伦斯河与沿海城市魁北克相通，而且宽广的五大湖水域本身就延伸到离大西洋沿岸的纽约等地不远的地方，美国人又开掘了运河使五大湖直接连通大西洋。

（四）太平洋商路

不过，即使在有了铁路之后，当以自给自足的小农经济为主的落后国家开始进入国际性的市场经济之时，这些国家中首先发展起来的通常也是靠近国际商路的沿海地区。从西方列强的炮舰逼迫中国向资本主义世界市场打开国门之后，到中华人民共和国成立前夕，中国东部的沿海地区已经成为中国工商业最发达的地区；在不到100年的时间内，香港、上海、青岛、天津、大连从不起眼的小城镇甚至荒僻的渔村变成了中国第一流的大都市。而亚洲最早形成发达市场经济的国家和地区——日本和亚洲"四小龙"，不仅无一不处于大海的包围之中，而且无一不处于或靠近重要的国际商路：日本是亚洲东部的岛国，它是从美国西海岸横跨太平洋通向亚洲大陆的海运路线上的第一站。日本建成了发达的现代化经济，可以看作市场经济中的发达地区沿着太平洋商路向西扩展的第一步。韩国与日本仅仅隔着一个狭窄的海峡；中国台湾不仅邻近日本，而且正处在日本通向东南亚的海运商路上；中国香港和新加坡都处在从日本和太平洋通向印度洋的重要海运商路上，是这条海路上的重要中转站。优越的地理条件是"四小龙"经济起飞的一个重要原因：它们成了市场经济中的发达地区从日本向亚洲东部进一步扩展的第一站。

三 一点结论：政策不应长期偏向沿海地区

说了这么多市场经济中的发达区域扩展的历史，当然是为了使我们对中国的经济发展问题有一个更正确的认识。既然靠近国际商路的沿海地区在市场经济中具有天然的地理优势，那么毫无疑义，只要中国实行改革开放的总方针，东南沿海的经济发展速度就会比较快，沿海地区就会首先成为经济发达的地区。这一点特别适用于广东省毗邻香港的一些地区。按照经济发展的一般规律，中国香港和新加坡这样的贸易和金融中心发展到一定水平，就会带动周边地区的制造业发展。因此，改革开放后广东沿海地区经济超高速发展，正像新加坡的邻国马来西亚出现了超高速发展一样合乎规律。

说东南沿海经济快速发展合乎一般规律，这意味着：特殊优惠的政策，不是沿海经济高速发展的决定性因素。只要中国按改革开放的总方针办事，那么，即使全国各地的政策完全一样，东南沿海的经济发展也会比别处快；在某种程度上，甚至当给别处的政策优惠程度略微优于东南沿海各省市时，东南沿海的经济发展也仍然能够快于别的地方。因为，东南沿海的地理优势在经济发展中的特殊作用是其他地区特别是内地所不可比拟的。在今后相当长的时期内，东南沿海仍然将是带动整个中国经济高速增长的增长极。

说到这里，我想从另一个角度提出问题：东南沿海地区本已占尽地利之便，再长期享受优惠于内地的特殊政策，是否有失偏颇？是否会进一步加剧地区间经济发展的不平衡？我们的政策是否应当向内地倾斜，至少，做到各地区的经济发展享有同样一个"等量级"的政策？

（原载《经济导刊》1994年第4期）

对经济波动的分析

对马克思经济周期理论的看法

恩格斯在《反杜林论》中曾经指出,资本主义基本矛盾——生产社会化与资本主义私人占有之间的矛盾,表现为工人阶级与资产阶级的矛盾和个别工厂生产的组织性与整个社会生产的无政府状态之间的矛盾,这些矛盾必然造成生产的无限扩大与人民群众有支付能力的需求相对缩少的尖锐冲突,从而引起周期性的资本主义经济危机。恩格斯的这一论述,指明了资本主义经济危机的根源。而由于周期性地爆发资本主义经济危机,就形成了资本主义再生产的周期性,形成了资本主义的经济周期。

必须看到,恩格斯的上述论述只是指出了资本主义经济危机的根源,而没有具体分析资本主义经济周期的机制。所谓资本主义经济周期的机制,指的是资本主义经济的各个要素的运动和相互作用,如何必然使资本主义经济出现周期性的波动。资本主义经济的这些要素,表现为关于资本主义经济的各种概念和范畴,如价值、价格、资本、利润、利息等,而经济科学在分析资本主义经济周期上的任务,就是运用这些概念和范畴,去说明资本主义经济周期波动的规律性,这就是对资本主义经济周期机制的分析。资产阶级经济学家曾经对经济周期的机制提出了各种各样的假说,这些假说都在不同程度上碰了壁。某些资产阶级经济学家又断言,马克思、恩格斯只做过上述对经济周期根源的"空洞"的论断,对经济周期的机制则只有零星的、片断的提法,没有系统地进行分析。

这些资产阶级经济学家的上述断言是完全错误的。在《资本论》第三卷第三篇"利润率趋向下降的规律"中,特别在这一篇的第十五章"规律的内部矛盾的展开"中,马克思已经系统地分析了资本主义经济周期的主要机制。我们可以说,这一章实际上就是分析资本主义经济周期的机制的,只不过马克思把资本主义经济周期作为使利润率下降和抵抗这种下降的各个因素矛盾运动的表现;因此,对周期机制的分析仍然是从其各个要素运动的角度来表述的,没有形成一个从时间序列方面全面描述周期的各个阶段及其相互过渡方式的模式。马克思在那里明确指出,与利润率下降有关的资本主义经济因素的运动构成了资本主义经济周期的主要机制。对于马克思在这一章中的分析,资产阶级经济学家大多数只是漠然置之,而把力量集中在反驳马克思关于利润率趋于下降的论点上。只有少数人,谈到了马克思的经济危机理论与其利润率下降学说之间的联系,如克莱因的《凯恩斯革命》,但是其中的论述并没有真正表达出马克思对周期机制的分析。对这方面做了较全面而较准确的论述的,是埃里克·罗尔的《经济思想史》。为了正确地把握马克思对于资本主义经济周期的分析,本文依据《资本论》的这一章,详细地阐述马克思的观点,系统地分析周期的各个阶段及其相互衔接的具体机制。

一 分析周期机制的前提条件

马克思为了撇开对资本主义经济周期不起决定作用的偶然因素和次要因素,仍然以比较抽象的方法分析资本主义经济周期的机制,这就使他的分析以一些假定作为前提条件。另外,为了使对周期机制的分析和提出的理论模式合乎资本主义经济的现实,他的分析中也有一些必须遵从的约束条件。这些假定和约束条件是:

(一)分析的对象是纯粹的资本主义生产,全部产品都由资本主义企业生产,不存在独立的小生产者。

(二)资本主义再生产要正常进行,就必须遵从各种必要的比例关系,保持运动中的平衡。但是,资本主义经济运动本身又在不断破坏这些比例关系,破坏平衡。而这种平衡的破坏带来了经济危机。

马克思说:"危机永远只是现有矛盾的暂时的暴力的解决,永远只是使已经破坏的平衡得到瞬间恢复的暴力的爆发。"① 经济周期是资本主义经济发展不平衡的产物,又是资本主义经济达到其客观必要的平衡的方式。

(三)资本主义基本矛盾主要通过与利润率趋于下降有关的经济因素的运动造成了资本主义经济周期。马克思反复强调:"剩余价值的生产""是资本主义生产的直接目的和决定性动机。""资本主义生产方式的限制表现在":"劳动生产力的发展使利润率的下降成为一个规律,这个规律在某一点上和劳动生产力本身的发展发生最强烈的对抗,因而必须不断地通过危机来克服。""利润率的下降在促进人口过剩的同时,还促进生产过剩、投机、危机和资本过剩。"② 本文的分析主要集中在:与利润率下降有关的经济运行过程如何造成经济危机,形成资本主义经济周期。

马克思这里所说的利润和利润率,不是通常资本主义国家经济统计中所标明的那种利润和利润率,即不是资本主义企业的净利润及其与总资本之比。马克思这里说的利润,与全部剩余价值在量上相等,它包含了利息、资本主义企业的利润、地租等剩余价值划分的各种形式,利润率则是整个资本主义经济中生产的全部剩余价值与全部社会总资本之比,是资本主义经济中的一般利润率。马克思说:利润率下降"这个规律,就其一般性来说","同利润分割为归各类人所有的各个部分这一点无关"③。

(四)在《资本论》第三卷第一篇中,曾规定利润率$p' = m'n\dfrac{v}{C}$。这个规定也适用于整个资本主义经济中的一般利润率的决定,其中m'为剩余价值率,n为可变资本平均每年的周转次数,v是社会中的可变资本总量,C为社会资本总量,$\dfrac{v}{C}$为社会总资本的平均有

---

① 《马克思恩格斯全集》第25卷,人民出版社1974年版,第278页。
② 《马克思恩格斯全集》第25卷,人民出版社1974年版,第272、287—288、270页。
③ 《马克思恩格斯全集》第25卷,人民出版社1974年版,第238页。

机构成。马克思在分析中，假定 n 为常数，于是只有 m'、v、C 三个因素的变化引起一般利润率的变化，p' 与 m'、v 和 $\frac{v}{C}$ 的变化成正比，与 C 的变化成反比。马克思指出，随着资本的积累，可变资本总量 C 会不断增加，这会不断增加资本家剥削总利润量；而在资本主义企业争相榨取相对剩余价值的过程中，一方面是剩余价值率 m' 不断提高；另一方面是资本有机构成在社会总资本量不断增长的同时不断提高，即使 $\frac{v}{C}$ 不断降低。马克思认为，$\frac{v}{C}$ 的降低，即资本有机构成的提高，是使利润率 p' 下降的根本原因。他同时又详细列举了妨碍利润率下降的各个因素，并指出，这些因素的作用使利润率的下降只是成为一种趋势。而在这些因素中，对经济周期影响最大的，就是剩余价值率 m' 的提高和不变资本要素即生产资料的贬值。马克思说："互相对抗的要素同时发生互相对抗的作用"，"这些不同的影响，时而主要是在空间上并行地发生作用，时而主要是在时间上相继地发生作用；各种互相对抗的要素之间的冲突周期性地在危机中表现出来"①。使利润率下降的因素和使它上升的因素在资本主义经济周期的各阶段都同时存在和发生着作用；但是，在不同的阶段，起压倒优势作用的因素不同，使利润率的运动在不同阶段有相反的趋势，它使资本主义经济的运动有规律地交替上升和下降，形成了资本主义经济周期。

马克思的分析中还暗含着他没有明确说出的两个前提，就是：

（五）在资本主义经济中，一种经济状况影响其他的经济活动时，有时间上的滞后性。例如，产品生产过剩会使其价格急剧下降，造成生产下降，但是，从产品实际上已经过剩，到供过于求真正使价格下降，可能间隔较长时间，以至于一方面产品已经过剩，另一方面仍在更多地生产已经过剩的产品，从而造成严重的供过于求。没有这种经济影响上的滞后现象，就不会有资本主义经济中的许多

---

① 《马克思恩格斯全集》第 25 卷，人民出版社 1974 年版，第 277—278 页。

不平衡，更不会爆发危机。产生这种滞后现象，是由于各私人企业在竞争中不能立刻知道已经发生的实际经济状况并立即作出合理的反应，它表现了资本主义生产和流通的无计划性，即整个社会内资本主义生产的无政府状态。造成这种滞后性的客观条件，主要是对经济状况的反应需要时间，它来源于（1）从开始投资到实际扩大生产规模的时间差距；（2）生产一定量商品需要的时间；（3）流通表现供求状况的时间差距；（4）信用影响需求，也使认清需求的实际状况要经过一段时间。

（六）必须区分经济要素的实际状况与其在现实经济运动表面呈现的现象形态。在对周期机制的分析中，马克思分析的主要是价值、生产价格等的变动，它们表现了经济要素的实际状况；但是，在资本主义现实经济运动中，表面上呈现的只是市场价格等现象形态，它们由于种种原因只能歪曲地表现经济要素的实际状况，以至于商品的市场价格一般总是违背商品价值之比和生产价格之比的。供求关系是造成这种背离的主要原因之一。必须指出，市场状况不仅使同一时点上的各种商品价格之比背离它们的价值比例，而且会造成不同时点之间一般价格水平的波动，这种价格动态是价格背离价值的表现之一。假设一种商品的价格波动只反映各种商品价格波动的平均水平，而且它与其他商品的比价的平均水平也合乎它们的生产价格之比，那么我们可以看到，即使这种商品的生产价格不变，货币价值也不变，这种商品的市场价格也会在经济周期的高涨阶段上升，在危机阶段下降。这就说明，在经济周期中，商品的市场价格动态一般来说与其生产价格同货币价值之比的变化不同，这种价格动态是资本主义再生产中总的行情变化引起的。在抽象研究价值、生产价格时，应该撇开这种价格动态的影响，但是，在研究资本主义经济周期时，这种价格动态正是要研究的对象之一。不过，我们这里分析的市场价格动态，与现实的市场价格动态仍不一样。由于货币及其符号代表的价值的变动往往与社会的劳动生产率的变动不一致，资本主义经济现实中的货币数量往往不符合平均物价指数不变所要求的数量；这样，即使排除经济周期本身造成的价格水平波动，平均物价指数仍在变动。我们这里假定，货币价值随着社会劳动生产率提高的平均程度而下降，这样，如果没有经济周期中市场行情的普遍变化，平均物价水平就不会有任何变动。这种条件下的市场价格动态与现实中的市场价格动态不一致，但它更便于分析周期的主要机制。

由于价值、价格等经济要素的实际状况与市场价格等的表面现象不同，就使一般利润率分为标准的一般利润率与社会流行的一般利润率两种。马克思分析中使用的，可以称为标准的一般利润率，它是由社会总资本的实际价值和用这笔资本按其正常的技术构成雇佣工人时能够生产出来的剩余价值之比决定的；而一定时点上大部分资本主义企业在产品上附加利润时按当时社会习惯使用的一般利润率，我们称之为社会流行的一般利润率。二者并不一致，这是由我们上面所说的经济状况作用的滞后性和资本闲置程度决定的。社会流行的一般利润率的波动幅度大于标准的一般利润率，二者的波动方向有时也完全相反。社会流行的一般利润率的最大特点是它在每个经济周期中都很有规则地大幅度波动，繁荣时上升，危机时下降；它正是支配周期波动的标准的一般利润率的运动通过经济周期表现出来的形式。

二 经济危机形成的主要机制

由于周期性地发生经济危机，资本主义经济才出现周期性的波动；经济危机形成的主要机制，即资本主义经济周期的主要机制。

资本主义经济危机是商品普遍相对过剩的危机，经济危机的原因就是商品普遍相对过剩的原因。马克思认为，经济危机爆发的直接原因，就是在不同生产部门间的一定比例下，资本主义的分配关系和积累欲望限制了社会消费力，使它与社会生产力不相适应。他认为，资本主义的直接生产过程是直接剥削雇佣工人的过程，而出售产品则是实现这种剥削。但是，"直接剥削的条件和实现这种剥削的条件，不是一回事"。"前者只受社会生产力的限制，后者受不同生产部门的比例和社会消费力的限制。但是社会消费力既不是取决于绝对的生产力，也不是取决于绝对的消费力，而是取决于以对抗性的分配关系为基础的消费力；这种分配关系，使社会上大多数人的消费缩小到只能在相当狭小的界限以内变动的最低限度。这个消费力还受到追求积累的欲望的限制"。"这个内部矛盾力图用扩大生产的外部范围的办法求得解决。但是生产力越发展，它就越和消费关系的狭隘基础发生冲突。在这个充满矛盾的基础上，资本过剩和日益增加的人口过剩结合在一起是完全不矛盾的。"①

以数学公式表示马克思的意思，产品的实现条件就是产品的总供给要等于对它的总需求。由于部门间比例关系的限制，这种供求关系先要就社会再生产的两大部类来分别进行分析。第 II 部类的生产力决定了其产品的供给，它在价值上表现为 $IIc + IIv + IIm$。对 II 部类产品的社会消费力表现为对它的需求，它在价值上表现为 II 部类的工资 $IIc + \Delta IIv$，I 部类的工资 $Iv + \Delta Iv$（其中 ΔIv 与 ΔIIv 为扩大再生产追加的工资），以及两部类生产的剩余价值中被用来购买消费品的 $I\frac{m}{x}$ 和 $II\frac{m}{x}$。马克思指出，资本家剥削工人的"对抗性的分配关系"，必定使 $Iv + IIv + \Delta Iv + \Delta IIv$ 远远小于 II 部类总产品的价值；而且，由于资本家积累欲望的限制，使两部类生产的剩余价值中用于个人消费的部分，也不足以购买 II 部类产品被工人购买后剩余的部分。于是，对 II 部类产品的总需求在一定时点上大大小于其总供给，即 $Iv + IIv + \Delta Iv + \Delta IIv + I\frac{m}{x} + II\frac{m}{x} < II(c + v + m)$，在这个时点上，一定量 II 部类商品的总价格与其包含的总价值之间，总存在比例系数 γ。于是，上述表示价值关系的公式可以变为表示价格关系的公式：

---

① 《马克思恩格斯全集》第 25 卷，人民出版社 1974 年版，第 272—273 页。

$$\gamma\left(\text{I}v + \text{II}v + \Delta\text{I}v + \Delta\text{II}v + \text{I}\frac{m}{x} + \text{II}\frac{m}{x}\right) < \gamma\left[\text{II}(c+v+m)\right]$$

这表示Ⅱ部类商品的总供给价格大于对它的总需求价格。Ⅱ部类产品的这种过剩会导致Ⅱ部类缩减生产，从而减小对Ⅰ部类生产的生产资料的需求。这样，即使原来对Ⅰ部类产品的供求平衡，这时Ⅰ部类产品的总供给价格也变为大于对它的总需求价格，导致发生经济危机。危机首先表现为Ⅱ部类产品如纺织品、小汽车等的生产过剩，这是最典型的情况。但是，当然也曾有些经济危机首先从钢铁业等Ⅰ部类的生产部门开始，在这种情况下，两部类生产之间存在明显的比例失调。但是，我们可以用一定的两部类产品供求关系式证明，这时，如果不存在两部类生产之间的比例失调，Ⅱ部类产品的生产就要大大扩充，这会使对Ⅱ部类产品的总需求价格大大小于它的总供给价格，造成那种首先在Ⅱ部类爆发的经济危机。限于篇幅，我们这里就不再进行这种数学的论证。我们可以肯定，资本主义经济危机主要的直接原因，是社会消费力小于社会生产力；而危机首先从Ⅰ部类的生产部门爆发，则是同时存在严重的部门间生产比例失调时出现的特殊现象。

必须指出，马克思只是把一定部门比例条件下的社会消费力小于社会生产力，当作经济危机的直接原因，而把使利润率趋于下降的运动，当成形成经济危机的主要机制，认为它造成了危机的直接原因，使得对Ⅱ部类产品的总需求价格必然周期性地小于它的总供给价格。

只有在商品流通中，使利润率趋于下降的运动才会造成对Ⅱ部类产品的总需求价格小于其总供给价格。资本主义产品必须在流通中通过转化为货币而彼此交换，马克思指出，这种运动形式"包含着危机的可能性"①。这首先是因为"价格偏离价值量的可能性，已经包含在价格形式本身中"②。同样，只有在商品流通中，才可能出现商品的总供给价格偏离其总价值的情况，在这种情况下，总供给

---

① 《马克思恩格斯全集》第23卷，人民出版社1972年版，第133页。
② 《马克思恩格斯全集》第23卷，人民出版社1972年版，第120页。

价格才可能与总需求价格不一致。其次，马克思还指出，"谁也不会因为自己已经卖，就得马上买"①。正是商品流通才可能使商品的卖者不必同时就是买者。马克思说，"对整个资本家阶级来说，为了使他们的剩余价值实现（同时也为了使他们的资本即不变资本和可变资本流通）就必须自己把货币投入流通"，这"是整个机构的必要条件"②。Ⅰ部类产品通过两部类资本家彼此购买来实现，Ⅱ部类产品则靠资本家支付给工人的工资和用于本人消费的剩余价值来购买。简单再生产下如此，扩大再生产时同样如此。在扩大再生产中，如果平均物价水平和商品流通速度都不变，则流通的纸币量将按照商品产量的增长速度增长；但是，由于一年内1单位货币可以流通很多次，每年需要增加的货币数量很小。为了使在一个周期中长期看来平均物价指数能保持不变，我们假定资本主义国家政府发行的纸币和银行发行的信用货币的增长速度，能够与劳动生产率的增长速度保持一致；这样，社会总资本的全部产品能否实现，就取决于资本家本身怎样支出他们的货币去进行购买。资本家支付给工人的工资虽然会被工人很快全部花光，但资产阶级整体却不会很快花光自己的全部剥削收入。资产阶级作为资本的人格化的本性，决定他们要极力保持较高的利润率，并在多收入的时候尽量少支出。他们的个人消费要受积累欲望的限制，而把收入用于扩大再生产的部分，又取决于市场对产品的需求。这样，由于商品流通而从他们那儿流出的货币形成的总需求，大大小于待售商品的总供给价格，而他们的积累欲望在利润率趋于下降时，会使这种可能性变为现实性。

假定实际的利润率已经下降，而两部类资本家根据市场状况决定的扩大再生产规模和他们的个人消费，使得对两部类产品的供求在价值上都相等，这样就会有：

$$Ⅰc + Ⅰv + Ⅰm = Ⅰc + Ⅱc + \Delta Ⅰv + \Delta Ⅱv$$

---

① 《马克思恩格斯全集》第23卷，人民出版社1972年版，第133页。
② 《马克思恩格斯全集》第24卷，人民出版社1972年版，第469页。

$$\text{II}c + \text{II}v + \text{II}m = \text{I}v + \Delta\text{I}v + \text{I}\frac{m}{x} + \text{II}v + \Delta\text{I}v + \Delta\text{II}v + \text{II}\frac{m}{x}$$

假如这时两部类的资本家企业不顾利润率已经下降的实际，硬要根据已经形成的习惯，按过去较高的利润率在生产成本上附加上一笔利润出卖，这就会在两部类产品的总供给价格中，分别加上一个虚假的利润量 $\Delta\text{I}p$ 和 $\Delta\text{II}p$，于是，两部类的总供给价格都会抬高到价值以上。但是，实际上两部类供给的产品量都没增加，因而，总供给价格的抬高只是来源于单位产品价格的提高。同时，由于资本主义企业的这种供给价格是在已支付的工资水平之上形成的，它们扩大再生产的规模也已定，这样，价格这样高于价值，并不会改变两部类支付的工资量，也不会改变两部类各自需要的生产资料量。但是，由于 I 部类产品价格高于价值，两部类资本家就必须把他们靠抬高价格得到的虚假利润 $\Delta\text{I}p + \Delta\text{II}p$ 中的一部分用于购买再生产用的生产资料，同时，两部类扩大再生产的既定规模会使需要的 I 部类产品的数量不变，这种对 I 部类产品数量的需要不会随其价格的上涨而改变，这使 I 部类产品在价格过高的情况下仍能保持供求平衡。同时，资产阶级会把剥削收入的一部分用于个人消费，这种个人消费可能随着利润的增多而增多，我们假设增加的这部分资产阶级消费为 $\Delta\left(\text{I}\frac{m}{x} + \text{II}\frac{m}{x}\right)$。由于 $\text{I}v$、$\text{II}v$、$\Delta\text{I}v$、$\Delta\text{II}v$ 都不变，$\Delta\left(\text{I}\frac{m}{x} + \text{II}\frac{m}{x}\right)$ 是对 II 部类产品的总需求价格中增加的唯一数量。而由于按过高的利润率形成出售价格，II 部类产品的总供给价格已经增加了 $\Delta\text{II}p$。我们就可以用数学公式的推演证明，在这种情况下，$\Delta\text{II}p$ 必然大于 $\Delta\left(\text{I}\frac{m}{x} + \text{II}\frac{m}{x}\right)$。但是，这种推演过于繁难，由于篇幅所限，这里就不列出了。刚才已假定，II 部类产品的供求在价值上相等，这种假设以 II 部类产品的供给价格合乎价值为前提。我们把价值上相等的公式变成总供给价格与总需求价格的关系式，就有：$\gamma\left(\text{II}c + \text{II}v + \text{II}m\right) = \gamma\left(\text{I}v + \text{II}v + \Delta\text{I}v + \Delta\text{II}v + \text{I}\frac{m}{x} + \text{II}\frac{m}{x}\right)$，这里的 γ 为商品价格合乎商品价值与货币价值之比时的价格与价值之比。但是，由于按过高的利润率形成供给价格的 II 部类产品的总供给价格为 γ（IIc + IIv + IIm）+ ΔIIp，总需求价格变为 $\gamma\left(\text{I}v + \text{II}v + \Delta\text{I}v + \Delta\text{II}v + \text{I}\frac{m}{x} + \text{II}\frac{m}{x}\right) + \Delta\left(\text{I}\frac{m}{x} + \text{II}\frac{m}{x}\right)$。因为 ΔIIp > $\Delta\left(\text{I}\frac{m}{x} + \text{II}\frac{m}{x}\right)$，所以 γ（IIc + IIv + IIm）+ ΔIIp > $\gamma\left(\text{I}v + \text{II}v + \Delta\text{I}v + \Delta\text{II}v + \text{I}\frac{m}{x} + \text{II}\frac{m}{x}\right) + \Delta\left(\text{I}\frac{m}{x} + \text{II}\frac{m}{x}\right)$，即 II 部类产品的总供给价格大于总需求价格。而 II 部类产品的价值并没有改变，只是单位产品价格上升了，所以价格与价值之比变了，不再是 γ，而变成 γ_1。而以价格与价值的新比例系数 γ_1 去分析 II 部类产品的供求，就会有：

$$\gamma_1（\text{II}c + \text{II}v + \text{II}m）> \gamma_1\left(\text{I}v + \text{II}v + \Delta\text{I}v + \Delta\text{II}v + \text{I}\frac{m}{x} + \text{II}\frac{m}{x}\right)$$

这正是经济危机爆发时的典型情况。这就说明，资本主义积累和榨取剩余价值的倾向，在生产无政府状态造成的经济影响滞后性的条件下，必然会在利润率下降的时候造成经济危机。

三　形成经济危机的具体过程

资本主义企业是根据市场销售情况形成自己产品的市场价格的。我们上边的分析中却假定，全社会的资本主义企业都不顾利润率已经下降的实际，而按较高的利润率形成产品的出售价格，这个假定是否违反实际呢？我们认为，这个假定是合乎实际的。在资本主义经济的实际运动中，生产无政府状态不仅可能而且必然使利润率的实际下降不被资本主义企业发觉，使它们仍按习惯形成的高利润率形成市场价格，以致引起危机。正因为这样，我们才在前边区分了标准的一般利润率和社会流行的一般利润率两种不同的利润率。我们这里分析经济危机形成的具体过程，就是要说明，资本有机构成怎样提高，它又怎样使标准的一般利润率下降，而又是一些什么因素同时在使社会流行的一般利润率上升，以致造成危机。

在萧条阶段末期，社会流行的一般利润率会低于标准的一般利润率，这是因为大量工人失业和社会总资本的大量闲置使资本构成低于正常的资本技术构成决定的水平，从而使可变资本总量较低，生产的剩余价值即利润较少。这时的低社会流行的一般利润率是资本的生产能力闲置、剥削工人少的结果，它表现为总产量低于上个周期中的繁荣阶段。但是，这时的社会流行的一般利润率的水平已足以刺激资本主义企业进行扩大生产的竞争。它们在低利润的压力下不得不尽量采用不需要新投资就能提高剩余价值率的新生产方法，大量闲置生产能力的存在方便了它们这样做。这个时期提高剩余价值率是使社会流行的一般利润率回升的主要因素，它也使标准的一般利润率上升。利润的提高刺激资本主义企业扩大生产，于是就业增加，对Ⅱ部类产品的需求增大，Ⅱ部类生产的扩大又反过来为Ⅰ部类生产的扩大提供了需求，于是资本主义生产就像马克思的扩大再生产图式指示的那样扩大，从而进入复苏阶段。

社会流行的一般利润率在复苏阶段的上升主要依靠可变资本增加造成的就业增加，它使闲置资本得到充分利用，同量社会总资本使用了更多的雇佣工人，剥削更多的剩余价值。利润率上升使资产阶级开始将大量剩余价值用于投资，扩大生产能力。但是，由于新投资化为实际生产能力要经过一个较长的基本建设时期，这种积累过程在当时对生产扩大作用很小，只是造成了对生产资料的大量购买力和大批建筑安装工人、机械工人的就业，扩大了总需求，从而刺激资本主义再生产更快扩大。

在复苏阶段后期，闲置资本得到了充分利用，工人就业已达到按合理的技术构成充分使用这些资本的程度，社会流行的一般利润率由此上升到与标准的一般利润率相等，而这个标准的一般利润率又是这一周期中最高的标准利润率。但是，生产的扩大并未到此为止，较高的利润率促使资本家用一切办法扩大生产，投资迅速上升，从而不断产生对两部类产品的需求，使经济周期进入繁荣阶段。

在繁荣阶段初期，由于大量新投资提高了资本的技术构成，抵消了剩余价值率轻微上升的影响，标准的一般利润率已经停止上升。但是实际利润率则继续上升到高于标准的一般利润率的程度，这是因为在高需求下资本主义企业极力扩大生产，使社会总资本雇佣工人的数量超过合理的技术构成决定的水平，它虽然妨碍了全社会中劳动生产率的提高和产品价值降低，却以同量资本生产了更多剩余价值，因而提高了社会流行的一般利润率。同时，扩大生产本身造成的需求，特别是固定资本投资造成的需求，使产品供不应求，价格普遍上涨，这又进一步抬高了社会流行的一般利润率；不过，这样抬高的利润，有很大一部分会像上节所说的，由于生产资料同时涨价而又失去。工资上升也会吃掉一部分这样得到的利润。不过，较高的社会流行的一般利润率仍然会刺激资本主义生产以疯狂的速度扩大。

到繁荣阶段中期，资本主义扩大再生产的内在矛盾急剧尖锐化了。复苏阶段开始的大量投资大批投入生产，其结果有两方面：一方面，劳动生产率在全社会范围内急剧提高，普遍降低了商业价值，同样也降低了工人的消费品的价值（但往往并不同时降低其单位价格。单位产品价格的降低只表现在工人同样时间生产的产品的总价格大为增加）；剩余价值率水平本应大大提高，但这种提高由于我们后面指出的原因而大大受到了限制；另一方面，大量新投资投产使社会总资本量大大增加，同时资本有机构成在更快地上升。资本有机构成提高的影响已经占了优势，标准的一般利润率开始较快地下降。新设备的投产使许多旧设备受到无形磨损，应该贬值，甚至完全退出生产。但是，这时资本主义生产的无政府状态造成的经济影响的滞后性正在充分发挥其效力。前一段的高社会流行的一般利润率刺激了投资急剧增加，又反过来造成了虚假的需求。于是，价格普遍高于价值的程度日益增大，使一切资本主义企业都在拼命生产。该被替代的旧设备仍被使用，连无形磨损也没算，这时原料的高价格又进一步抬高了固定资本价格。这样，社会总资本中就增加了一笔虚假的数量。同时，被雇佣的工人也最多，工人就业已超过了正常的水平，这使得工资水平可能略微超过劳动力价值，剩余价值率无法再提高。这都进一步降低了标准的一般利润率，使它降到一个周期中的最低点。但是，工人就业之多进一步超过合理的技术构成容许的水平，使资本构成大大低于其合理的技术构成，生产了更多的利润；另外，更重要的是，前边说过的高投资趋势继续存在，加上流通环节和信用的作用，造成了更为严重的虚假需求，使价格普遍上升到整个周期中的最高点。上述两点又使社会流行的一般利润率继续上升，达到整个周期中的最高点。它大大高于已经降到最低点的标准的一般利润率，这必然像上文分析过的那样，造成对社会总产品的供给与需求的尖锐矛盾，从而造成一场全面的经济危机。

四 经济危机的后果

上文的分析说明，危机爆发时，社会总资本中有许多需要贬值的虚假数量，就业的工人数目也大于正常的资本主义再生产需要剥削的工人数目。马克思称前者为资本的绝对生产过剩，后者为工人的相对人口过剩，并且认为，它们是资本主义经济危机爆发的原因。他说，"只要增加以后的资本同增加以前的资本相比，只生产一样多甚至更少的剩余价值量，就会使"为了资本主义生产目的而需要的追加资本＝0，那就会有资本的绝对生产过剩"①。这时"资本同工人人口相比已经增加到如此程度，以致既不能延长这些人口所提供的绝对劳动时间，也不能增加相对剩余劳动时间（后一点在对劳动的需求相当强烈从而工资有上涨趋势时，本来是不能实现的）"②，这时一般利润率就要"急剧地和突然地下降"，使资本生产过剩。"资本的这种过剩是由引起相对过剩人口的同一些情况产生的，因而是相对过剩人口的补充现象。"③ 因此，他断言"危机是

---

① 《马克思恩格斯全集》第 25 卷，人民出版社 1974 年版，第 280 页。
② 《马克思恩格斯全集》第 25 卷，人民出版社 1974 年版，第 280 页。
③ 《马克思恩格斯全集》第 25 卷，人民出版社 1974 年版，第 280 页。

由于工人人口中这个或那个部分在他们原来的就业方式上成为过剩所引起的"①。这种过剩在危机爆发前是看不出来的，但是它使标准的一般利润率下降，造成社会流行的一般利润率与标准的一般利润率的脱节，从而导致危机爆发，而在危机爆发后，它们又以危机的后果的形式在实际生产中表现出来。

马克思认为，经济危机的作用，在于恢复由于资本过剩和过多的相对人口过剩所造成的不平衡，使利润率得以回升，使资本主义再生产恢复正常。他说，解决冲突，"再建立""同资本主义生产的""健康的运动相适应的关系"的"方法已经包含在""要加以解决的那个冲突的表现本身中"。"在任何情况下，平衡都是由于一个或大或小的资本被闲置下来，甚至被毁灭而得到恢复。"失业的增加使就业工人的工资"下降到平均水平以下"；同时"价格下降和竞争斗争也会刺激每个资本家采用新的机器、新的改良的劳动方法、新的结合，来使他的总产品的个别价值下降到它的一般价值以下"，这"造成人为的过剩人口"，同时又提高了剥削程度，使利润率回升，而"不变资本要素的贬值，本身就是一个会使利润率提高的要素"。于是，"已经发生的生产停滞，为生产在资本主义界限内以后的扩大准备好了条件"②。

可以说，经济危机的整个后果，就是通过资本的贬值和降低工人的劳动价格，来使标准的一般利润率得以回升，重新刺激资本主义生产扩大。我们已经说过，在繁荣阶段末期，靠虚假需求支撑的社会流行的一般利润率上升到最高点，大大高于已经降到最低点的标准的一般利润率，总供给价格大大高于总需求价格。危机一旦爆发，随着物价水平急剧下降，社会流行的一般利润率就急剧下降。这时，由于社会总资本量停止增加，标准的一般利润率已经停止下降。但是，社会流行的一般利润率却会很快降得低于标准的一般利润率，这首先是由于急剧降价的产品是用高价买入的生产资料生产

---

① 《马克思恩格斯全集》第 25 卷，人民出版社 1974 年版，第 293 页。
② 《马克思恩格斯全集》第 25 卷，人民出版社 1974 年版，第 282—284 页。

的，因而以价格表示的生产成本大大高于其价值，使利润量降得更低；其次是由于社会总资本的一部分是用高于其价值的价格买入的设备构成的，它使社会总资本的总价格大大高于其总价值。这样，大批资本主义企业会破产，没有破产的也一般会减少生产，工人大量失业，这又急剧减少对生产资料和消费资料的需求，进一步压低产品价格，从而压低社会流行的一般利润率。这种下降的恶性循环将一直持续到总供给价格跌落到等于总需求价格之时。这时，社会流行的一般利润率跌到其最低点，大大低于标准的一般利润率，生产缩减和价格的降低都会停止。资本主义再生产进入萧条阶段。

萧条阶段的主要职能是完成资本的贬值和提高对工人的剥削程度。大批旧资本毁灭了，旧设备退出生产，没退出生产的许多设备也受到无形磨损。于是，社会总资本的价值大大降低。与此同时，资本主义企业一方面由于市场状况不好的压力，另一方面由于工人大量失业，通过提高工人的劳动生产率，同时又因压低工人工资，使剥削程度大大提高。所有这些，都使标准的一般利润率得到很大的回升。与此同时，社会流行的一般利润率停止了下降，并且有所回升，这首先是因为低廉的生产资料价格降低了成本，更重要的是因为社会总资本在价值上贬值的同时，也消除了其各个要素的价格高于价值的情况，使社会资本总量中由高价造成的虚假数量消失，降低了社会流行的一般利润率的基数。但社会流行的一般利润率仍低于标准的一般利润率，因为生产设备闲置，使实际雇佣的工人数量低于社会总资本按合理的技术构成能够容纳的工人数目，从而减少了生产出来的利润量。不过这时社会流行的一般利润率水平，已经能刺激资本主义企业间进行扩大再生产的竞争了。可以看到，我们又回到了开始时所说的萧条阶段的状况。

这种变动情况为：复苏阶段→繁荣阶段→危机阶段→萧条阶段。

总之，马克思认为，使利润率趋于下降的各因素的运动，是形成资本主义经济周期的主要机制。在资本主义扩大再生产的过程中，当资本有机构成提高对利润率的影响占优势时，利润率下降，并使资本主义经济下降；而当提高剩余价值率和资本贬值对利润率的影响占优势时，利润率就上升，使资本主义经济上升。这种利润率的变动发生在周期各阶段的波动之前，我们称之为标准的一般利润率。但是由于生产无政府状态造成的经济作用的滞后性，就使资本主义经济的波动采取了从危机到繁荣的各阶段依次更替的剧烈形式，而社会生产中表面上呈现的平均利润的波动，看起来成了周期各阶段更替的后果。我们就称这种利润率为社会流行的一般利润率。社会流行的一般行利润率与标准的一般利润率在数量和变动上的差距是资本主义生产无政府状态的后果，也是资本主义经济周期的波动十分剧烈的原因之一。

（原载《经济研究参考资料》1983 年第 88 期）

货币数量论与近年我国物价问题

能否通过管住货币数量来制止物价总水平的上涨，这是关系目前我国反通货膨胀斗争成败的一个关键性问题。[①] 我国经济学界的一些同志在批判西方经济学的货币数量论时，不承认货币数量与物价总水平之间的紧密关系。这种观点值得商榷。

一 货币数量论

货币数量论是西方经济学中最早的宏观经济理论；它突出地强调物价总水平与货币数量这两个宏观经济变量之间的关系，把物价总水平的变化主要归因于货币数量的变化。

早在亚当·斯密建立起政治经济学的第一个科学体系之前，货币数量论的基本思想就已出现。在斯密以后的正统派西方经济学中，货币数量论一直占统治地位。到了 20 世纪初，美国的阿尔文·费雪和英国的剑桥学派已经用数学关系式清楚地概括了货币数量论的基本思想。

可以把剑桥学派使用的货币数量论方程式概括为下列等式：

$$M = KQP = KY \tag{1}$$

其中 M = 货币量，Q = 实物产量，P = 每单位产品的平均价格或价格总水平，$Y = QP$ = 按现价计算的国民生产总值（我们称之为

[①] 为了便于讨论，笔者在这里使用西方经济学通用的货币概念，把一切在商品和劳务的交易中得到普遍接受的支付手段都当作货币，用 M_1（流通中的现金 + 银行的活期存款）来表示西方国家中的货币量。

"名义收入"），$K = QP$（或 Y）中社会上以货币余额的形式所持有的份额。

令 $V = 1/k$，就可以把剑桥方程式化为费雪的货币数量论公式：

$$MV = QP = Y \qquad (2)$$

其中的 V 是货币的收入流通速度。① 本文以下将主要利用费雪方程式来分析。

设 Y_0、M_0、V_0、P_0 和 Q_0 分别为 t_0 年的名义收入、货币数量、货币流通速度、物价总水平和实物产量，Y_1、M_1、V_1、P_1 和 Q_1 分别为 t_1 年的名义收入、货币数量、货币流通速度、物价总水平和实物产量，根据式（2），必有：

$$(M_1/M_0) \cdot (V_1/V_0) = (P_1/P_0) \cdot (Q_1/Q_0) = Y_1/Y_0 \qquad (3)$$

式（3）表明，货币数量的发展速度乘以流通速度的发展速度之积，必等于物价总水平的发展速度乘以实物产量的发展速度。②

根据式（2），还可以得出一种近似的简便算法。我们对式（2）取对数，得

$$\ln M + \ln V = \ln Q + \ln P = \ln Y \qquad (4)$$

将式（4）对时间 t 求导，得：

$$M^1/M + V^1/V = Q^1/Q + P^1/P = Y^1/Y \text{ 或}$$

$$M^1/M = Q^1/Q + P^1/P - V^1/V = Y^1/Y - V^1/V \qquad (5)$$

上式表明：在时点 t 上，货币数量的增长率等于实物产量的增长率加上物价总水平的上涨率，再减去流通速度的增长率；或者说，货币数量的增长率等于名义收入的增长率减去流通速度的增长率。③

---

① 关于货币数量论的两个基本方程式，参见［美］钱德勒、哥尔特菲尔特《货币银行学》下册，中国财政经济出版社 1980 年版，第 4—5 页。

② 这里说的都是发展速度，而不是增长速度。直到 20 世纪 80 年代初，在我国的统计学术语中，发展速度均为报告期水平与基期水平之比，增长速度却只是报告期增减量与基期水平之比，它等于发展速度减 1。

③ 上述由式（2）推导式（5）的数学分析方法，参见 Alpha Chiang, *Fundamental Methods of Methematical Economics*, MacGraw Hill Book Company, 1984, 3rd., pp. 302–304.

这里应指出的是，由于式（5）是运用微分方法推导出来的，在运用它来分析各种年增长率之间数量关系时，得出的结果就不可能是完全准确的。式（5）只能是一种大致正确的近似算法。

费雪方程式中的 V 是社会平均的货币流通速度，剑桥方程式中的 K 则是社会平均的货币持有系数，它们本身就是通过 M 与 $Y = QP$ 相比才求出来的。这样，式（1）与式（2）这两个货币数量论的基本公式就成了定义恒等式，其正确性是自明的。按照定义，这两个公式必定永远成立。从式（2）中推导出来的式（3），也具有无可置疑的正确性；式（5）虽然只是一个近似的计算公式，但是，当货币、物价、产量等的变化都不太大时，它也有着相当高的精确程度。我们可以把式（1）、式（2）、式（3）、式（5）4 个公式称为"货币数量论的一般化公式"。

倾向于从货币数量的角度来研究宏观经济问题，在一切有可能的地方都尽量使用式（1）、式（2）、式（3）、式（5）4 个公式来阐释宏观经济现象，这是货币数量论的主要特点之一。不过，这并不是货币数量论者的最重要特点。货币数量论者的最根本特点在于：

1. 他们把货币的流通速度看作基本上是稳定不变的。这就是说，他们倾向于认为，式（1）和式（2）中的 V 和 K 至少在短期内是个不变的常数。这样一来，式（3）中的 V_1 就必定等于 V_0，式（5）中的 V^1 则必等于 0。于是，式（3）变成了：

$$(M_1/M_0) = (Q_1/Q_0) \cdot (P_1/P_0) = Y_1/Y_0 \quad (6)$$

式（5）则变成了：

$$M^1/M = Q^1/Q + P^1/P = Y^1/Y \quad (7)$$

式（6）和式（7）最典型地表达了货币数量论的根本观点，这就是：货币数量的变化完全表现在名义收入的变化上，流通速度的变化可以忽略不计。由于名义收入的变化可以分解为两个部分——实物产量的变化和物价总水平的变化，所以，不能被实物产量的变动所抵消的那一部分货币数量的变化，就必定会引起物价总水平的相应变动。我们可以把式（6）和式（7）称为"货币数量论的特征性公式"。式（6）可以化为 $(P_1/P_0) = (M_1/M_0)/(Q_1/Q_0)$，这是一种"发展速度的除法"；式（7）可以化为 $P^1/P = M^1/M - Q^1/Q$，这是一种"增长速度的除法"。

2. 货币数量论者通常都认为，实物产量（或实物产量增长率）是与货币数量或其增长率无关的因素；它们是独立的、由非货币的外在因素给定的，不会受货币数量及其增长率影响。古典的货币数量论者通常都相信，资本主义的自由市场经济本身就倾向于达到充分就业的均衡。这种充分就业均衡确定了一定的实物产量，由此也就决定了一个能保证充分就业的实物产量增长率。由于实物产量及其增长率都是这样由非货币的因素给定的，他们就得出了一个极端的结论：货币数量的改变只能对价格的总水平发生影响，而不会有任何别的作用。

古典货币数量论的上述两个最具特征性的基本论点，当然是对现实情况的一种过分的简化。后来对货币数量论的各种批评，基本上都针对上述两个论点。相对来说，第二个论点比第一个论点更为薄弱。我们可以把第一个论点当作基本上站得住脚的，在分析正常运行的市场经济时，把货币流通速度看作近似不变的，从而假定名义收入的变化与货币数量的变化成正比。这种假定，与经验事实相距不会太远。货币数量与实物产量的关系则要复杂得多。实物产量的变动与物价总水平变动之间的关系本身就受很多因素影响，它使我们很难一下子说清，名义收入的变动到底有多少将变成实物产量的变动，有多少会变成物价总水平的变动。这样一来，也就很难一概而论地说，货币数量与实物产量到底有什么关系。本文不想多谈后一个问题，以下部分想说明的只是：在价格可以自由变动的市场经济中，货币数量论的第一个特征性论点大体上是成立的，名义收入的变化与货币数量的变化基本上成正比。由于名义收入的变化可以分解为实物产量的变化和物价总水平的变化，笔者的这一论点就等于说，在扣除实物产量变化的影响之后，货币数量的变化与物价总水平的变化之间有一种大致的数量关系。[①]

二 货币数量论与凯恩斯经济学

在西方经济学中，只有凯恩斯才真正动摇了货币数量论的独尊地位，因为只有他才真正提出了一种比货币数量论更精致的宏观经济理论。

凯恩斯经济学的基础是所谓"有效需求"概念。凯恩斯所说的"有效需求"，大体上相当于我们所说的名义收入 Y；差别主要在于：有效需求是"事前"预期的数量，名义收入则是事后实现的数量。凯恩斯以"有效需求"概念为核心，来批判货币数量论的两个特征性论点。在他看来，由于"灵活偏好"的作用，利率的高低会大大影响对货币的需求。这意味着利率的变动能够影响货币的流通速度，从而使"有效需求"的变化并不与货币数量的变动恰成同一比例。某些凯恩斯主义者甚至把凯恩斯的个别设想推向极端，提出了所谓的"流动性陷阱"概念，实际上否认了货币数量与有效需求之间的数量关系。另外，凯恩斯更为强调的是"有效需求"对产量和就业量的决定作用，认为由于货币工资率不能充分地随着就业状况的变化而伸缩，就业量就不能不随着"有效需求"的变化而增减。在达

[①] 华生、张学军、罗小朋在《中国改革十年：回顾、反思和前景》一文中曲解了货币数量论。他们用货币增长速度除以国民收入的增长速度，再把这样得出的结果与总需求实际上过度膨胀的程度相对比，根据二者的不一致来断定，强调"管住货币供应量的做法"，"其假定前提也仅仅是一个虚幻的货币教条"（见《经济研究》1988 年第 9 期）。他们把货币增长速度除以国民收入增长速度，这在统计分析中是一种"增长速度除法"，这种方法在数学上可以表示为公式 $P_1/P_0 - 1 = (M_1/M_0 - 1) : \forall (Q_1/Q_0 - 1)$，或 $P_1/P = M_1/M : Q_1/Q$。将此式与本文中的式（6）、式（7）比较就可看出，他们使用的"增长速度除法"与货币数量论的分析方法差别极大。根据这种"增长速度除法"所进行的统计分析，无论它能否说明实际的总需求变动，都与货币数量论无关。他们指责"增长速度除法"如何不精确，想以此来驳倒货币数量论，这在逻辑上是站不住脚的。因为他们所反驳的根本就不是货币数量论的分析方法。可以把他们所引用的 1981 年和 1984 年的 M_1 年增长率和国民收入增长率代入本文的式（6）、式（7）中，再将由此得出的 1981 年数字与 1984 年数字相比较，那样就会得出正好相反的结论。

到充分就业之前，增加的"有效需求"将一部分用于增加就业量和产量，另一部分则用于提高成本单位和物价水平。只有在达到充分就业之后，增加的"有效需求"才不再能够增加产量，而只是化为成本与物价的上涨。战后的凯恩斯主义者还利用所谓的"菲利普斯曲线"来论证这一论点，强调失业率与物价上涨率之间有一种替代关系：失业率较低时，物价上涨率较高；失业率较高时，物价上涨率就较低。凯恩斯主义经济学在这两方面的全面进攻，使货币数量论在物价总水平问题上降到了并列的几种理论观点之一。

但是，就是在凯恩斯之后，货币数量论也还是有强大生命力的。美国货币主义的领袖弗里德曼提出了新的货币需求函数，他利用自己的持久收入假定、自然失业率概念和货币物价理论，以更精确的方式重新论证了货币数量论的两个特征性论点，从而使货币数量论得以重整旗鼓。货币主义者们仍然强调，通货膨胀是一种货币现象。在这一点上，他们坚持的还是货币数量论的老传统。可以说，战后年代围绕货币数量论所发生的争论，实质上是凯恩斯主义经济学与新自由主义经济学之间的论争。

我们无意在这里判断凯恩斯主义经济学与货币主义经济学谁是谁非。我们只想强调这样一点：凯恩斯以后围绕着货币数量论所展开的论争，实际上只是围绕着百分之几这样的"微量"所展开的论争。凯恩斯本人并没有彻底否认货币数量论，他从来没把所谓"流动性陷阱"看成真正的现实。在他看来，在一般情况下，货币数量的增加都会引起有效需求的增加，在长期中，二者的关系将会更为稳定。凯恩斯之所以批评货币数量论，乃是因为它不够精确。[①] 凯恩斯的这种态度，典型地反映了大多数西方经济学家的共同立场。在当代，没有几个严肃认真的西方经济学家会否认这一事实：货币数量的变化决定了名义收入变化的大致范围；在没有战争、大萧条和

[①] 以上凯恩斯对货币数量论的态度，见凯恩斯《就业、利息和货币通论》第13、15、18—21章，战后西方经济学中关于货币数量与物价的争论，可见饶余庆《现代货币银行学》，中国社会科学出版社1983年版，第6—8章。

恶性通货膨胀发生的条件下，货币数量的变动率与名义收入的变动率之间的差距，一般不过 2—3 个百分点，最多也不会超过 10 个百分点。大多数凯恩斯主义经济学家都不否认这一点。钱德勒等人在使用凯恩斯主义方法来分析名义收入如何决定时，虽然批评货币数量论不精确，但他们所举的例子也不过是：按照货币数量论的方法推算出来的名义收入增长率，可能会与实际的增长率相差 5 个百分点。[①] 当代西方经济学中对货币数量论的种种批评，都仅限于在这至多不过 5 个百分点的误差上做文章。他们举出了其他种种非货币数量的因素，不过是想说明，这可能大到 5 个百分点的误差是由什么因素决定的。这种分析没有也不可能完全突破货币数量论所规定的大致范围。这样，凯恩斯主义与货币主义争论的，实际上不过是如何对货币数量论进行"微调"的问题，而绝不是要彻底否定货币数量论的问题。

我国经济学界的一些同志简单地罗列了西方经济学界内部对现代货币主义理论的批评，以证明货币数量论是"一个虚幻的货币教条"。这些同志忘记了西方经济学家们是在一种什么样的学术背景下批评货币数量论的。在西方国家，根据经济计量模型作出的宏观经济预测通常都精确到 0.1%；对于 1 个百分点的误差，经济学家们必须提出理论上说得过去的解释。在这种研究精度下，统计分析的专家们当然会对货币数量论感到不满，因为按照这种理论去做分析和预测，有可能会在名义收入的增长率上出现 5% 的误差。但是，没有人会否认，货币数量论的分析已经足以说明，在正常情况下，要防止出现 8% 以上的通货膨胀率，流通中的 M_1 必须限制在哪个数量以下。任何宏观经济理论，无论它有多么精确，都不敢无视货币数量论所指出的这种大致的界限，否则它就无法进行预测和指导宏观经济决策。

统计分析已经证明，货币数量论具有大致的正确性。按照数理

---

① [美] 钱德勒、哥尔特菲尔特：《货币银行学》下册，中国财政经济出版社 1980 年版，第 7—9 页。

统计的原理，相关系数如果超过 0.8，就表明两个变量之间有着同方向变动的高度相关关系。据笔者估算，美国 M_1 的发展速度与名义收入的发展速度之间的相关系数，1948—1955 年为 0.40，1966—1975 年则为 0.81，而美国的 M_1 数量与名义收入之间的相关系数 1947—1955 年为 0.96，1966—1975 年更达 0.99 以上。西方经济学家们进行的大量统计估算，结果都差不多。这些估算的相关系数都表明：在西方国家，在一年这样的短期中，名义收入的增长速度与货币数量的增长速度可能有密切关系，也可能关系不太密切；但是名义收入的数量却总是与货币数量有着高度的正相关关系，这意味着在长期中，名义收入的总量按一定规则随着货币数量的增加而增加。名义收入的变化可以分解为实物产量的变化和物价总水平的变化；在任何经济中，实物产量的发展速度又都不会有很大的伸缩性。这就使我们得出一个极接近货币数量论的结论：在任何价格可以自由变动的市场经济中，长期大幅度地增加货币数量必定会引起物价总水平的上涨。正因为如此，连自封为"后凯恩斯主流经济学"主帅的萨缪尔逊也不能不承认：粗略的货币数量论的观点"在超级通货膨胀中和对于某些长期趋势是适用的"[①]。

三 货币数量论与我国近几年的物价问题

要判明货币数量论能否解释中国的经济实际，必须始终记住以下两点。

1. 迄今为止，我国经济中一直存在大量国家规定的固定价格。如果一切商品的价格都由政府规定而不准变动，则货币数量无论怎样增加，价格总水平也不会上升。在这种情况下，名义收入当然不可能与货币数量以相同比例增加，它只能按实物产量上升的比例增长。但是，由于不可能通过价格自动上涨来弥合货币购买力增长与

---

① ［美］萨缪尔逊：《经济学》上册，萧琛译，商务印书馆 1979 年版，第 409 页。

实物产量增长之间的差距，就会出现大量的剩余购买力和普遍的持币待购现象。这是过去我国存在普遍短缺现象的根源之一。

2. 在存在普遍的价格管制的同时，我国还长期存在对物资的统一调配，对生产规模、基本建设规模以及非私人支出也常常实行统一的计划控制。如果这些统一的控制足够强有力，计划规定的总支出增长幅度又大大低于货币数量的增长速度，那么，货币数量的增长就不但不会与名义收入的增长保持同一比例；而且在短期中，当货币数量的增长速度大大高于名义收入的增长速度时，甚至可能感觉不到短缺压力的增加。

由于上述两个原因，在1982—1984年以前，我国的货币流通速度受到了两个自由的市场经济所没有的决定性因素的干扰，货币数量与名义收入数量之间也就不可能有什么稳定的关系。在这种情况下，货币数量论的特征性公式——本文中的式（6）和式（7）是不可能适用的。尽管如此，使用本文中的式（1）、式（2）、式（3）、式（5）四个"货币数量论的一般化公式"来分析我国经济，仍然有其独特的意义。我们前边已经说过，这几个公式是定义恒等式，它们必定是永远成立的，对我国当然也同样适用。只不过由于多了上述两个原因，我国的货币流通速度 V 会比自由市场经济下慢得多，货币流通速度的变化幅度也会大得多。在这种情况下，式（3）中的 V_1/V_0 不可能经常接近于 1，式（5）中的 V^1 也不可能经常接近于 0。

但是，值得注意的是，1983—1984年，我国的经济体制实际上发生了一个根本性的变化。不但国家计划对生产和支出的控制大大放松了，而且由于实际上大幅度地减少了物资的统一计划调拨，特别是由于国家正式认可了物价管理上的"双轨制"，集中控制的固定价格已经名存实亡了。我们可以把这两年以前的经济体制看作近似于集中计划的体制，把这两年以后的经济看作接近于自由的市场经济。在经过1983—1984年的大转变以后，不但货币数量论的一般化公式变得对我国宏观经济分析更为重要，而且它的两个特征性公式——式（6）和式（7）也能够运用于我国了。下表中的统计数字就足以证明这一点。

此表是根据1986年、1987年、1988年的《中国统计年鉴》编制的。表中，笔者把按当年价格计算的国民收入当作名义收入，把按可比价格计算的国民收入当作实物产量，以 M_1 的数量作为货币的数量。表中 M_1 的数量＝流通中的现金＋企业存款＋机关团体存款＋农村存款。表中所说的"物价总水平指数"，不是统计部门公布的零售物价指数，而是国民收入物价平减指数，计算方法为：物价总水平指数＝按当年价格计算的国民收入发展速度÷按可比价格计算的国民收入发展速度×100。表中第（1）、（3）、（5）、（7）、（9）各栏就是根据上述口径编制出来的。

表1　　　　我国近年的货币数量、名义收入和物价

年份	M_1 年底余额的环比发展速度(%)(1)	M_1 的年平均额(亿元)(2)	名义收入(亿元)(3)	M_1 年平均额指数(1980年为100)(4)	实际产量指数(1980年为100)(5)	$M_1:Q$ 指数(1980年为100)(4)÷(5)(6)	物价总水平指数(1980年为100)(7)	M_1 的环比发展速度(%)(8)	名义收入的环比发展速度(%)(9)	货币流通速度的环比发展速度(%)(10)
1980	123.41	1256.9	3688	100.0	100.0	100.0	100.0	—	110.1	—
1981	118.90	1519.8	3940	120.9	104.9	115.3	101.9	120.9	106.8	88.1
1982	114.61	1771.7	4261	141.0	113.5	124.1	101.8	116.6	108.1	92.8
1983	117.38	2056.7	4730	163.6	124.7	131.2	102.9	116.1	111.0	95.6
1984	130.67	2561.7	5650	203.8	141.5	144.0	108.3	124.6	119.5	95.9
1985	112.28	3080.4	7031	245.1	160.1	153.1	119.1	120.3	124.4	103.5
1986	125.63	4326.0	7887	291.1	172.9	168.4	123.7	118.8	112.2	94.5
1987	117.40	5236.4	9321	352.3	191.0	184.5	132.4	121.0	118.2	97.6

在 M_1 的数量方面，此表使用了两种特殊的处理方法：

（1）列出了两种不同的 M_1 每年数字：一种是 M_1 的年末余额，另一种则是年平均额。我国公布的货币和信贷数字都是年末的余额，

表内第（1）栏据此计算的 M_1 环比发展速度，实际上是上年末到本年末之间的货币数量增长率。但是严格地说，用这种方法来计算真正对本年的流通起作用的货币数量，是极不准确的。国外把每日数字的年平均数当作每年实际上的货币供应量，这是比较精确的科学算法。由于这种计算在我国目前的条件下尚不可能，笔者使用了一种近似算法，将上年末的 M_1 余额加上本年末的 M_1 余额再除以 2，把这样得出的结果作为本年 M_1 的平均额。表内第（2）栏所列的 M_1 的年平均额就是这样计算出来的，第（4）、（6）、（8）、（10）各栏的数字也是根据这一 M_1 年平均额计算出来的。除特别指明者外，我们在下面所说的 M_1 数量，都是 M_1 的这种年平均额。①

（2）在我国公开发表的货币和信贷数字中，1985 年以前的不包括中国建设银行（以下简称建行）的数字，1985 年以后的则包括了建行的数字。由于这个原因，表内第（2）栏所列的 M_1 年平均额不是根据统一的口径计算出来的，1985 年以前的数字中不包括建行的数字，1986 年和 1987 年的则包括了建行的数字。统计口径上的不一致使 1985 年与 1986 年的 M_1 平均额成了不可比的。在表内第（1）栏中，1985 年以前的数字也是不包含建行的数字相比的结果，1986 年和 1987 年的数字则是用包含建行的数字相比出来的结果。为了使计算的 M_1 环比发展速度尽可能准确，我们在计算 1986 年的 M_1 环比发展速度[第（8）栏数字]时，采用了下述方法：将第（1）栏 1985 年的数字与 1986 年的数字相乘然后再开平方，将所得的结果作为 1986 年的 M_1 环比发展速度。1987 年的发展速度当然只能包括建行的数字在内。表内第（4）、（6）、（8）、（10）各栏相应年份的数字都是这样计算出来的。由于这个原因，这些栏中的 1986 年数字都与第（2）栏中的数字无法吻合。

表内第（10）栏的数字是本年的货币流通速度与上一年的货币流通速度的比值。根据本文的式（3），这一栏的数字应该等于第（9）栏的

---

① 国内讨论货币问题的论著大多没注意到这一点。它们使用的大都是货币数量的年底余额，而不是年平均额。

数字除以第（8）栏的数字再乘以100。第（10）栏的数字若大于100，就表明流通速度加快了；若小于100，则表明流通速度放慢了。

认真分析此表，我们可以得出下述结论：

（1）我国的 M_1 与名义收入之间的数量关系并不是很稳定的，二者的比例也绝不是一个常数。这表现为货币流通速度每年都有一定幅度的变化，这一变化恰好弥补了 M_1 年平均额的增长速度与名义收入的增长速度之间的差额。不过大体上来说，货币数量不但与名义收入向着同一个方向变化，而且二者之间仍然保持着大致的数量比例关系。表现在货币流通速度上，就是：（1）货币流通速度每年变动的幅度都不大，除了1981年以外，货币流通速度的变化从未超过10%；（2）货币流通速度的变化极有规则。在从1982—1987年的6年中，除了1985年之外，货币流通速度几乎每年都放慢2.4%—7.2%。由于上述原因，1980—1985年我国的货币数量与名义收入数量的相关系数高达近0.99；这一相关系数表明，就是在20世纪80年代上半期，我国的名义收入也大体上是按照某种规则与货币数量向着同一个方向变化的。

（2）比起1981—1983年来，1984年以后的货币流通速度显得更为稳定，每年的变化几乎从不超过5%，有3年在4%上下；而1981年和1982年的货币流通速度却每年都放慢10%左右。这与1983—1984年我国经济体制上的重大变动正相吻合，说明1984年以后我国的 M_1 数量开始与名义收入同步增长。这意味着我国的实物产量和物价总水平都转而主要取决于市场因素。在这种情况下，已经可以使用货币数量论的特征性公式——本文的式（6）和式（7）来近似地估算名义收入。当然，1984年以后，货币流通速度的变动率本身有时变化很大。1985年货币流通速度比上一年提高了3.5%，1986年却又比上一年放慢了5.5%，一快一慢，货币流通速度的增长率差了9个百分点。如果根据1985年货币流通速度的增长率来推算，预测的1986年名义收入就会与实际数字相差10个百分点。这加大了利用货币数量论进行宏观经济分析的困难。但是，如果考虑到这些年我国的名义收入每年至少增加 12%，最多则增加 24%，如果再考虑到，我们现在的问题是如何防止物价每年上涨 10% 以上，那么，就是这样大的误差也不是不可忍受的。这样起码也还能够确切地指明，为了防止物价上涨一年超过 10%，M_1 的增长率至少应该控制在多少。如果我们再注意到，货币流通速度的变化率是围绕着 100% 的水平波动的，也就是说，它是围绕着流通速度不变的水平波动的，那么我们就更有理由接受货币数量论的特征性公式，把货币流通速度看作是近似不变的。这样估算出来的名义收入，差错一般不会超过 5%。

（3）我们知道，根据货币数量论的特征性公式，物价总水平将与 $M_1:Q$ 的比值呈同比例变化。表内第（6）栏所列的实际上是 $M_1:Q$ 的比值，第（7）栏所列的则是物价的总水平。比较一下这两栏的数字就可以知道，1984 年以来，$M_1:Q$ 的比值虽然并没有与物价总水平呈同比例变化，但是二者的数量关系却极为密切。根据笔者估算，1980—1987 年，$M_1:Q$ 的比值与物价总水平的相关系数高达 0.95；根据第（6）栏和第（7）栏我们可以算出，1983—1987 年，我国 M_1 的发展速度是实际产量发展速度的 1.4062 倍，物价总水平的发展速度则为 128.67%。这就是说，在此期间，平均每单位产品所负担的货币量增加了 40.62%，物价总水平随之上升了 28.67%。这就再清楚不过地说明，物价总水平是伴随着货币数量超过产量增长幅度的过度增长而上升的，这两栏的比较说明，就是在 20 世纪 80 年代的中国，货币数量论的两个特征性公式也提供了一个相当可靠的基础，使我们能够据以估计较长时期中物价总水平变动的趋势和大致范围。①

---

① 《中国改革十年：回顾、反思和前景》一文拿出几个个别年份的数字来进行对比，想以此来判定货币数量论不能成立，这是难以令人信服的。经济生活中充满了偶然事件，对任何一般性的规律都可以找出差不多正好相反的个别例外。要想在考虑到偶然的偏差的基础上验证一般规律是否成立，就必须使用现代数理统计中的相关分析。本文所提到的两个相关系数已经足以说明，尽管在一年这样的短期中，货币数量的增长速度确实与名义收入的增长速度关系不大，但是在长期中，名义收入仍然大体上随着货币数量的增加而增加，物价总水平也大体上随着货币与产量之比的增加而上升。

（4）1985年，我国的货币流通速度加快了，这是20世纪80年代以来的第一次。那一年正是我国对物价和物资的计划管理实际上大幅度放松之后，也正是大幅度放慢M_1的增长速度的一年。在80年代初的我国，提高货币流通速度的增长幅度，意味着减小货币流通速度放慢的幅度，使货币流通速度更接近于不变。在这种情况下，银根稍作收紧，流通速度就会加快。但是，流通速度的这种加快只是使原来过慢的货币流通速度趋于正常而已，它是我们过渡到市场调节所必需的。我们本应在放宽对物价和物资的管制的同时降低货币数量的增长幅度，让货币流通速度的提高来承担一部分名义收入增长所需要的货币购买力，消除通货膨胀的隐患；但是，我国却在1984年和1986年两个紧要关头大幅度放松银根，过度增加了货币供应量，其结果是不但直接引发了严重的通货膨胀，而且妨碍了货币流通速度回升的过程，为此后留下了隐患。由于很少通过抽紧银根来迫使流通速度加快，我国近年的货币流通速度仍然过慢，加快货币流通速度的潜力极大。一旦群众普遍预期物价将飞速上升，这种潜力就会猛烈爆发，通过大大加快货币流通速度来使物价上涨的速度超过货币过量增长的幅度。这正是多年过度增发货币留下的隐患的总爆发。

总的来说，东方和西方的历史经验都已经证明：货币数量论的适用程度确实要受经济体制的很大影响；就是在市场经济中，它也不能十分精确地说明货币数量与物价总水平之间的关系，更不能说明，货币数量为什么过度增加，增加了的货币数量又如何影响物价的总水平。从这个意义上说，货币数量论确实是不精确的、肤浅的，它只是一种人人都必须记住的基本常识。但是，正因为它是一种基本的常识，它就是不能忽略的东西。谁如果借口它肤浅而无视它，谁就会犯常人都能避免的错误。在分析市场经济时，任何高妙的宏观经济理论要想说明物价总水平的变动，都必须在货币数量论的基础上来改善这个理论，对它进行"微调"，而绝不可能根本否定它。经济史上的无数事例已经证明，若想靠市场来调节经济，就不能忽视货币数量论,因为这一理论已经为市场经济中宏观经济变量之间的数量关系规定了一个大致的框架。如果我们果真想让市场调节经济的话,我们就必须把货币数量论当作宏观经济控制的基础。我们应该探讨的是,如何在这个基础之上进行微调,为什么会过多地增发货币,而不应该在大幅度增发货币能否引起通货膨胀这个问题上白费力气。如果我们不考虑货币数量论规定的大致界限,我们就不得不面临这样的选择:或者是社会经历毁灭性的通货膨胀;或者是放弃对经济的市场调节,重新回到集中计划的经济中去。

(原载《经济研究》1989年第5期)

中国的经济增长与通货膨胀

2007年中国的居民消费价格指数比上一年上升了4.8%,广大公众又开始关注中国的通货膨胀问题。

一 对通货膨胀的解释与中国的总供给函数

通货膨胀的直接原因是整个经济中货币购买力的增长超过了实际总产出的增长,这一般是由于整个经济中的货币存量增长过快。不过,货币因素造成的过大的名义总需求到底会引起多大的通货膨胀,却又在很大程度上取决于一国总产出的增长与通货膨胀之间的关系。总产出的增长与通货膨胀之间的关系决定了,货币扩张导致的名义总需求增长在多大程度上造成了总产出增长,在多大程度上造成了物价总水平的上涨。

总供给函数说明的就是整个经济中的总产出与物价总水平的关系。自1994年起,笔者发表了一系列论著,系统地提出了中国的总供给函数,并且利用1979—1993年中国的宏观经济数据对这个总供给模型做了初步的计量检验,得出了下列的用以解释那个时期中国的宏观经济现象的总供给计量模型(左大培,1994,1996,2002):

$$gY_t = 9.36 + 0.475 \cdot gP_t - 0.384 \cdot gP_{t-1} \qquad (1)$$
$$(8.48)\ (3.036) \qquad (-2.335)$$

上式中的常数是"自然增长率",gY_t和gP_t分别为本年实际总产出的增长率和通货膨胀率,gP_{t-1}则是上一年的通货膨胀率。这里用于衡量实际总产出的指标是实际GDP(国内生产总值指数),衡量通货膨胀率的指标则是 GDP 减缩指数的增长率。

根据这一总供给函数,还可以回归出下列解释通货膨胀的公式:

$$gP_t = -4.468 + 5.788 \cdot Dummy + 0.51 \cdot gY_t + 0.75 \cdot gP_{t-1} \quad (2)$$
$$(-1.808) \quad (2.934) \qquad (2.247) \qquad (5.72)$$

从根本上说,上述两个公式中的总供给模型就是所谓的"附加预期的菲利普斯曲线"(Romer,1996)模型。

但是,笔者当时就指出,根据著名的"卢卡斯批判",绝不能把上述的总供给函数和通货膨胀率决定函数的各个参数看作固定不变的。即使它们能很好地解释过去,但这并不意味着它们就能够很好地预测和解释未来。

最近几年,中国社会科学院研究生院的研究生们利用新的统计数据和新的计量方法对这些宏观经济模型做了新的计量检验,其中最有代表性的是张洁、曹永福、苏庆义和徐浩庆等人所做的检验。这些计量结果需要一个分析宏观经济行为的理论框架做支持,它们在解释宏观经济动态上的应用中也有一些实际的问题需要加以说明。

本文以下先以数学形式对式(1)和式(2)做一个概括性的理论推导,然后再对应用这些公式解释宏观经济动态时出现的一些实际问题加以说明。

二 不均衡的劳动市场

使式(1)和式(2)中的那种"附加预期的菲利普斯曲线"能够成立的基本前提条件是,劳动市场上存在非自愿失业,劳动的供给大于其需求,因此就业和企业实际使用的劳动都取决于企业根据实际工资决定的劳动需求。t 期的名义工资受预期的本期物价水平影响,而本期预期的物价水平:

$$P_t^e = P_{t-1} \cdot (1 + \pi_t^e) \quad (3)$$

在式(3)中,P_{t-1} 为上一期的物价水平,π_t^e 是预期的本期通货膨胀率。

预期的本期通货膨胀率在一定程度上由上一期的通货膨胀率 π_{t-1} 决定，可以将决定预期的本期通货膨胀率的因素表示为：

$$\pi_t^e = \pi_{t^*} + \pi_{t-1} \quad (4)$$

在这样的通货膨胀预期下，t 期的名义工资根据下式决定：

$$W_t = B_t \cdot e^{\chi \cdot \pi_{t-1}} \cdot P_{t-1} \quad (5)$$

在式（5）中，B_t 取决于决定 t 期的实际工资而又与 t 期的物价水平 P_t、上一期的物价水平 P_{t-1}、上一期的通货膨胀率 π_{t-1} 无关的因素：

$$B_t = B_t^* \cdot b_t \cdot e^{\chi \cdot \pi_{t^*}} \quad (6)$$

在式（6）中，B_t^* 为按照新古典理论模型决定的新古典劳动市场均衡条件下的实际工资，在这一实际工资下劳动市场上的需求恰好等于劳动供给；$b_t = b(t)$ 是由劳动市场的不完全性所决定的一个系数，而造成劳动市场的这种不完全性的因素可能是"搜索和匹配"的需要、工资的刚性，也可能是决定"效率工资"的那些因素。b_t 的数值始终满足如下条件：

$$\frac{b_t \cdot e^{\chi \cdot \pi_{t^*}} \cdot e^{\chi \cdot \pi_{t-1}} \cdot P_{t-1}}{P_t} > 1 \quad (7)$$

根据式（5），t 期的实际工资为：

$$\frac{W_t}{P_t} = \frac{B_t \cdot e^{\chi \cdot \pi_{t-1}} \cdot P_{t-1}}{P_t} \quad (8)$$

这样，由式（7）决定的 b_t 的数值就使 t 期的实际工资始终高于新古典劳动市场均衡条件下的实际工资 B_t^*，从而使劳动的需求总是小于劳动的供给，整个经济中始终存在不自愿失业。

在这样的劳动市场下，可以将 t 期的总产出 Y_t 仅仅视为当期劳动投入 L_t 的函数：

$$Y_t = F(L_t), \quad F'(L_t) > 0, \quad F''(L_t) < 0 \quad (9)$$

在劳动供给大于需求的不均衡劳动市场中，当期的劳动投入只能等于当期的劳动需求，而竞争性的企业当期的劳动需求，则必定满足劳动的边际产品等于实际工资率的利润最大化条件。根据这一利润最大化条件，整个经济中的劳动投入必定满足下式：

$$F'(L_t) = \frac{W_t}{P_t} = \frac{B_t \cdot e^{\chi \cdot \pi_{t-1}} \cdot P_{t-1}}{P_t} \quad (10)$$

在劳动供给大于劳动需求的情况下,实际的劳动投入等于对劳动的需求,而劳动需求则取决于式(10)。由式(10)可知,在每个时期,给定上一期的物价水平 P_{t-1}, π_{t-1} 越大,$F'(L_t)$ 越大,则对劳动的需求和劳动投入越小;本期的物价水平 P_t 越高,从而本期的通货膨胀率 π_t 越大,$F'(L_t)$ 越小,对劳动的需求和劳动投入越大。

三 经济增长与通货膨胀的数量关系

为将这一论点形式化,假定整个经济的总量生产函数是一个柯布—道格拉斯生产函数:

$$Y_t = A_t \cdot K_t^\alpha \cdot L_t^\beta, \text{ 其中 } 0 < \alpha < 1, 0 < \beta < 1 \quad (11)$$

其中,Y_t 为 t 期的总产出,A_t 为 t 期的劳动有效性,K_t 为 t 期的物质资本存量。式(11)中当期的劳动投入数量:

$$L_t = N_t \cdot h_t \cdot l_t \quad (12)$$

在式(12)中,N_t 为 t 期整个经济中的劳动力数量,h_t 为 t 期的就业率 $1 - u_t$ (u_t 为 t 期的失业率),l_t 则为 t 期每个劳动力平均付出的劳动量。由此可知 t 期劳动投入的对数如下:

$$\ln L_t = \ln N_t + \ln h_t + \ln l_t \quad (13)$$

将式(11)中的总量生产函数对劳动投入求一阶偏导数,可知这种生产函数下劳动的边际产量:

$$F'(L_t) = \frac{\partial Y_t}{\partial L_t} = \beta \cdot A_t \cdot K_t^\alpha \cdot L_t^{\beta-1} \quad (14)$$

将式(14)和式(12)代入式(10),可知任何时期整个经济中的劳动投入必定满足下式:

$$\frac{B_t \cdot e^{\chi \cdot \pi_{t-1}} \cdot P_{t-1}}{P_t} = \beta \cdot A_t \cdot K_t^\alpha \cdot (N_t \cdot h_t \cdot l_t)^{\beta-1} \quad (15)$$

另外,在按照新古典理论模型决定的新古典劳动市场均衡状态下，任何时点上的劳动投入数量都必定会满足劳动的边际产品等于实际工资率的利润最大化条件。在这样的劳动市场均衡状态下，任何时点上的就业率 h_t 也都必定始终为常数 1。以 l_t^* 表示新古典劳动市场均衡条件下每个劳动力平均的劳动投入，得到新古典劳动市场均衡条件下的实际工资：

$$B_t^* = \beta \cdot A_t \cdot K_t^\alpha \cdot [N_t \cdot l_t^*]^{\beta-1} \tag{16}$$

将式（6）和式（16）代入式（15）并约去等号两边的相同因子，可得到任何时期整个经济中的劳动投入都必定满足的条件：

$$\frac{l_t^{*\beta-1} \cdot b_t \cdot e^{\chi \cdot \pi_t} \cdot e^{\chi \cdot \pi_{t-1}} \cdot P_{t-1}}{P_t} = (h_t \cdot l_t)^{\beta-1} \tag{17}$$

将式（17）的两边取对数，可得方程：

$$(\beta-1) \cdot (\ln h_t + \ln l_t) = \ln(l_t^{*\beta-1} \cdot b_t) + \chi \cdot \pi_t + \chi \cdot \pi_{t-1} - \ln P_t + \ln P_{t-1} \tag{18}$$

因为 $\ln P_t - \ln P_{t-1} \approx \pi_t$

而在式（11）中的总量生产函数中，$\beta < 1$。考虑到这些，为了将数量关系表现得更明显，可以将式（18）变换为：

$$\ln h_t + \ln l_t = \frac{1}{1-\beta} \cdot [\pi_t - \ln(l_t^{*\beta-1} \cdot b_t) - \chi \cdot \pi_t - \chi \cdot \pi_{t-1}] \tag{19}$$

将式（11）的总量生产函数两边取对数，得：

$$\ln Y_t = \ln A_t + \alpha \cdot \ln K_t + \beta \cdot \ln L_t \tag{20}$$

将式（13）和式（19）代入式（20），可以得到决定 t 期总产出的关系式：

$$\ln Y_t = \ln A_t + \alpha \cdot \ln K_t + \beta \cdot \ln N_t - \frac{\beta}{1-\beta} \cdot [\ln(l_t^{*\beta-1} \cdot b_t) + \chi \cdot \pi_t] + \frac{\beta}{1-\beta} \cdot (\pi_1 - \chi \cdot \pi_{t-1}) \tag{21}$$

式（21）就是一个说明总产出与通货膨胀率关系的"总供给函数"。如果在式（21）中 $\chi = 1$ 且 $\pi_t = \pi_{t-1}$，则 $\ln Y_t = \ln A_t + \alpha \cdot \ln K_t + \beta \cdot \ln N_t - \frac{\beta}{1-\beta} \cdot [\ln(l_t^{*\beta-1} \cdot b_t) + \chi \cdot \pi_t]$。在这一增长率下的失

业率就是"非加速通货膨胀失业率"（余永定等，2002）。如果 $\chi \cdot \pi_{t'}$ 也为 0，这样决定的总产出实际上就是由弗里德曼所说的"自然失业率"决定的"自然增长率"。记 t 期由"自然失业率"决定的"自然产出率"为 Y_t^*，有：

$$\ln Y_t^* = \ln A_t + \alpha \cdot \ln K_t + \beta \cdot \ln N_t + \beta \cdot \ln l_t^* - \frac{\beta}{1-\beta} \cdot \ln b_t \quad (22)$$

根据式（22），式（21）中的总供给函数就变为：

$$\ln Y_t = \ln Y_t^* - \frac{1-\beta}{\beta} \cdot \chi \cdot \pi_{t'} + \frac{\beta}{1-\beta} \cdot (\pi_t - \chi \cdot \pi_{t-1}) \quad (23)$$

考虑到一个变量的对数与其增长率的关系，可以将式（22）直接转变为决定"自然产出率" Y_t^* 的增长率的公式：

$$gY_t^* = gA_t + \alpha \cdot gK_t + \beta \cdot gN_t + \beta \cdot gl_t^* - \frac{\beta}{1-\beta} \cdot gb_t \quad (24)$$

在上式中，对任何一个作为时间的函数的变量 $x_t = x(t)$，都有

$$gx_t = \frac{\frac{dx}{dt}}{x}。$$

假定自某一基期 t_0 起，"自然产出率" Y^* 的上述增长率每期都为一个不变的常数 η，则 t 期的"自然产出率" Y_t^* 可以近似地视为由下式决定：

$$\ln Y_t^* = C + \eta \cdot (t - t_0) \quad (25)$$

式中的常数 C 为基期 t_0 的"自然产出率"的对数。上述公式等于假定公式（24）中决定的"自然增长率"（"自然产出率"的增长率）gY_t^* 是一个常数。

将式（25）代入式（23），有：

$$\ln Y_t = C + \eta \cdot (t - t_0) - \frac{\beta}{1-\beta} \cdot \chi \cdot \pi_{t'} + \frac{\beta}{1-\beta} \cdot (\pi_t - \chi \cdot \pi_{t-1}) \quad (26)$$

若 $\pi_{t'} = 0$，实际总产出的对数即为：

$$\ln Y_t = C + \eta \cdot (t - t_0) + \frac{\beta}{1-\beta} \cdot (\pi_t - \chi \cdot \pi_{t-1}) \quad (27)$$

根据式（25），$t-1$ 期的自然产出率可以表示为：
$$\ln Y_{t-1}^* = C + \eta \cdot (t-1-t_0)$$
如果 $t-1$ 期的实际总产出等于当期的自然产出率，就有：
$$\ln Y_{t-1} = \ln Y_{t-1}^* = C + \eta \cdot (t-1-t_0) \quad (28)$$
将式（28）代入式（27）并做变换，可得：
$$gY_t \approx \ln Y_t - \ln Y_{t-1} = \eta + \frac{\beta}{1-\beta} \cdot \pi_t - \frac{\beta}{1-\beta} \cdot \chi \cdot \pi_{t-1} \quad (29)$$
式（29）还可以变换为：
$$\pi_t = -\frac{1-\beta}{\beta} \cdot \eta + \frac{1-\beta}{\beta} \cdot gY_t + \chi \cdot \pi_{t-1} \quad (30)$$

式（29）就是前边的式（1）中的那种"总供给函数"，式（30）则是式（2）中的通货膨胀率决定方程。

四 应用上的主要问题

运用式（1）和式（2）可以大致地解释中国的宏观经济动态中经济增长与通货膨胀的关系，因而这两个公式在考虑宏观经济政策时有很大的参考价值。不过，利用这两个公式只能对中国的经济增长与通货膨胀的关系做一个大致的预测，这种预测并不精确，因而决定宏观经济政策的当局不可能利用这样的公式准确地调节经济增长和通货膨胀。

尽管如此，我们可以有把握地说，依据式（1）和式（2）作出的某些判断对那十几年中国的宏观经济动态有充分的解释力，甚至对那以后直至今天的中国宏观经济动态仍然有充分的解释力。

这种可以靠得住的用来分析中国的宏观经济动态的判断有两个：

第一个判断是，较高的通货膨胀可以提高当年的经济增长率，但是会降低下一年的经济增长率。前边的模型分析表明，这是由于在供给大于需求的劳动市场上，产出价格的上升降低了实际工资，增加了企业对劳动的需求和使用的劳动投入，从而增加了当年的总产出；但是当年产出价格的上升使劳动者预期下一年甚至以后的物价总水平也会以同样速度上升，从而要求下一年的名义工资相应上升，由此增加了实际工资，减少了企业对劳动的需求和使用的劳动投入，从而会降低下一年的总产出。

第二个判断是，如果本年和上一年的通货膨胀率都接近0，则实际的经济增长率在9%左右。这个增长率就是式（1）中的常数项（"自然增长率"）。1982年中国的宏观经济形势就非常接近这种状态：1981年和1982年的GDP减缩指数分别增长了约2.3%和-0.2%，而1982年的经济增长率则为9.1%。这种情况在2002年又出现了一次，那一年的经济增长率、当年通货膨胀率和上一年通货膨胀率几乎与1982年完全一样。

还有一个与上边两个判断很近似但是不很靠得住的判断是：经济增长率如果超过了9%，本年的通货膨胀率就会高于上一年的通货膨胀率；经济增长率如果低于9%，本年的通货膨胀率就会低于上一年的通货膨胀率。这个判断对大多数年份是正确的，但是对不少年份则不正确。例如1995年的经济增长率高达10.9%，但是GDP减缩指数只增长了13.7%，低于上一年的GDP减缩指数增长率20.6%。不过这些年的数据也没有违反下述规律：如果经济增长率在逐年提高，则当经济增长率连续两年高于11%时，通货膨胀率就会上升。

上述判断说明了通货膨胀与过高的经济增长有关系：如果经济增长率在短期内偏离了可长期持续的增长率而过高，就不仅会造成通货膨胀，而且会使通货膨胀加速，提高通货膨胀率。

不过，式（1）和式（2）并不能精确地说明经济增长与通货膨胀的关系。例如，中国的GDP减缩指数1983年增长了约1.1%，1984年增长了约4.9%。将这些数据代入式（1）的右边可以推算出，1984年中国的经济增长率应当为11.3%，而那一年中国实际的经济增长率却为15.2%。公式的推算与实际情况可能有这样大的误差，使得决定宏观经济政策的当局不可能利用这样的公式准确地调节经济增长和通货膨胀。

根据公式所做的推算之所以可能与实际情况有这样大的差距，主要是因为有许多复杂的因素影响通货膨胀与经济增长的关系，它们使式（1）右边的各项回归参数在现实当中都不可能是常数。这些导致式（1）中的各个参数在各年之间变动的因素主要有下述5个。

首先，当年的通货膨胀率 gP_t 影响当年经济增长的参数就可能不是一个常数。由生产设备等因素决定的当年的生产潜力可能已经被完全用尽，以至更高的通货膨胀率无法再按式（1）实现更高的经济增长率。1988年中国实际的经济增长率为11.3%，而根据式（1）和那两年的通货膨胀率推算，那一年的经济增长率应当为13.2%。那一年的高通货膨胀没有引起高增长，可能是因为在从1983年以后的6年中，除了1986年一年的实际增长率（8.8%）略低于"自然增长率"之外，其他各年的经济增长率都高于10%，多年的高增长已经用尽了生产潜力，整个经济已经没有能力再增长。

其次，上一年的通货膨胀率 gP_{t-1} 影响本年经济增长率的参数更不可能是一个常数。式（23）表明，上一年的通货膨胀率影响本年经济增长率的参数取决于参数 χ，而式（5）表明，χ 是上一年的通货膨胀率影响下一年的名义工资水平的程度。这种影响程度取决于上一年的通货膨胀率影响人们对下一年的通货膨胀的预期的程度、员工根据其通货膨胀预期迫使企业提高名义工资的谈判能力等因素。没有任何理由说这些因素不会发生变化，因而没有任何理由将 χ 视为在不同年份中都一样的常数。这就决定了上一年的通货膨胀率对本年经济增长率的影响是很不确定的。

再次，对通货膨胀率的预期中与上一年的通货膨胀率无关的那一部分 π_t 在多数年份中都不可能为0，而式（23）表明，若 π_t 不为0，则 π_t 必定影响当年的总产出，从而影响当年的实际经济增长率，使得根据式（29）不可能准确地确定当年的经济增长率。π_t 是通货膨胀预期的一部分，对于通货膨胀的这部分预期会受很多因素影响，而且还很可能受企图利用就业与通货膨胀的关系的政府政策影响。这些因素的影响使计量模型中的那些取决于预期的关系和参数很容易发生变化。也正是因为预期这样容易受影响，卢卡斯才提出了他著名的"卢卡斯批判"。

从次，在不同的年份中，式（24）中决定自然增长率 gY_t^* 的那些因素可能互不相同，导致不同年份的自然增长率 gY_t^* 相互不同，因而不同的年份的自然增长率不是像式（29）中的 η 那样的一个常数。

将式（24）与式（25）相比较可知，说不同年份的自然增长率是一个常数 η，等于说决定自然增长率的各种因素之和 $gA_t + \alpha \cdot gK_t + \beta \cdot gN_t + \beta \cdot gl_t^* - \dfrac{\beta}{1-\beta} \cdot gb_t$ 是一个常数。显然，由上述这些因素决定的自然增长率主要取决于资本存量、劳动数量、技术水平等实际因素的变化，这些实际因素的变化直接引起的是整个经济的生产潜力的变化。决定生产潜力的各种实际因素的变化是复杂的，它们可能导致整个经济的生产潜力在不同年份有不同的增长率，这种生产潜力增长率的变化当然可能使"自然增长率" gY_t^* 本身不是一个常数。而式（29）是在假设每年的生产潜力增长率 gY_t^* 是一个常数 η 的前提下推导出来的。

最后，这两个因素都使得不能像式（29）中那样，把除当年的通货膨胀率和上一年的通货膨胀率之外的所有其他影响当年经济增长率的因素都看成一个常数 η。认为 $gA_t + \alpha \cdot K_t + \beta \cdot gN_t + \beta \cdot gl_t^* - \dfrac{\beta}{1-\beta} \cdot gb_t$ 与 $-\dfrac{\beta}{1-\beta} \cdot \chi \cdot \pi_t$ 之和在很长的时期中都是一个常数，这是没有根据的，因为长期中上述各项因素中的任何一项都可能发生重大变化，它们的任何一个变化都可能使它们总和的数值发生变化。

即使每年的生产潜力增长率 gY_t^* 与 $-\dfrac{\beta}{1-\beta} \cdot \chi \cdot \pi_t$ 之和是一个常数，实际产出增长率波动也可能使得不能像式（29）中那样，把除当年的通货膨胀率和上一年的通货膨胀率之外的所有其他影响当年经济增长率的因素都看成一个常数 η。

像式（29）那样决定经济增长率，不仅需要假定每年的生产潜

力增长率 gY_t^* 为一个常数 η、π_t 等于 0，从而每年的生产潜力增长率 gY_t^* 与 $-\frac{\beta}{1-\beta}\cdot\chi\cdot\pi_t$ 之和为一个常数 η，而且需要假定 $t-1$ 期的实际总产出等于当期的自然产出率。如果不能保证每一年的实际总产出等于当期的潜在产出，即使每年的生产潜力增长率 gY_t^* 为一个常数 η、π_t 等于 0，也仍然不能像式（29）中那样，把除当年的通货膨胀率和上一年的通货膨胀率之外的所有其他影响当年经济增长率的因素都看成一个常数 η。

式（27）表明，如果每年的生产潜力增长率 gY_t^* 为一个常数 η、π_t 等于 0，则 $\ln Y_t = C + \eta\cdot(t-t_0) + \frac{\beta}{1-\beta}\cdot(\pi_t-\chi\cdot\pi_{t-1})$。由于 t 期的经济增长率 $gY_t \approx \ln Y_t - \ln Y_{t-1}$，$\ln Y_{t-1}^* = C + \eta\cdot(t-1-t_0)$，严格表述的 t 期的经济增长率应当是：

$$gY_t \approx \ln Y_t - \ln Y_{t-1} = \eta + \ln Y_{t-1}^* - \ln Y_{t-1} + \frac{\beta}{1-\beta}\cdot(\pi_t-\chi\cdot\pi_{t-1})$$

(31)

显然式（29）只是式（31）在 $\ln Y_{t-1} = \ln Y_{t-1}^*$ 时的特殊情况。

式（31）表明，如果由于某种原因上一年的经济增长率过低，生产潜力没有全部化为实际产出，整个经济中就会有未化为实际产出的"过剩生产潜力"，它导致 $\ln Y_{t-1}^* - \ln Y_{t-1} > 0$。即使下一年生产潜力的增长率仍然为常数 η、π_t 仍然为 0，通常 b 也会发生变化，使得除当年的通货膨胀率和上一年的通货膨胀率之外，影响 t 期的经济增长率 gY_t 的不仅有常数自然增长率 η，而且有上一年遗留下来的"过剩生产潜力" $\ln Y_{t-1}^* - \ln Y_{t-1} > 0$。这就使除当年的通货膨胀率和上一年的通货膨胀率之外，决定 t 期经济增长率的因素为 $\eta + \ln Y_{t-1}^* - \ln Y_{t-1} > \eta$。

这样，即使生产潜力的增长率为常数 η，每年除当年的通货膨胀率和上一年的通货膨胀率之外决定实际经济增长率的因素也不是常数，这是由于过去积累下来的经济增长率的波动可能导致这些因素在不同年份有不同数值。不同年份这些因素的数值不同，当然可能导致实际的经济增长率不同于单纯根据式（1）推算出来的经济增长率。

由此就可以解释这样一个现象：20世纪80年代以来，中国已经出现了3个高增长时期，每个高增长期都持续5—6年。在高增长期中，几乎每年的实际经济增长率都不低于10%，而在高增长期的最初年份，如1984年和1992年，实际的经济增长率几乎都高于根据式（1）推算出来的经济增长率，而在高增长期终止的年份如1988年，实际的经济增长率却低于根据式（1）推算出来的经济增长率。这可能是由于在高增长期开始时，前几年的低增长留下了大量的"过剩生产潜力"，使除当年通货膨胀率和上一年的通货膨胀率之外决定实际经济增长率的因素大大高于式（1）中的常数9.36，而在高增长期结束时，多年高于生产潜力增长率的高增长已经耗尽了经济中的生产潜力，除当年的通货膨胀率和上一年的通货膨胀率之外决定实际经济增长率的因素已经小于式（1）中的常数9.36。

这一分析证明，由生产潜力决定的"潜在产出"与实际产出的差距，对经济增长与通货膨胀之间的关系也有重要的影响。正是由于这个原因，近年国内已经出现了许多研究，试图将各个不同年份中国的实际产出与潜在产出之间的产出缺口分析清楚（赵昕东，2008）。

在得出式（1）的计量回归过程中，一个基本的假定前提是"自然增长率"以及当年和上一年通货膨胀影响当年经济增长的系数都为常数。而上述这么多因素的作用使这几个参数不可能成为常数，这就导致了依据式（1）推算出来的经济增长率与实际的经济增长率可能会有显著的差别。

参考文献

Romer, *David*, *Advanced Macroeconomics*, The Mcgraw-Hill Companies, Inc., 1996.
  中译本：[美] 戴维·罗默《高级宏观经济学》，商务印书馆1999年版。
余永定、张宇燕、郑秉文：《西方经济学》第三版，经济科学出版社2002年版。
赵昕东：《基于菲利普斯曲线的中国产出缺口估计》，《世界经济》2008年第1期。

左大培:《通货膨胀与失业》,载张曙光主编《市场化与宏观稳定》,社会科学文献出版社 2002 年版。

左大培:《我国的总供给函数和总需求函数》,《数量经济技术经济研究》1996 年第 2 期。

左大培:《我国宏观动态分析中的普遍短缺程度指标》,《经济研究》1994 年第 2 期。

(原载《经济学动态》2008 年第 6 期,收入本书时有删减)

附加预期的动态调整刚性名义工资模型

宏观经济学的理论发展,形成了一种凯恩斯主义的附加预期动态调整刚性名义工资模型。

一 该模型的思想理论渊源

凯恩斯在其奠定宏观经济学基础的名著《就业、利息和货币通论》中,清楚地表述了一种刚性名义工资理论模型。他反复论说,劳工们所要求规定的,不是实际工资,而是货币工资,这是一个通则;有效需求不足时,就业也不足,而当有效需求增加时,就业量也增加,但是实际工资则比现行的实际工资低;故一般说来,产量增加总连带着物价上涨(Keynes, 1936)。

凯恩斯这样表述的刚性名义工资模型将名义工资看作给定不变,认定整个经济中存在"不自愿失业",因而就业取决于对产品和劳动的需求。而竞争条件下的利润最大化企业则根据实际工资等于劳动的边际产品的原则来确定自己的劳动需求。由于劳动的边际产品随劳动投入的增加而递减,企业只有在实际工资下降时才会增加自己的劳动需求。这就决定了产品总需求增加导致的总产出增加必定伴之以物价总水平的上涨,因为在给定不变的名义工资下,物价上涨才能降低名义工资,由此而增加劳动需求和产品的供给。用当代宏观经济学的理论术语说,这种刚性名义工资模型论证了一条向右上升起的总供给曲线。

在现实经济生活中,名义工资不可能长期不变。基于这样一种考虑，后来的凯恩斯主义经济学教科书作者们就把凯恩斯的刚性名义工资模型修改为动态调整的刚性名义工资模型，其基本的特征为：在从一个时期过渡到下一个时期时，名义工资可以发生变化；这样为每一期规定的名义工资，等于某种固定的实际工资乘以上一期的物价总水平；而在每一个时期内，名义工资固定不变，产品价格则可以发生变化。在这样的动态调整的刚性名义工资模型中，每一期的通货膨胀率越高，总产出和就业就越多，失业率则越低。戴维·罗默在其撰写的高级宏观经济学教科书中，就简略地描述了这样一个动态调整的刚性名义工资模型（Romer，1999）。

这样一种动态调整的刚性名义工资模型，可以看作对萨缪尔森和索洛所表述的那种"菲利普斯曲线"所做的理论论证。萨缪尔森和索洛对菲利普斯所发现的英国失业率与工资上涨率之间的负相关关系做了进一步的发展，将其发展成宏观经济学中的"菲利普斯曲线"，在这种"菲利普斯曲线"中，失业率越低，通货膨胀率就越高（Phillips，1958；Samuelson and Solow，1960）。

众所周知，萨缪尔森和索洛版本的"菲利普斯曲线"在理论上遭到了弗里德曼和费尔普斯的猛烈批评。弗里德曼和费尔普斯强调由实际力量而非名义力量决定的"自然失业率"，认为旨在增大总产出的扩张性货币政策不能永远将失业保持在自然失业率之下。弗里德曼指出，萨缪尔森和索洛版本的"菲利普斯曲线"出现在人们预期的通货膨胀率为0的条件下，如果扩张性的货币政策使通货膨胀率远远高于0，人们预期的通货膨胀率就不再会是0，而名义工资的设定迟早要顾及人们预期的通货膨胀率，零通货膨胀预期下的"菲利普斯曲线"就会失效（Friedman，1968）。通常人们把弗里德曼所描述的这种宏观经济关系概况为"附加预期的菲利普斯曲线"。后来的经验事实证明，弗里德曼描述的"附加预期的菲利普斯曲线"对美国的宏观经济动态有着极强的解释力。

弗里德曼对萨缪尔森和索洛版本的"菲利普斯曲线"的批评，也适用于动态调整的刚性名义工资模型。在动态调整的刚性名义工资模型中,如果在调整名义工资时考虑到人们对通货膨胀的预期,在为每一期规定固定的名义工资时都以"自然失业率"下的实际工资和上一期的物价水平为基础,并按照预期的通货膨胀率调整名义工资,动态调整的刚性名义工资模型就变成了附加预期的动态调整刚性名义工资模型。这样的理论模型能够比较好地解释整个经济的增长率与通货膨胀之间的关系。

本文的以下部分将以数学形式说明这种附加预期的动态调整刚性名义工资模型,并以此为基础推导经济增长率与通货膨胀之间的数量关系。

二 不均衡的劳动市场

作为附加预期的动态调整刚性名义工资模型基础的基本前提条件是,劳动市场上存在非自愿失业,劳动的供给大于其需求,因此就业和企业实际使用的劳动都取决于企业根据实际工资决定的劳动需求。t 期的名义工资受预期的本期物价水平影响,而本期预期的物价水平:

$$P_t^e = P_{t-1} \cdot (1 + \pi_t^e) \tag{1}$$

在式(1)中,P_{t-1} 为上一期的物价水平,π_t^e 是预期的本期通货膨胀率。

在这样的通货膨胀预期下,t 期的名义工资由下式决定:

$$W_t = B_t \cdot P_t^e \tag{2}$$

在式(2)中,B_t 就是"自然失业率"之下的实际工资。

根据式(2),t 期的实际工资为:

$$\frac{W_t}{P_t} = \frac{B_t \cdot P_t^e}{P_t} = \frac{B_t \cdot (1 + \pi_t^e) \cdot P_{t-1}}{P_t} \tag{3}$$

按定义,t 期的物价水平:

$$P_t = (1 + \pi_t) \cdot P_{t-1} \tag{4}$$

上式中的 π_t 为 t 期的通货膨胀率。由此可以将式(3)中的实际工资表达式变为:

$$\frac{W_t}{P_t} = \frac{B_t \cdot (1 + \pi_t^e)}{1 + \pi_t} \qquad (5)$$

显然，若 $\pi_t^e = \pi_t$ 从而 $P_t^e = P_t$，t 期的实际工资就恰好等于 B_t，这种情况下实际投入的劳动将是弗里德曼所说的"自然失业率"之下的劳动投入 L_t^*，在这样的劳动投入之下的总产出就是"自然失业率产出" Y_t^*。

劳动市场的不完全性使 B_t 远远高于新古典劳动市场均衡条件下的实际工资，以致在本模型所描述的任何时期，实际工资都始终高于新古典劳动市场均衡条件下的实际工资，从而劳动的需求总是小于劳动的供给，整个经济中始终存在不自愿失业，实际使用的劳动投入只能等于企业的劳动需求。

在这样的劳动市场下，可以将 t 期的总产出 Y_t 仅仅视为当期劳动投入 L_t 的函数：

$$Y_t = F(L_t), \quad F'(L_t) > 0, \quad F''(L_t) < 0, \qquad (6)$$

在劳动供给大于需求的不均衡劳动市场中，当期的劳动投入只能等于当期的劳动需求，而竞争性的企业当期的劳动需求，则必定满足劳动的边际产品等于实际工资率的利润最大化条件。根据这一利润最大化条件，整个经济中的劳动投入必定满足下式：

$$F'(L_t) = \frac{W_t}{P_t} = \frac{B_t \cdot (1 + \pi_t^e)}{1 + \pi_t} \qquad (7)$$

三 经济增长与通货膨胀的数量关系

假定整个经济的总量生产函数是一个柯布—道格拉斯生产函数：

$$F(L_t) = Y_t = A_t \cdot K_t^{\alpha} \cdot L_t^{\beta}, \text{ 其中 } 0 < \alpha < 1, \ 0 < \beta < 1 \qquad (8)$$

式中的 A_t、K_t 和 L_t 分别为 t 期的劳动有效性、资本存量和劳动投入。

将式（8）中的总量生产函数对劳动投入求一阶偏导数，可知这种生产函数下劳动的边际产量为：

$$F'(L_t) = \frac{\partial Y_t}{\partial L_t} = \beta \cdot A_t \cdot K_t^{\alpha} \cdot L_t^{\beta-1} \qquad (9)$$

将式（9）代入式（7），可知任何时期整个经济中的劳动投入必定满足：

$$\frac{B_t \cdot (1 + \pi_t^e)}{1 + \pi_t} = \beta \cdot A_t \cdot K_t^{\alpha} \cdot L_t^{\beta-1} \qquad (10)$$

短期内的经济波动表现在 π_t 与 π_t^e 之间的不相等上，而这样的短期经济波动并不影响 A_t 和 K_t 的数值。因此，由于短期经济波动所造成的 π_t 与 π_t^e 不相等仅仅影响了式（8）的总量生产函数中的劳动投入 L_t。

在"自然失业率"之下 $\pi_t = \pi_t^e$，实际的劳动投入 L_t 等于"自然失业率"之下的劳动投入 L_t^*，而总产出则等于相应的"自然失业率产出"：

$$Y_t^* = A_t \cdot K_t^{\alpha} \cdot L_t^{*\beta} \qquad (11)$$

这种"自然失业率"下的实际工资则为：

$$B_t = \beta \cdot A_t \cdot K_t^{\alpha} \cdot L_t^{*\beta-1} \qquad (12)$$

以式（10）的两边分别除以式（12）的两边有：

$$\frac{(1 + \pi_t^e)}{1 + \pi_t} = \left(\frac{L_t}{L_t^*}\right)^{\beta-1} \qquad (13)$$

而以式（8）的两边分别除以式（11）的两边则有：

$$\frac{Y_t}{Y_t^*} = \left(\frac{L_t}{L_t^*}\right)^{\beta} \qquad (14)$$

综合式（13）和式（14）就得：

$$\frac{Y_t}{Y_t^*} = \left(\frac{1 + \pi_t}{1 + \pi_t^e}\right)^{\frac{\beta}{1-\beta}} \qquad (15)$$

将式（15）两边取对数得：

$$\ln Y_t - \ln Y_t^* = \frac{\beta}{1-\beta} \cdot [\ln(1 + \pi_t) - \ln(1 + \pi_t^e)] \qquad (16)$$

它可以化为：

$$\ln Y_t - \ln Y_t^* \approx \frac{\beta}{1-\beta} \cdot (\pi_t - \pi_t^e) \qquad (17)$$

式（17）正是戴维·罗默在高级宏观经济学教科书中所说的"现代凯恩斯主义"的总供给方程式（Romer，1999），只不过那个方程式中的"核心"通货膨胀率在式（17）中换成了"预期的通货膨胀率"π_t^e。从数量关系的形式上看，式（17）表达的总产出与物价总水平之间的那种关系几乎与"卢卡斯供给曲线"完全一样。而卢卡斯推导这样的总供给函数，使用的是"理性预期"下劳动市场出清的理论模型（Romer，1999）。不过，本文中推导式（17）的基础却是凯恩斯风格的附加预期的动态调整刚性名义工资模型。

式（17）中所描述的总产出与通货膨胀的关系，可以从中国的经验数据中得到验证。

式（11）中所说的"自然失业率产出"本身的增长率为：

$$gY_t^{**} \approx \ln Y_t^* - \ln Y_{t-1}^* \qquad (18)$$

根据式（17）和式（18），可以将总产出的增长率（"经济增长率"）表示为：

$$gY_t \approx \ln Y_t - \ln Y_{t-1} \approx gY_t^{**} + (\ln Y_{t-1}^* - \ln Y_{t-1}) + \frac{\beta}{1-\beta} \cdot (\pi_t - \pi_t^e) \qquad (19)$$

式（19）还可以表示为：

$$gY_t \approx \left(gY_t^{**} - \frac{\beta}{1-\beta} \cdot \pi_t^e\right) + (\ln Y_{t-1}^* - \ln Y_{t-1}) + \frac{\beta}{1-\beta} \cdot \pi_t \qquad (20)$$

中国社会科学院研究生院的研究生渠慎宁、江贤武使用 BP（"带通"）滤波（Band-Pass Fliters）方法，根据中国 1985—2007 年的统计数据得出了中国的 GDP 循环要素序列 $\{\ln Y_t^c\}$，从而列出了他们估算的中国各年的"产出缺口" $\ln Y_t^c = \ln Y_t - \ln Y_t^*$ 的序列数据。他们依据这一"产出缺口"序列数据和中国的实际 GDP、通货膨胀率数据对式（20）做了计量检验。省略有关序列相关的部分，这一计量检验的结果是：

$$gY_t = 0.0846 + (\ln Y_{t-1}^* - \ln Y_{t-1}) + 0.0836 \cdot \pi_t + 0.1442 \cdot \pi_{t-1} \qquad (21)$$

式（17）还意味着：

$$\ln Y_{t-1} - \ln Y_{t-1}^* \approx \frac{\beta}{1-\beta} \cdot (\pi_{t-1} - \pi_{t-1}^e) \qquad (22)$$

将其代入式（20），就可将式（20）化为：

$$gY_t \approx \left(gY_t^{**} - \frac{\beta}{1-\beta} \cdot \pi_t^e \right) + \frac{\beta}{1-\beta} \cdot \pi_t - \frac{\beta}{1-\beta} \cdot \pi_{t-1} + \frac{\beta}{1-\beta} \cdot \pi_{t-1}^e = \left[gY_t^{**} - \frac{\beta}{1-\beta} \cdot (\pi_t^e - \pi_{t-1}^e) \right] + \frac{\beta}{1-\beta} \cdot \pi_t - \frac{\beta}{1-\beta} \cdot \pi_{t-1} \qquad (23)$$

在没有各期的 π_t^e 数据的情况下所做的回归分析，至多只能得出一个常数形式的 π_t^e 的平均值。显然，在这样的计量分析中，跨许多时期的 π_t^e 的平均值应当等于 π_{t-1}^e 的平均值，式（23）因此变为：

$$gY_t \approx gY_t^{**} + \frac{\beta}{1-\beta} \cdot \pi_t - \frac{\beta}{1-\beta} \cdot \pi_{t-1} \qquad (24)$$

自 1992 年以来，笔者使用中国的统计数据对这种形式的总供给函数做过多次计量检验，其典型的结果是：

$$gY_t = 9.36 + 0.475 \cdot gP_t - 0.384 \cdot gP_{t-1} \qquad (25)$$

不过，在那十余年中，笔者对这一计量检验结果的解释中包含了一种误解。那时笔者一直认为（左大培，2008）上一年的通货膨胀率之所以会降低本年的经济增长率，是因为它提高了本年预期的通货膨胀率。用本文中的分析框架来说，这种解释等于认为预期的本期通货膨胀率为：

$$\pi_t^e = \pi_{t*} + \chi \cdot \pi_{t-1} \qquad (26)$$

而且其中的 π_{t*} 是一均值为 0 的随机变量，而式（24）中的 gY_t^{**} 则为：

$$gY_t^{**} \approx \ln Y_t^* - \ln Y_{t-1} \qquad (27)$$

这样就有了中国的总供给函数：

$$gY_t \approx gY_t^{**} + \frac{\beta}{1-\beta} \cdot \pi_t - \frac{\beta}{1-\beta} \cdot \chi \cdot \pi_{t-1} \qquad (28)$$

而在使用渠慎宁、江贤武等同学得出的中国的"产出缺口"数据重新检验中国的总供给函数之后，可以清楚地看出，中国上一年的通货膨胀率之所以会降低本年的经济增长率，主要是因为上一年的通货膨胀率越高，上一年的实际产出超过"自然失业率产出"的程度就越大。本文式（24）之前的数量化推导已经清楚地论证了这一点。

参考文献

Friedman, M., "The Role of Monetary Policy", *American Economic Review*, Vol. 58, No. 1, March 1968, S. 1 – 17.

Keynes, John Maynard, *The General Theory of Employment Interest and Money*, Macmillan and Co., Limited, London, 1936. 中译本：[英] 凯恩斯《就业利息和货币通论》，商务印书馆 1963 年版。

Phillips, A. W., "The Relation Between Unemployment and the Rate of Change of Money Wage Rates in the United Kingdom, 1861 – 1957", *Economica*, 1958, 25, 283 – 299.

Romer, David, *Advanced Macroeconomics*, The Mcgraw-Hill Companies, Inc., 1996. 中译本：[美] 戴维·罗默《高级宏观经济学》，商务印书馆 1999 年版。

Samuelson, P. A., Solow, R. M., "Analytical Aspects of Anti-inflation Policy", *American Economic Review*, Vol. 50, No. 2, May 1960, S. 177 – 194.

左大培：《中国的经济增长与通货膨胀》，《经济学动态》2008 年第 6 期。

（原载《经济学动态》2010 年第 7 期）

编选者手记

我从自己在报纸杂志上发表的文章中选出25篇，编成了这本文集。

到目前为止，我已出版了独著的书7部、合著的书3部。在报纸杂志上发表的文章有160多篇，此外还有上百篇文章只发表在互联网上。编选到这本文集中的，只选自我在报纸杂志上发表的那160多篇文章。我在为这本文集选文章时，遵循了下述准则：一是讨论的问题在我已经出版的著作中基本上没有做过详细论述，二是论述的问题在我的心目中是重要的。

本文集中最开始的3篇文章讨论的是经济理论中重要的根本性问题。

《重新理解劳动价值论》一文，是本人开始研读马克思的经济理论著作30多年之后最终概括出的心得。写这篇文章的本意，当然不是像西方的主流经济学家那样去反对劳动价值论，但也不是像绝大多数马克思主义经济学家那样去论证劳动价值论解释了现实的市场价格形成的规律，而是根据字里行间透出的思绪反复琢磨并说明马克思构建其劳动价值论的真正用意。这篇文章论述了我多年探索性思考得出的结论：马克思接受和进一步发展劳动价值论，是为了提出和运用一个评价社会经济活动的体系，按照这个体系，个人对社会经济的全部贡献仅仅在于他所提供的对社会有益的劳动。正是根据这个社会活动评价体系，马克思建立了他的剩余价值理论即关于剥削的理论。

《意识到需求不确定下的超短期定价行为》一文由我和金和辉共

同署名，但全文都是我一人所写。给金和辉署名，是为了公正地承认他在将我关于需求不确定下的定价的想法在数学模型化上的贡献。我们在1988年创建这样的数理经济模型时，是想用它说明一个很明显的现象：在由产品的卖方提出售卖价格的市场经济中，产品市场上占多数的情况是供给大于需求。当然这篇文章本身并没有完成这个论证，它只是这方面研究的一个开头。我后来为完成对这种现象的解释而断断续续地探索了30多年，最近已经基本上完成了数学论证，正在将做出的论证整理成书，书名为《供给过剩经济学》。其论证的主要思路为：在由产品的卖方提出售卖价格的市场经济中，产品市场上之所以通常供给大于需求，是由于通常产品都由生产企业标出售价后再出售，而生产的企业在定价时往往感到售出时的需求不确定；或者一个市场上有多个企业供给产品，单个企业的生产成本与市场需求的关系使单个企业认为，最好是自己报的产品售价与其他企业的产品售价不一样，从而供给产品的企业在定价博弈中采用混合均衡战略。

既然产品市场上通常都会供大于求，整个经济中就不可能存在一般均衡。但是对一般均衡存在性最流行的论证却往往以简单的个体预算约束为前提条件来证明一般均衡必定存在。《一般均衡分析中的个体预算约束》就从个体预算的角度来说明为什么一般均衡未必具有存在性。其基本论点为，如果个体的预算约束意味着每个个体都必须使其每期每种情况下对实物的供给总额都恰好等于其对实物的需求总额，则实物市场上的一般均衡确实会具有存在性；但是现实中个体必须服从的预算约束允许经济上的个体供给和需求金融资产，甚至允许供给和需求货币本身。在这样现实的个体预算约束下，实物的市场上可能根本就不存在一般均衡。

我攻读经济学硕士和博士学位时研究的主要是新自由主义经济学在德国的最主要代表——经济学中的弗赖堡学派。这一研究的主要成果包括我已经出版的两本书《弗赖堡经济学派研究》和《弗赖堡学派的启示》，不过其中最重要的是我的博士学位论文，它至今尚未整理成书出版。本文集中的两篇文章《关于新自由主义经济学的几个问题》和《瓦尔特·欧肯的经济政策学说》，就是我早年研究新自由主义经济学和德国弗赖堡学派的成果。瓦尔特·欧肯是德国弗赖堡学派的领袖。

访谈《美国次贷危机标志新自由主义的破产》，署名的作者是张飞岸，但是按照当时通行的做这样访谈的规则，实际的内容都是我写的。之所以将这样一篇并非由我署名的作品收入我的文集，是因为它最清楚地表明了我最近20年对新自由主义经济学的看法。

《主流微观经济理论的缺陷》一文，表达了我对西方主流微观经济理论的否定性看法。在我看来，由于西方主流微观经济理论以许多不合乎实际的假定做前提条件，它在很大程度上丧失了对现实的解释力。我认为，也正是由于西方主流微观经济理论有这样的根本缺陷，才导致法国和美国的经济学学生在世纪之交发起了"经济学改革"运动。《为什么法国和美国经济学专业的学生是正确的？》一文，表达了我对学生们的这个"经济学改革"运动的称赞。

《对"大爆炸"改革战略的评论》一文，依据我对传统计划经济多年的认知，以简单的数学模型说明了，从传统计划经济向市场经济过渡的"大爆炸"改革战略为什么会在苏联国家中引发巨大的短期经济灾难。

《有关"霍尔姆斯特罗姆定理"的问题》一文以数学分析的方式说明，所谓的"霍尔姆斯特罗姆定理"是不成立的，对它的数量化论证犯了简单的数学错误。这个所谓的"霍尔姆斯特罗姆定理"，指的是2016年诺贝尔经济学奖获得者崩特·霍尔姆斯特罗姆（Bengt Holmstrom）论述的下述原理：在团队生产中不存在这样的分享规则（Sharing Rules）：它能够使团队生产同时达到帕累托效率和纳什均衡，并且使团队成员所分享的收入之和恰好等于该团队的产出。《有关"霍尔姆斯特罗姆定理"的问题》一文指出，霍尔姆斯特罗姆对该定理的证明犯了数学运算上的错误，可以用一个反例说明这样一般性的霍尔姆斯特罗姆定理不成立，只有在附加了某些限制条件后霍尔姆斯特罗姆定理才能够成立。

《企业的惠顾者所有论研究述评》一文概述了汉斯曼的企业所有权理论。汉斯曼以交易费用的分析框架解释了市场经济中企业所有权的实际配置，那就是：通常企业的所有者并不是没有在企业中拥有资本的"纯企业家"，而是向企业供给资金的人之类的"企业的惠顾者"。我写的《解释资本雇佣劳动——突破企业理论的前沿》一书，就是解释为什么绝大多数企业由其出资人做所有者。

《建立国有资产运营公司的思考》一文及其之前的2篇文章，讨论的是如何使市场经济中的公有制企业有充分的效率。这里说的公有制企业，包括国有企业和合作社之类的集体所有制企业。这些文章反对的是经济改革以来流行的一种偏见，这种偏见断定公有制企业必定不会有经济上的效率。在这种偏见支配下，不仅不再发展公有制企业，而且还一度以"改制"为名要把现有的公有制企业私有化，甚至闹出了以各种变通方式将公有企业送给企业经营者个人的权贵私有化丑闻。

其实在我写出《不能靠白送公有企业来培养资本家》这篇文章之前十多年，我就一直在研究如何使市场经济中的公有制企业有充分的经济效率。这种研究集中在如何建立一套规范化的制度来使公有企业的管理者有足够的动力把公有企业搞得有效率。经过长期的思考和研究，我认为这样一套规范化的制度应当将公有企业的管理分为三个层次：最上层是政府的公有财产监管机构，其下是专门的公有财产运营机构，最下层才是使用公有财产的企业。政府的公有财产监管机构主要负责防止盗窃和侵占公有财产的行为，第二层的公有财产运营机构类似于投资公司或基金，承担在企业之间配置资金的出资人的主要职能。公有企业和公有财产使用的经济效率主要取决于公有财产运营机构的效率。我主张的一系列措施都是为了激励公有财产运营机构的负责人去尽可能追求公有财产的保值增值，这些措施包括收入与公有财产增值后的数量挂钩，按经营的业绩提拔和晋升，等等。长文《论公有财产代管人制度》全面论述了这一套公有企业和公有财产管理体制,《建立国有资产运营公司的思考》一文则专门讨论如何建立和运营第二个层次的国有财产运营机构。

《波动的全球化与全球化的波动》等六篇文章专门讨论对外经济关系。其中的《波动的全球化与全球化的波动》和《当代的全球化与利益格局》两篇都已被改写,收入我2002年出版的《混乱的经济学》一书中。违反编选本文集的宗旨收进这两篇文章是为了提醒读者:21世纪一开始我就公开告诫,当代的全球化使很多人受害,这决定了这场全球化不会没有波动和倒退,而且倒退是与变得全球化的经济波动和经济衰退紧密相连的。近20年来的世界经济进程已经完全证明了我这些预言的正确性。

20世纪90年代以来有些人片面追求打造外向型经济,为此甚至长期给外资企业超国民待遇的税收优惠,放弃以进口关税等限制进口措施而实施的对国内企业的保护。《外向型经济刍议》一文最早对片面追求经济的外向性提出异议,《外资企业税收优惠的非效率性》一文更是以大量数学模型分析说明,专门给外资企业的税收优惠就是按西方主流经济学的标准都是降低经济效率的。《数量化模型分析视野下的李斯特命题》则以一套系统的数量化经济模型分析证明了19世纪德国经济学家李斯特的著名论断,说明了保护关税能够通过给予本国幼稚产业生产和销售的空间而帮助其提高生产率,由此使经济上的落后国家赶上和超过先进国家。《竞争和保护并用,培植和发展造船工业》是我读研究生时完成的调研报告,那时我就根据对中国造船业具体事实的分析指出,不以关税限制进口却靠补贴鼓励同种产品的出口才是最荒谬的资源配置扭曲。而这却是外向型经济鼓吹者最惯于做的。

因为从小就对地理感兴趣,20世纪90年代我曾经参加过一个经济地理方面的研究课题,是研究环渤海产业带产业布局的。将我长时期考虑的一个经济区位方面的命题写成文章,就是《近现代市场经济中的沿海优势》一文。不过这篇文章的观点失于偏颇,过分强调沿海地区在近现代市场经济中的区位优势,虽然能够说明美国的纽约、加州和欧洲的许多沿海地区为何能成为经济中心,却无法解释德国的鲁尔地区、美国的芝加哥周边为何也能成为经济中心。这种偏颇的观点已经对经济政策实践产生了不良影响。尽管如此,我还是把此文收进本文集,让它作为本人认识进步过程中的一个标记。

本文集的最后四篇文章讨论的是经济波动和经济周期问题。其实凯恩斯主义的整个宏观经济学都可以视为对经济周期和经济波动的分析。

我是通过研读马克思的《资本论》开始学习经济知识的。这导致我最初是从马克思那里寻找对经济周期的说明。但是我没见到马克思对经济危机和周期的全面系统的说明,而只是在《资本论》的不同部分中看到一些对经济周期和危机的分散而片段的论述。这些论述很精辟,其中包括对萨伊定律的批评,对利润率下降的辩证过程的精彩分析,但是它们毕竟不是对经济危机和周期的全面系统说明,而只是马克思在论述其理论体系时的一些附带说明。

后来我在大学里学习了凯恩斯的宏观经济学。与马克思的深刻分析相比,总觉得凯恩斯没有说清经济危机与周期运动的深层机理。我在大学时还读过哈耶克对经济周期波动的论述,阅读过对经济危机与周期的历史描述,再加上多年的苦苦思考,终于想出了一套把马克思的分散论述结合成一个有机整体的对经济危机和周期的系统全面说明。

这一套说明的精髓是马克思从黑格尔那里继承下来的对"现象"与"本质"的区分,而且一般的"本质"先于"现象"形成。例如,在经济繁荣的末期,"现象上的利润率"达到最高,但资本有机构成的显著提高已经使"本质的利润率"下降。这个本质利润率的下降在以后会变成经济危机时"现象上的利润率"的暴跌,这要经过繁荣末期实际工资的上升和总需求不足使产品价格相对于工资下降。对这一套说明的系统论述,就是《对马克思经济周期理论的看法》一文。几十年来我已习惯于以这一套说明来观察市场经济中的经济波动，感到它有很好的解释和预言力。

《货币数量论与近年我国物价问题》一文基本上是以数据来评判货币数量论对 20 世纪 80 年代下半期中国的通货膨胀的解释力。其基本的结论与世界其他国家的同类数据检验相一致，那就是：不能完全根据货币增长率来解释同期的通货膨胀率，但是高速度的货币增长确实必定会或多或少地带来明显的通货膨胀。

我对中国经济是否已经过热的判断是基于对中国宏观经济数据的长期深入研究。我本人和我倡导的计量研究都表明，可以用"附加预期的菲利普斯曲线"来描述中国的经济增长与通货膨胀的关系，这种关系的要点是：在 2008 年之前的 20 多年中，中国经济潜在生产能力每年增长接近 10%；在此基础上，通货膨胀率的上升会提高当年的实际经济增长率，但又会降低下一年的经济增长率。最后我用了"附加预期的动态调整刚性名义工资模型"来解释经济增长与通货膨胀之间的这种关系。我自己最满意的论述这些宏观经济行为的论文，就是本文集中的《中国的经济增长与通货膨胀》与《附加预期的动态调整刚性名义工资模型》两篇文章。这种分析也可以看作对简单的货币数量论的最好补充，二者结合在一起就可以大致说明中国的通货膨胀问题。最近 30 年我一直用这样的模式来大致地评估中国的宏观经济形势，结果相当不错。而我在类似于这两篇文章的那些发表于杂志上的论文之外，也没有写过专门的宏观经济分析著作。

左大培

2020 年 1 月

《经济所人文库》第二辑总目(25种)

(按作者出生年月排序)

《汤象龙集》　《李伯重集》

《张培刚集》　《陈其广集》

《彭泽益集》　《朱荫贵集》

《方　行集》　《徐建青集》

《朱家桢集》　《陈争平集》

《唐宗焜集》　《左大培集》

《李成勋集》　《刘小玄集》

《刘克祥集》　《王　诚集》

《张曙光集》　《魏明孔集》

《江太新集》　《叶　坦集》

《李根蟠集》　《胡家勇集》

《林　刚集》　《杨春学集》

《史志宏集》